今注本二十四史

南史

唐 李延壽 撰

趙凱 汪福寶 周群 主持校注

四 傳〔一〕

中國社會科學出版社

南史　卷一一

列傳第一

后妃上

宋孝穆趙皇后　　孝懿蕭皇后　　武敬臧皇后
武帝張夫人[1]　　文章胡太后　　少帝司馬皇后
文元袁皇后　潘淑妃　　孝武昭路太后　　明宣沈太后
孝武文穆王皇后　宣貴妃　　前廢帝何皇后　　明恭王皇后
後廢帝陳太妃　　後廢帝江皇后　　順陳太妃　　順謝皇后
齊宣孝陳皇后　　高昭劉皇后　　武穆裴皇后　　文安王皇后
鬱林王何妃　　海陵王王妃　　明敬劉皇后　　東昏褚皇后
和王皇后

　　[1]武帝張夫人：按，大德本同，汲古閣本、殿本、百衲本無
“帝”字。

　　六宮位號，[1] 前史代有不同。[2] 晉武帝采漢、魏之
制，[3] 置貴嬪、夫人、貴人，是爲三夫人，[4] 位視三

公；[5]淑妃、淑媛、淑儀、脩華、脩容、脩儀、婕妤、容華、充華，是爲九嬪，[6]位視九卿；[7]其餘有美人、才人、中才人，爵視千石以下。[8]

[1]六宮：本指周代天子安置嬪妃、女官的寢宮，即正寢一、燕寢五，合稱六宮，以王后總掌之。秦漢以後爲帝王後宮及其皇后、嬪妃的統稱。參《周禮·天官·內宰》“以陰禮教六宮”鄭玄注。　位號：謂爵位與名號。

[2]前史代有不同：按，《宋書》卷四一《后妃傳序》：“帝祖母號太皇太后，母號皇太后，妃號皇后，漢舊制也。”《南齊書》卷二〇《皇后傳序》：“六宮位號，漢、魏以來，因襲增置，世不同矣。”《梁書》卷七《皇后傳序》：“降及魏、晉，母后之號，皆因漢法；自夫人以下，世有增損焉。”

[3]晉武帝：司馬炎。西晉開國皇帝。在位二十六年（265—290），諡號武皇帝。《晉書》卷三有紀。按，“晉武帝采漢、魏之制”以下至“帝留心後房，擬百官，備置內職焉”，采自《宋書·后妃傳序》。

[4]三夫人：帝王之妃。亦爲分主六宮之官。參《禮記·昏義》及孔穎達疏。

[5]位視三公：名位比照官銜最高的三位輔政大臣。魏晉南北朝已多無實權，用作尊崇禮遇的榮譽銜。按，漢制，三公號稱萬石，其俸每月各三百五十斛穀。見《漢書·百官公卿表上》顏師古注。

[6]九嬪：帝王之妃，亦爲宮中女官。《周禮·天官·內宰》：“九嬪掌婦學之法，以教九御婦德、婦言、婦容、婦功。”

[7]位視九卿：名位比照朝廷中的九個高級官職。按，漢制，九卿秩中二千石，其俸月各百八十斛穀。見《漢書·百官公卿表上》顏師古注。

[8]爵視千石以下：爵號比照品秩較高的千石及其以下官職。按，漢制，官秩千石者，其俸月九十斛穀。見《漢書·百官公卿表上》顏師古注。

宋武帝省二才人，[1]其餘仍用晋制。案貴嬪，魏文帝所制。[2]夫人，魏武初建魏國所制。[3]貴人，漢光武所制。[4]淑妃，魏明帝所制。[5]淑媛，魏文帝所制。淑儀、脩華，晋武帝所制。脩容，魏文帝所制。脩儀，魏明帝所制。婕妤、容華，前漢舊號。充華，晋武帝所制。美人，漢光武所制。及孝武孝建三年，[6]省夫人；置貴妃，位比相國，[7]進貴嬪比丞相，[8]貴人比三司，[9]以爲三夫人。又置昭儀、昭容、昭華，以代脩華、脩儀、脩容。又置中才人、充衣，以爲散位。[10]案昭儀，漢元帝所制。[11]昭容，孝武所制。昭華，魏明帝所制。中才人，晋武帝所制。充衣，前漢舊制。

[1]宋武帝：劉裕。南朝宋開國皇帝。在位三年（420—422），謚號武皇帝。本書卷一、《宋書》卷一至卷三有紀。　二才人：才人、中才人。

[2]魏文帝：三國魏文帝曹丕。在位七年（220—226），謚號文皇帝。《三國志》卷二有紀。

[3]魏武：曹操。三國魏的實際建立者。東漢末封魏公、魏王。其子曹丕代漢稱帝後，追尊爲武皇帝。史稱魏武帝，省稱魏武。《三國志》卷一有紀。

[4]漢光武：劉秀。東漢開國皇帝。在位三十三年（25—57），謚號光武皇帝。《後漢書》卷一有紀。

[5]魏明帝：曹叡。三國魏皇帝。在位十四年（226—239），

謚號明皇帝。《三國志》卷三有紀。

[6]孝武：南朝宋孝武帝劉駿。在位十二年（453—464），謚號孝武皇帝。本書卷二、《宋書》卷六有紀。 孝建：南朝宋孝武帝劉駿年號（454—456）。

[7]相國：官名。戰國時趙國已設置。爲百官之長。魏晋及南朝省置無常，或爲贈官，且多與丞相互稱，職權秩位略同，但禮遇稍尊。

[8]丞相：官名。戰國時秦國始設置。輔助國君的最高國務長官。職權秩位與相國略同，但禮遇稍次。魏晋南北朝省置無常，或分置左、右，或亦用作贈官。

[9]三司：指三公。

[10]散位：宮中女官位號。南朝宋孝武帝置。爲皇帝之妾，等級次於三夫人、九卿。《陳書》卷七《皇后傳序》：“又置美人、才人、良人三職，其職無員數，號爲散位。”

[11]漢元帝：劉奭。西漢皇帝。在位十七年（前49—前33），謚號孝元皇帝。《漢書》卷九有紀。

　　及明帝泰始二年，[1]省淑妃、昭華、中才人、充衣，復置脩華、脩儀、脩容、才人、良人；三年，又省貴人，置貴姬，以備三夫人之數；又置昭華，增淑容、承徽、列榮；以淑媛、淑儀、淑容、昭華、昭儀、昭容、脩華、脩儀、脩容爲九嬪；婕妤、容華、充華、承徽、列榮：凡五職，亞九嬪；美人、才人、良人三職爲散役。[2]其後，帝留心後房，[3]擬百官，[4]備置內職焉。[5]

[1]明帝：南朝宋明帝劉彧。在位八年（465—472），謚號明皇帝。本書卷三、《宋書》卷八有紀。 泰始：南朝宋明帝劉彧年號

（465—471）。　二年：《宋書》卷四一《后妃傳序》作“元年”。

　　[2]散役：宫中女官位號。南朝宋明帝置。爲皇帝之妾，等級
次於三夫人、九嬪、亞九嬪，與散位相當。

　　[3]後房：後面的房屋。古代多指姬妾的住處，亦用作姬妾的
代稱。

　　[4]擬百官：按，《宋書·后妃傳序》“擬”下有“外”字。似
不當删省。

　　[5]内職：嬪妃等在宫中當盡的職守。亦指後宫中的女官。按，
宋明帝時所擬“内職名品”附載於《宋書·后妃傳序》下。

　　及齊高帝建元元年，[1]有司奏置貴嬪、夫人、貴人
爲三夫人，脩華、脩儀、脩容、淑妃、淑媛、淑儀、婕
妤、容華、充華爲九嬪，美人、中才人、才人爲散
職。[2]三年，太子宫置三内職：良娣比開國侯，[3]保林比
五等侯，[4]才人比駙馬都尉。[5]及永明元年，[6]有司奏貴
妃、淑妃並加金章紫綬；[7]佩于真玉；[8]淑妃舊擬九
嬪，[9]以淑爲温恭之稱，妃爲亞后之名，進同貴妃，以
比三司；夫人之號，不殊蕃國；[10]降淑媛以比九卿。七
年，復昭容，[11]位在九嬪焉。

　　[1]齊高帝：蕭道成。南朝齊開國皇帝。在位四年（479—
482），謚號高皇帝。本書卷四，《南齊書》卷一、卷二有紀。　建
元：南朝齊高帝蕭道成年號（479—482）。按，“建元元年”以下
至“復昭容，位在九嬪焉”，采自《南齊書》卷二〇《皇后傳序》，
無所增删。

　　[2]散職：宫中女官位號。南朝齊高帝置。爲皇帝之妾，等級
與散位、散役相當。

［3］良娣：女官名。皇太子之妾稱號。始於兩漢，魏晋至唐多沿置。南朝宋時置爲太子内職，位次保林。入齊定爲太子宮三内職之一，高於保林。　　開國侯：封爵名。晋始置，位在開國公下，二品。南朝宋、齊沿置，三品；梁位視孤卿、重號將軍、光禄大夫，班次之；陳爲九等爵第三等，三品。

［4］保林：女官名。皇帝之妾稱號。西漢元帝始置，俸百石。南朝宋時置爲太子内職，位在良娣之上。入齊定爲太子宮三内職之一。　　五等侯：封爵名。始見東晋。南朝宋侯爵等級之一，不食封。見《宋書》卷四二《王弘傳》。

［5］才人：女官名。皇帝之妾或皇太子之妾稱號。南朝齊定爲太子宮三内職之一。　　駙馬都尉：官名。西漢武帝時置。爲侍從近臣，常用作加官。東漢隸光禄勳，東晋、南朝隸集書省，無定員，無實職，尚公主者亦多加此號。至梁、陳漸成定制，專加尚公主者。梁無班秩。陳七品，秩六百石。

［6］永明：南朝齊武帝蕭賾年號（483—493）。

［7］加：官制術語。即提升官位的等級，或在原職之外增授其他職銜。　　金章紫綬：官制術語。簡稱金紫。即金質官印柄上繫有紫色綬帶，其文作“某官之章”，以爲高級官階的標志。

［8］于寘：地名。又作于闐。在今新疆和田縣一帶。

［9］九棘：即九棘。古代朝廷樹棘以分別朝臣品位，左右各九，故稱九棘。見《周禮·秋官·朝士》。後因以作爲九卿的代稱。棘，同“棘”。

［10］蕃國：指王畿之外的諸侯國或遠方之國。

［11］復昭容：按，底本“復”下空一字。大德本、汲古閣本作“復置昭容”，殿本作“復立昭容”。

梁武撥亂反正，深鑒奢逸，[1]配德早終，[2]長秋曠位。[3]定令制貴妃、貴嬪、貴姬爲三夫人；[4]淑媛、淑

儀、淑容、昭華、昭儀、昭容、脩華、脩儀、脩容爲九
嬪；婕妤、容華、充華、承徽、列榮爲五職；美人、才
人、良人爲三職。東宫置良娣、保林爲二職。及簡文、
元帝出自儲蓄，[5]或迫在拘縶，或逼於寇亂；且妃並先
殂，更不建椒閫。[6]

　　[1]撥亂反正，深鑒奢逸：按，以下至"且妃並先殂，更不建
椒閫"，采自《梁書》卷七《皇后傳序》，有所增補。
　　[2]配德：尊稱他人之妻。謂德行堪與匹配。此處指梁武帝德
皇后郗徽。
　　[3]長秋：漢宫名。爲皇后所居，因用以爲皇后的代稱。參
《後漢書》卷一〇上《明德馬皇后紀》"有司奏立長秋宫"李賢注
云："皇后所居宫也。長者久也，秋者萬物成孰之初也，故以名焉。
請立皇后，不敢指言，故以宫稱之。" 曠位：空着名位。
　　[4]定令制：按，《資治通鑑》卷一七六《陳紀十》後主至德
二年胡三省注："梁制，貴妃、貴嬪、貴姬，是爲三夫人，金章龜
鈕，紫綬八十首，佩于寶玉、虎頭鞶。淑媛、淑儀、淑容、昭華、
昭儀、昭容、脩華、脩儀、脩容、是爲九嬪，金章龜鈕，青綬八十
首，虎頭鞶，佩采瓊玉。婕妤、容華、充華、承徽、列榮五職，位
亞九嬪，銀印珪鈕，艾綬，虎頭鞶。美人、才人、良人三職，散
位，銅印環鈕，墨綬，虎頭鞶。"
　　[5]簡文：南朝梁簡文帝蕭綱。在位三年（549—551），被侯
景所廢殺，僞謚明皇帝。及其弟湘東王蕭繹平侯景，追尊爲簡文皇
帝。本書卷八、《梁書》卷四有紀。 元帝：南朝梁元帝蕭繹。在
位三年（552—554），被西魏軍俘殺於江陵。及其子蕭方智在建康
即位（是爲梁敬帝），追尊爲孝元皇帝。本書卷八、《梁書》卷五
有紀。 儲蓄：指分封在外的皇嗣。
　　[6]椒閫（kǔn）：后妃所居住的宫室。亦代指后妃。閫，内

室，借指婦女。

　　陳武光膺天歷，[1]以朴素自居，故後宮員位，其數多闕。文帝天嘉之後，[2]詔宮職備員。其所制立，無改梁舊。[3]編之令文，以爲後法。然帝性恭儉，而嬪嬙不備。[4]宣帝、後主，[5]無所改作。[6]今總綴緒，[7]以立此篇云。

　　[1]陳武：陳霸先。南朝陳開國皇帝。在位三年（557—559），謚號武皇帝。本書卷九，《陳書》卷一、卷二有紀。　天歷：天之歷數。猶言天命。亦代指帝位。　光膺天歷：以下至“宣帝、後主，無所改作”，采自《陳書》卷七《皇后傳序》，略有删減。

　　[2]文帝：南朝陳文帝陳蒨。在位八年（559—566），謚號文皇帝。本書卷九、《陳書》卷三有紀。　天嘉：南朝陳文帝陳蒨年號（560—566）。

　　[3]其所制立，無改梁舊：按，據《陳書·皇后傳序》，“始置貴妃、貴嬪、貴姬三人，以擬古之三夫人。又置淑媛、淑儀、淑容、昭容、昭儀、脩華、脩儀、脩容九人，以擬古之九嬪。又置婕妤、容華、充華、承徽、烈榮五人，謂之五職，亞於九嬪。又置美人、才人、良人三職，其職無員數，號爲散位”。

　　[4]嬪嬙：宮中女官，亦天子諸侯姬妾。

　　[5]宣帝：南朝陳宣帝陳頊。在位十五年（568—582），謚號孝宣皇帝。本書卷一〇、《陳書》卷五有紀。　後主：南朝陳後主陳叔寶。在位八年（582—589）。及隋軍入建康，被執送長安。後病死洛陽，謚煬。史稱陳後主。本書卷一〇、《陳書》卷六有紀。

　　[6]無所改作：按，《陳書·皇后傳序》“無”上有“內職”二字。

　　[7]緒：按，大德本、殿本、百衲本作“緝”，汲古閣本作

"輯"。

宋孝穆趙皇后諱安宗,[1]下邳僮人也。[2]父裔,[3]平原太守。[4]后以晋穆帝升平四年嬪于孝皇帝,[5]以産武帝,殂于丹徒官舍,[6]葬晋陵丹徒縣東鄉諫壁里雩山。[7]宋初追崇號諡,[8]陵曰興寧。[9]永初二年,[10]有司奏追贈裔光禄大夫,[11]加金章紫綬;[12]裔命婦孫氏封豫章郡建昌縣君。[13]其年,又追封裔臨賀縣侯。[14]裔子倫之自有傳。[15]

[1]諱安宗:按,百衲本《宋書》卷四一《孝穆趙皇后傳》無"宗"字。中華本補。

[2]下邳:郡名。治下邳縣,在今江蘇睢寧縣西北。 僮:縣名。治所在今安徽泗縣東北。

[3]父裔:按,《宋書·孝穆趙皇后傳》"父"上有"祖彪字世範,治書侍御史"十字,"裔"下有"字彦胄"三字。

[4]平原:郡名。治平原縣,在今山東平原縣西南。

[5]晋穆帝:司馬聃。在位十八年(344—361),諡號穆皇帝。《晋書》卷八有紀。 升平:東晋穆帝司馬聃年號(357—361)。

孝皇帝:南朝宋武帝劉裕之父劉翹。卒於晋世。及劉裕代晋稱帝,追尊爲孝穆皇帝,簡稱孝皇帝。

[6]殂于丹徒官舍:《宋書·孝穆趙皇后傳》下有"時年二十一"五字。丹徒,縣名。治所在今江蘇鎮江市丹徒區。

[7]晋陵:郡名。西晋末改毗陵郡置,治丹徒縣。東晋初,移治京口城,在今江蘇鎮江市。東晋末,移治晋陵縣,在今江蘇常州市。 諫壁里:地名。在今江蘇鎮江市京口區東部長江南岸。按,"諫壁",大德本同,汲古閣本、百衲本作"諫壁",殿本、中華本

及《宋書‧孝穆趙皇后傳》作"練壁"。據《讀史方輿紀要》卷二五《南直七‧丹徒縣》:"諫壁鎮,在(鎮江)府東四十里,近大江。其地有雩山,劉宋武帝裕之父興寧陵在焉。鎮北爲諫壁港,通大江。諫,亦曰澗。"當以"諫壁"爲是。

[8]追崇號謚:宋武帝踐阼,追尊爲穆皇后。

[9]興寧:興寧陵。在今江蘇鎮江市京口區東部。《至順鎮江志》卷一二《古迹‧陵墓》:"丹徒縣宋興寧陵,在縣東南三十五里諫壁之雩山。武帝父孝皇帝所葬,孝穆趙皇后、孝懿蕭皇后亦葬此。"

[10]永初:南朝宋武帝劉裕年號(420—422)。

[11]追贈:指死後授予官職或稱號。亦指子孫上尊稱於其已故的父祖輩。 光禄大夫:官名。西漢武帝時,改中大夫置,掌論議,秩比二千石。東漢時,漸成閑散之職。晋以後,多授予諸公之外年老有病的致仕官員,無具體職掌。南朝宋三品。梁十三班。陳三品,秩中二千石。

[12]加金章紫綬:始於晋,歷代因之。據《宋書‧百官志上》:"光禄大夫銀章青綬,其重者加金章紫綬,則謂之金紫光禄大夫。"晋、南朝宋二品。梁十四班。陳三品,秩中二千石。

[13]命婦:受封號的婦人。宮廷中的妃嬪等稱内命婦,宮廷外的臣下之母、妻稱爲外命婦。 豫章:郡名。治南昌縣,在今江西南昌市。 建昌:縣名。治所在今江西奉新縣西。 縣君:命婦封號。多封皇后母、縣公妻及高官母妻。

[14]追封:指死後加封爵位。 臨賀縣侯:臨賀縣開國侯的省稱。按,據《宋書‧孝穆趙皇后傳》,食邑五百户。臨賀,縣名。治所在今廣西賀州市東南。

[15]倫之:趙倫之。字幼成。本書卷一八、《宋書》卷四六有傳。

　　孝懿蕭皇后諱文壽，蘭陵人也。[1]父卓字子略，洮陽令。[2]后爲孝皇帝繼室，生長沙景王道憐、臨川烈武王道規。[3]義熙七年，[4]拜豫章公太夫人。[5]武帝爲宋公、宋王，又加太妃、太后之號。帝踐祚，尊曰皇太后，[6]居宣訓宫。上以恭孝爲行，奉太后素謹，及即大位，春秋已高，每旦朝太后，未嘗失時刻。少帝即位，[7]加崇曰太皇太后。[8]景平元年，[9]崩于顯陽殿，[10]年八十一。遺令：“漢世帝后，陵皆異處。今可於塋域之内別爲一壙，一遵往式。”乃開別壙，與興寧合墳。[11]初，武帝微時，貧約過甚，孝皇之殂，葬禮多闕。帝遺旨：“太后百歲後不須祔葬。”[12]至是故稱后遺令云。

　　[1]蘭陵人：《宋書》卷四一《孝懿蕭皇后傳》作“蘭陵蘭陵人”，本書卷一八《蕭思話傳》作“南蘭陵人”。蘭陵，郡名。東晉初僑置。治蘭陵縣，在今江蘇常州市武進區西北。南朝宋改爲南蘭陵郡。

　　[2]洮陽：縣名。治所在今廣西全州縣西北。

　　[3]長沙景王道憐、臨川烈武王道規：劉道憐、劉道規。二人均爲宋武帝同父異母弟。本書卷一三、《宋書》卷五一並有傳。

　　[4]義熙：東晉安帝司馬德宗年號（405—418）。

　　[5]豫章公：劉裕在東晉末封爵名號。　太夫人：命婦名號。列侯之母稱太夫人。參《漢書》卷四《文帝紀》顏師古注引如淳曰。

　　[6]皇太后：皇帝之母稱號。始於秦朝，歷代因之。參《漢書》卷九七上《外戚傳上》。

　　[7]少帝：南朝宋少帝劉義符。在位三年（422—424），廢爲營陽王，尋被殺。史稱宋少帝。本書卷一、《宋書》卷四有紀。

[8]太皇太后：皇帝祖母之稱。始於秦朝，歷代因之。參《漢書·外戚傳》。

[9]景平：南朝宋少帝劉義符年號（423—424）。

[10]顯陽殿：宮殿名。建康宮城寢殿。在今江蘇南京市雞籠山南古臺城故址内。

[11]興寧：即劉翹。此用陵號代稱其人，以示尊崇。

[12]百歲後：死的諱稱。　祔葬：合葬。亦謂葬於先塋之旁。

卓初與趙裔俱贈金紫光禄大夫，[1]又追封封陽縣侯。[2]妻下邳趙氏封吳郡壽昌縣君。[3]卓子源之襲爵，源之見子《思話傳》。[4]

[1]金紫光禄大夫：官名。即光禄大夫加金印紫綬者。

[2]封陽縣侯：封陽縣開國侯的省稱。據《宋書》卷四一《孝穆趙皇后傳》，食邑五百户。封陽縣，縣名。治所在今廣西賀州市東南。

[3]吳郡：郡名。治吳縣，在今江蘇蘇州市。　壽昌：縣名。治所在今浙江建德市西南。

[4]思話：蕭思話。本書卷一八、《宋書》卷七八有傳。

武敬臧皇后諱愛親，東莞人也。[1]祖汪，尚書郎，[2]父儁，郡功曹。[3]后適武帝，生會稽宣長公主興弟。[4]帝以儉正率下，后恭謹不違。義熙四年正月甲子，[5]殂於東城，[6]追贈豫章公夫人，[7]還葬丹徒。帝臨崩，遺詔留葬建鄴。[8]於是備法駕迎梓宮，[9]祔葬初寧陵。[10]宋初追贈儁金紫光禄大夫，妻高密叔孫氏遷陵永平鄉君。[11]儁子燾、熹，[12]並自有傳。

[1]東莞人：本書卷一八《臧燾傳》作“東莞莒人”。東莞，郡名。治莒縣，在今山東莒縣。

[2]尚書郎：官名。又稱曹郎。尚書省諸郎曹長官，隸列曹尚書，分曹執行政務。亦稱尚書郎中，資深勤能者可轉侍郎。東晉時省併爲十五曹郎。南朝宋設二十曹郎，齊沿之。梁增爲二十三曹郎，陳省爲二十一曹郎。晉、宋六品。梁吏部郎十一班，諸曹侍郎六班、郎中五班。陳四品，秩六百石。

[3]郡功曹：官名。本官署名，亦爲郡功曹掾、郡功曹史的省稱。掾爲曹正，史爲曹副，皆掌選署功勞。

[4]會稽宣長公主興弟：劉興弟。宋武帝長女。封會稽公主，嫁與姻戚徐逵之。文帝甚禮敬之，家事大小，必咨而後行。

[5]甲子：《宋書》卷四一《武敬臧皇后傳》作“甲午”。按，檢《二十史朔閏表》，晉安帝義熙四年（408）正月丙申朔，二十九日甲子，無甲午。以本書爲是。

[6]東城：城名。東府城的省稱。今江蘇南京市通濟門附近，南臨秦淮河。

[7]夫人：命婦名號。謂列侯之妻。

[8]建鄴：都城建康。在今江蘇南京市秦淮河以北之地。

[9]梓宫：皇帝、皇后的棺槨。以梓木爲之，故名。

[10]初寧陵：陵墓名。宋武帝劉裕陵寢，在今江蘇南京市紫金山東南麓。

[11]高密：郡名。治高密縣，在今山東高密市西南。　鄉君：命婦封號。多封予后妃之母、鄉侯之妻及高官妻女。始自西晉武帝封羊祜妻爲萬歲鄉君。南朝宋、齊時地位低於縣君。

[12]燾：臧燾。字德仁。本書卷一八、《宋書》卷五五有傳。
熹：臧熹。字義和。本書卷一八、《宋書》卷七四有附傳。

武帝張夫人，[1]諱闕，不知何許人也。生少帝及義興恭長公主惠媛。永初元年拜夫人。少帝即位，有司奏上尊號爲皇太后，宮曰永樂。少帝廢，太后還璽綬，隨居吳郡。文帝元嘉元年，[2] 拜營陽國太妃。[3] 三年，薨。[4]

[1]夫人：宮中女官名。亦爲皇帝妃嬪封號。位次皇后，爲三夫人之一，與貴嬪、貴人分主六宮。

[2]文帝：南朝宋文帝劉義隆。在位三十年（424—453），謚號文皇帝。本書卷二、《宋書》卷五有紀。 元嘉：南朝宋文帝劉義隆年號（424—453）。

[3]營陽國：以郡爲國。治營浦縣，在今湖南道縣東。 太妃：命婦封號。皇帝之妾在皇帝歿後的尊稱。魏晉以後，諸王之母亦尊稱太妃。

[4]三年，薨：按，大德本、汲古閣本、殿本、百衲本作“二年薨”。按，《宋書》卷四一《武帝張夫人傳》亦作“三年薨”。

文章胡太后諱道女，[1]淮南人也。[2]義熙初，武帝所納。文帝生五年，被譴賜死，葬丹徒。武帝踐祚，追贈婕妤。[3]文帝即位，有司奏上尊號曰章皇太后，陵曰熙寧，[4]立廟建鄴。[5]

[1]文章胡太后：按，《宋書》卷四一《后妃傳》作“武帝胡婕妤”。 諱道女：大德本、汲古閣本、殿本、百衲本同，中華本據《太平御覽》卷一四二改“女”作“安”。

[2]淮南：郡名。治壽春縣，在今安徽壽縣。

[3]婕妤：宮中女官名。皇帝妃嬪封號。西晉武帝定爲九嬪之一。南朝宋沿之，明帝時降位爲亞九嬪。齊、梁復列位九嬪。陳又

降位爲亞九嬪。

[4]熙寧：陵墓名。宋文帝生母陵寢，在今江蘇南京市。

[5]立廟：即別立小廟。小廟爲帝王之庶出者爲其生母所立之廟。

少帝司馬皇后諱茂英，晉恭帝女也。[1]初封海鹽公主，[2]少帝以公子尚焉。宋初拜皇太子妃，少帝即位，爲皇后。元嘉元年，降爲營陽王妃，又爲南豐王太妃。[3]十六年薨。[4]

[1]晉恭帝：司馬德文。在位三年（418—420），禪於宋，謚號恭皇帝。《晉書》卷一〇有紀。

[2]海鹽：縣名。治所在今浙江海鹽縣。

[3]南豐王：劉朗。江夏王劉義恭之子。宋文帝元嘉九年（432），封爲南豐王，以奉營陽王祀。《宋書》卷六一有附傳。南豐，縣名。治所在今江西廣昌縣東。

[4]十六年薨：按，《宋書》卷四一《少帝司馬皇后傳》此句下有"時年四十七"五字。《宋書》中華本校勘記引張森楷《校勘記》以爲，"少帝死年十九，則妃于時亦當二十左右。後十六七年至元嘉十六年卒，應年三十六七，不應四十七，疑有誤"。

文元袁皇后諱齊嬀，[1]陳郡陽夏人，[2]左光祿大夫湛之庶女也。[3]母本卑賤，后年五六歲方見舉。[4]後適文帝，初拜宜都王娠，[5]生子劭、東陽獻公主英娥。[6]上待后恩禮甚篤，袁氏貧薄，后每就上求錢帛以贍之。上性儉，所得不過五三萬、五三十匹。後潘淑妃有寵，愛傾後宮，咸言所求無不得。后聞之，未知信否，[7]乃因潘求三十萬錢與家，以觀上意，宿昔便得。[8]因此恚恨稱疾，不復見上，遂憤恚成疾。元嘉十七年疾篤，上執手流涕，問所欲言。后視上良久，乃引被覆面，崩于顯陽殿。[9]上甚悼痛之，詔前永嘉太守顏延之爲哀策，[10]文甚麗。[11]及奏，上自益“撫存悼亡，感今懷昔”八字以致意焉。有司奏謚宣皇后，詔謚曰元。[12]

[1]文元：按，《宋書》卷四一《后妃傳》作“文帝”、目録作“文元”。“元”爲謚，依上文“孝穆”“孝懿”“武敬”“文章”諸例，當以“文元”爲是。

[2]陳郡：郡名。治陳縣，在今河南周口市淮陽區。　陽夏：縣名。治所在今河南太康縣。

[3]左光禄大夫湛：袁湛。字士深。東晋安帝義熙末卒官。追贈左光禄大夫。本書卷二六、《宋書》卷五二有傳，《晋書》卷八三有附傳。

[4]五：大德本、汲古閣本、殿本、百衲本同，中華本作“至”。按，殿本《宋書》作“至”，中華本《宋書》作“五”。

[5]娠：大德本、汲古閣本同，殿本、百衲本、中華本及《宋書·文元袁皇后傳》作“妃”。按，作“娠”誤。

[6]劭：劉劭。字休遠，宋文帝長子。本書卷一四、《宋書》卷九九有傳。　東陽獻公主英娥：劉英娥。劉劭同母姊，封東陽公主，先劭卒，謚獻。事見本書《元凶劭傳》。

[7]未：按，《宋書》卷四一《文元袁皇后傳》作“欲”。

[8]宿昔：猶旦夕。比喻時間很短。按，《宋書·文元袁皇后傳》作“信宿”。

[9]崩于顯陽殿：按，《宋書·文元袁皇后傳》此句下有“時年三十六”五字。

[10]永嘉：郡名。治永寧縣，在今浙江溫州市。　顏延之：字

延年，琅邪臨沂（今山東臨沂市）人。本書卷三四、《宋書》卷七三有傳。　哀策：文體名。亦作哀册。頌揚帝王、后妃生前功德的韻文。行葬禮時，由太史令讀後，埋於陵中。按，上哀下曰“誄”，下哀上曰“哀策”。

[11]文甚麗：按，文載《宋書·文元袁皇后傳》。

[12]詔諡曰元：按，《宋書·文元袁皇后傳》“詔諡”作“上特詔”。

初，后生劭，自詳視之，使馳白帝：“此兒形貌異常，必破國亡家，不可舉。”便欲殺之。文帝狼狽至后殿户外，手掇幰禁之乃止。[1]

[1]掇：按，《宋書》卷四一《文元袁皇后傳》作“撥”。

后亡後，常有小小靈應。明帝所生沈美人嘗以非罪見責，應賜死，從后昔所住徽音殿前度。[1]此殿有五間，自后崩後常閉。美人至殿前流涕大言曰：“今日無罪就死，先后若有靈當知之。”殿户應聲豁然開，職掌者遽白文帝，驚往視之，美人乃得釋。

[1]徽音殿：宮殿名。建康宮城寢殿，東晉、南朝時皇后居所。在今江蘇南京市雞籠山南、乾河沿北臺城遺址内。參《晉書》卷三二《安僖王皇后傳》。

大明五年，[1]孝武乃詔追后之所生外祖親王夫人爲豫章郡新淦平樂鄉君，[2]又詔趙、蕭、臧光禄、袁敬公、平樂鄉君墓，[3]先未給塋户，[4]各給蠻户三，[5]以供灑埽。

后父湛之自有傳。[6]

[1]大明：南朝宋孝武帝劉駿年號（457—464）。

[2]外祖親：母系祖先。此指袁氏生母。　新淦（fù）：大德本、汲古閣本、百衲本同，殿本、中華本及《宋書》卷四一《文元袁皇后傳》“淦”作“淦”。按，淦、淦（gàn）形近易訛，當從殿本、《宋書》改“淦”。新淦，縣名。治所在今江西樟樹市。

[3]趙、蕭、臧光禄、袁敬公、平樂鄉君：趙裔、蕭卓、臧儁、袁湛、王夫人。

[4]塋户：受官府之命專事看守墳塋的民户，可以免去賦税。

[5]蠻户：降附官府的蠻族編户。

[6]后父湛之自有傳：按，“之”爲衍文，當删。詳見本書卷二六、《宋書》卷五二《袁湛傳》。

潘淑妃者，[1]本以貌進，始未見賞。帝好乘羊車經諸房，[2]淑妃每莊飾褰帷以候，并密令左右以鹹水灑地。帝每至户，[3]羊輒舐地不去。帝曰：“羊乃爲汝徘徊，况於人乎。”於此愛傾後宫。[4]

[1]淑妃：宫中女官名。亦爲皇帝妃嬪封號。西晋武帝定爲九嬪之首，位比九卿。南朝宋初因之，明帝時省。齊復置，進位同貴妃，比於三司。梁、陳省。

[2]羊車：宫中用羊牽引的小車。本帝王乘坐之車，裝飾精美。其上部如輧車，車軸有蓋，車輪、車輈皆漆之。或以爲“羊”通“祥”，取其吉祥之義。

[3]至：按，大德本、殿本、百衲本、中華本同，汲古閣本作“去”。

[4]於此愛傾後宫：按，據《宋書》卷九九《始興王濬傳》：

“母潘淑妃有盛寵。時六宮無主，潘專總內政。”

孝武昭路太后諱惠男，丹陽建康人也。[1]以色貌選入後宮，生孝武帝，拜爲淑媛。[2]及年長，無寵，常隨孝武出蕃。孝武即位，有司奏奉尊號曰太后，宮曰崇憲。太后居顯陽殿，上於閨房之內禮敬甚寡，有所御幸，或留止太后房內，故人間咸有醜聲。[3]宮掖事秘，[4]亦莫能辨也。[5]

[1]丹陽：郡名。治建康縣，在今江蘇南京市。

[2]淑媛：宮中女官名。亦爲皇帝妃嬪封號。

[3]人間：按，《宋書》卷四一《文帝路淑媛傳》“人”作“民”，本書避唐太宗李世民諱改。又，《宋書·文帝路淑媛傳》“間”下有“誼然”二字。　咸：大德本、汲古閣本、百衲本、中華本同，殿本作“或”。

[4]宮掖：皇宮。掖，指宮中旁舍，亦皇帝嬪妃居所。

[5]辨：按，大德本、汲古閣本、百衲本、中華本同，殿本作“辯”。

孝建二年，追贈太后父興之散騎常侍，[1]興之妻餘杭縣廣昌鄉君。[2]大明四年，太后弟子撫軍參軍瓊之上表自陳。[3]有司承旨，奏贈瓊之父道慶給事中，[4]瓊之及弟休之、茂之並居顯職。[5]太后頗豫政事，賜與瓊之等財物，家累千金，居處器服與帝子相侔。大明五年，太后隨上巡南豫州，[6]妃主以下並從。廢帝立，[7]號太皇太后。明帝踐祚，號崇憲太后。

　　［1］興之：路興之。宋文帝路淑媛之父。前廢帝景和中，又追贈侍中、金紫光禄大夫，謚孝侯。　散騎常侍：官名。三國魏合散騎、中常侍置。晋沿置。爲散騎省長官，掌侍從皇帝左右，隨事規諫，得與侍中等共平尚書奏事，有異議得駁奏。常用作宰相、諸公等加官。東晋以中書職入散騎省，故又掌表詔，職任比於侍中。南朝出令之權復歸中書省，散騎省改名集書省，職侍從左右，主掌圖書文翰、收納轉呈文書奏事等。因職輕事簡，不爲人重。宋三品。梁十二班。陳三品，秩中二千石。

　　［2］餘杭：縣名。治所在今浙江杭州市餘杭區西南。

　　［3］撫軍參軍：官名。撫軍將軍府僚屬。掌參謀軍務，佐理府事。參軍，南北朝時成爲正式官名，由朝廷除授。亦有府主自行板除者。　瓊之：路瓊之。宋文帝路淑媛弟路道慶子。後爲衡陽内史，先淑媛卒。

　　［4］給事中：官名。魏晋時，或爲加官，或爲正官，隸散騎省，位在散騎常侍下、給事黄門侍郎上。南朝隸集書省，位在通直散騎侍郎下、員外散騎侍郎上，選輕用卑，地位漸低。宋五品。梁四班。陳七品，秩六百石。

　　［5］休之、茂之：並宋文帝路淑媛弟路道慶子。休之爲黄門侍郎，封開國縣侯，遷桂陽王鎮北諮議參軍。茂之後爲左軍將軍，封開國縣侯，遷司徒從事中郎。及宋明帝誅孝武帝諸子，皆牽連被殺。

　　［6］南豫州：州名。南朝宋武帝永初三年（422）分豫州淮河以東諸郡置，治歷陽縣，在今安徽和縣。文帝元嘉七年（430）省。孝武帝大明元年（457）復置，治姑孰，在今安徽當塗縣。五年省，七年復置。其後屢經置省遷治，至梁侯景亂後定治姑孰。一説定治宛陵縣，在今安徽宣城市宣州區。

　　［7］廢帝：南朝宋前廢帝劉子業。小字法師，宋孝武帝長子。本書卷二、《宋書》卷七有紀。

初，明帝少失所生，爲太后所攝養，撫愛甚篤。及即位，供奉禮儀，不異舊日。有司奏宜別居外宮，詔欲親奉晨昏，盡懽闈禁，不如所奏。及聞義嘉難作，[1]太后心幸之，延上飲酒，置毒以進。侍者引上衣，上寤，起以其巵上壽。是日太后崩，[2]秘之，喪事如禮。遷殯東宮，[3]題曰崇憲宮。又詔述太后恩慈，特齋衰三月，[4]以申追遠。[5]謚曰昭皇太后，葬孝武陵東南，號曰脩寧陵。[6]

[1]及聞義嘉難作：以下至"是日太后崩"，《宋書》卷四一《文帝路淑媛傳》以"尋崩"二字帶過。檢《資治通鑑》卷一三一《宋紀十三》明帝泰始二年下《考異》云："《宋略》《南史》皆曰：'義嘉之難，太后心幸之，延上飲酒，置毒以進。侍者引上衣，上寤，起，以其巵上壽。是日，太后崩，喪事如禮。'"是知本書此段記述采自裴子野《宋略》。義嘉難作，又稱義嘉事難、義嘉之亂。宋明帝泰始二年（466）正月，鄧琬等奉晋安王劉子勛稱帝於尋陽（今江西九江市），改元義嘉，起兵與宋明帝爭奪帝位。事見本書卷三《宋明帝紀》、卷一四《晋安王子勛傳》、卷四〇《鄧琬傳》等。

[2]是日太后崩：按，據《宋書·文帝路淑媛傳》，時年五十五。

[3]東宮：皇太子居所。位於建康臺城東邊，在今江蘇南京市雞籠山南臺城遺址東南。

[4]齋（zī）衰：喪服名。同"齊衰"。爲五服之一。服期三年、一年、五月、三月不等。因服用粗麻布製成，以其緝邊縫齊，故稱。齋，通"齊"。大德本、百衲本同，汲古閣本、殿本作"齊"。

[5]以申追遠：《宋書·文帝路淑媛傳》作"以申追仰之心"。

追遠，語出《論語·學而》："曾子曰：慎終追遠，民德歸厚矣。"邢昺疏："追遠者，遠謂親終既葬，日月已遠也，孝子感時念親，追而祭之，盡其敬也。"

[6]脩寧陵：陵墓名。南朝宋孝武帝生母路惠男陵寢，在今江蘇南京市江寧區巌山東南。

　　先是，晋安王子勛未平，[1]巫者謂宜開昭太后陵，毀去梓宫以厭勝。[2]脩復倉卒，不得如禮。上性忌，慮將來致災，泰始四年夏，詔有司曰："崇憲昭太后脩寧陵地，大明之世，久所考卜。前歲遭諸蕃之難，禮從權宜，未暇營改，而塋隧之所，山原卑陋，可式遵舊典，以禮改創。"有司奏請修寧陵玄宫補葺毀壞，[3]權施油殿，[4]暫出梓宫，事畢即定。[5]詔可。

　　[1]晋安王子勛：劉子勛。字孝德，宋孝武帝第三子。封晋安王，歷南兗州、江州刺史。本書卷一四、《宋書》卷八○有傳。平：大德本、汲古閣本、百衲本、中華本及《宋書》卷四一《文帝路淑媛傳》同，殿本作"卒"。

　　[2]厭勝：古代巫術，謂能以詛咒制勝，壓服人或物。厭，用迷信方法，鎮服或驅避灾禍，或致灾禍於他人。

　　[3]玄宫：此謂帝王或后妃的墳墓。　葺：《宋書·文帝路淑媛傳》作"治"，本書避唐高宗李治諱改。

　　[4]油殿：皇家用油布帳幕張設的臨時殿堂。

　　[5]定：中華本據《宋書·文帝路淑媛傳》改作"窆"。按，窆（biǎn），下葬。定，安定，使安定。

　　廢帝景中和，[1]又追贈興之侍中、金紫光禄大夫，[2]

諡曰孝侯。道慶光禄大夫、開府儀同三司，[3]諡曰敬侯。道慶女爲皇后，以休之爲侍中。

[1]景中和：大德本、汲古閣本、殿本、百衲本作"景和中"。按，應從諸本及《宋書》卷四一《文帝路淑媛傳》改作"景和中"。景和，南朝宋前廢帝劉子業年號（465）。

[2]侍中：官名。三國魏、西晋置爲門下侍中省長官，正員四人，加官無定員，常侍衛皇帝左右，管理門下衆事，掌顧問應對，拾遺補闕，諫諍糾察，平議尚書奏事等。宰相、尚書等加此官號者，入宮議政。東晋、南朝宋沿置，兼統宮廷内侍諸署。齊、梁、陳爲門下省長官，愈益尊貴。陳亦用作親王起家之官。宋三品。梁十三班。陳三品，秩中二千石。

[3]開府儀同三司：官名。漢魏間始置，爲大臣加號。意謂禮制、待遇與三司即太尉、司徒、司空相同，許開設府署，自辟僚屬。兩晋南北朝因之，授予範圍不斷擴大，逐漸成爲正式官號。

明宣沈太后諱容姬，不知何許人也。爲文帝美人，[1]生明帝，拜婕妤。元嘉三十年卒，葬建康之莫府山。[2]孝武即位，追贈湘東國太妃。[3]明帝即位，有司奏上尊號爲皇太后，諡曰宣，陵號崇寧。

[1]美人：宮中女官名。亦爲皇帝妃嬪封號。漢置，位視二千石，爵比少上造。三國魏因之。晋初位降，爵視千石以下。南朝沿置，多爲散職或散役。

[2]莫府山：山名。亦作幕府山。在今江蘇南京市北郊長江南岸。

[3]湘東國：以郡爲國。治臨烝縣，在今湖南衡陽市。按，宋

明帝劉彧初封淮陽王，後改封湘東王。

　　孝武文穆王皇后諱憲嫄，琅邪臨沂人也。[1]元嘉二十年，拜武陵王妃，[2]生廢帝、豫章王子尚、山陰公主楚玉、臨淮康哀公主楚佩、皇女楚琇、康樂公主脩明。[3]孝武在蕃，后甚寵異，及即位，爲皇后焉。

　　[1]琅邪：郡名。治開陽縣，在今山東臨沂市北。　臨沂：縣名。治所在今山東臨沂市。
　　[2]武陵王：宋孝武帝劉駿。初封武陵王。武陵，郡名。治臨沅縣，在今湖南常德市。
　　[3]豫章王子尚：劉子尚。字孝師，宋孝武帝第二子。本書卷一四、《宋書》卷八〇有傳。　山陰公主楚玉：劉楚玉。宋孝武帝長女，前廢帝姊。嫁與廬江何戢，肆情淫縱。前廢帝改封會稽郡長公主，未及拜，帝被廢殺。明帝即位，與豫章王子尚並賜死。事見本書卷二《宋前廢帝紀》、卷一四《豫章王子尚傳》、卷三〇《何戢傳》及《南齊書》卷三二《何戢傳》等。　臨淮康哀公主楚佩：劉楚佩。嫁與琅邪王瑩。事見本書卷二三、《梁書》卷一六《王瑩傳》。　康樂公主脩明：劉脩明。嫁與東海徐孝嗣。事見本書卷一五、《南齊書》卷四四《徐孝嗣傳》。

　　大明四年，后率六宮躬桑于西郊，[1]皇太后觀禮，妃主以下並加班錫。廢帝即位，尊曰皇太后，宮曰永訓。其年崩于含章殿，[2]祔葬景寧陵。[3]父偃別有傳。[4]

　　[1]躬桑：古代農曆三月，在先蠶壇舉行祭祀蠶神的儀式，后妃親爲采桑，以勸民致力於蠶事。《禮記·月令》載，季春之月，

"后妃齊戒，親東鄉躬桑"。見《宋書·禮志一》。

[2]崩于含章殿：按，《宋書》卷四一《孝武文穆王皇后傳》下有"時年三十八"五字。含章殿，皇后宫中殿堂名。在今江蘇南京市雞籠山南古臺城故址内。

[3]景寧陵：陵墓名。宋孝武帝劉駿陵寢，在今江蘇南京市江寧區巖山南麓。

[4]偃：王偃。字子游。本書卷二三、《宋書》卷四一有附傳。

殷淑儀，[1]南郡王義宣女也。[2]麗色巧笑。[3]義宣敗後，帝密取之，寵冠後宫。假姓殷氏，左右宣泄者多死，故當時莫知所出。及薨，[4]帝常思見之，遂爲通替棺，[5]欲見輒引替覘屍，如此積日，形色不異。追贈貴妃，[6]謚曰宣。及葬，給輼輬車、虎賁、班劍。鸞輅九旒、黄屋左纛、前後部羽葆、鼓吹，上自於南掖門臨，[7]過喪車，悲不自勝，左右莫不掩泣。上痛愛不已，精神罔罔，頗廢政事。每寢，先於靈牀酌奠酒飲之，既而慟哭不能自反。又諷有司奏曰："據《春秋》，仲子非魯惠公元嫡，[8]尚得考別宫。[9]今貴妃蓋天秩之崇班，[10]理應創新。"乃立別廟於都下。[11]

[1]殷淑儀：按，百衲本《宋書》目録中卷四一"孝武文穆王皇后"下雖有"宣貴妃"附目，但卷四一《后妃傳》正文並無"宣貴妃"或"殷淑儀"之傳。殷淑儀事主要叙在其子劉子鸞傳中，即《宋書》卷八〇《始平孝敬王子鸞傳》。淑儀，宫中女官名。亦爲皇帝妃嬪封號。西晉武帝始置爲位視九卿的九嬪之一，南朝沿置。

[2]南郡王義宣：劉義宣。宋武帝子。文帝時封竟陵王，改封

南譙王。孝武帝即位，改封南郡王。本書卷一三、《宋書》卷六八有傳。南郡，郡名。治江陵縣，在今湖北荆州市荆州區。

[3]巧笑：美好的笑顏。語出《詩·衛風·碩人》：“巧笑倩兮，美目盼兮。”

[4]及薨：按，據《宋書·始平孝敬王子鸞傳》，殷淑儀卒於宋孝武帝大明六年（462）。

[5]通替棺：一種像抽屜一樣可以隨意開閉的棺材。

[6]貴妃：宮中女官名。亦爲皇帝妃嬪封號。南朝宋孝武帝置，地位僅次皇后，爲三夫人之首，位比相國。齊、梁、陳皆置。

[7]南掖門：宮殿南面正門兩旁的邊門。　臨（lìn）：哭。指爲喪事而悲痛哭泣。

[8]元嫡：元配夫人。

[9]考別宮：《左傳》隱公五年“考仲子之宮”杜預注：“成仲子宮，安其主而祭之。惠公以仲子手文娶之，欲以爲夫人。諸侯無二嫡，蓋隱公成父之志爲別立宮也。”考，本指宮廟落成時始祭廟主的一種儀式，後泛指建築物完工。

[10]天秩：天子賜予的禄秩。　崇班：猶高位。

[11]別廟：太廟之外另立之廟。

　　時有巫者能見鬼，説帝言“貴妃可致”。帝大喜，令召之。有少頃，果於帷中見形如平生。帝欲與之言，默然不對。將執手，奄然便歇，帝尤哽恨，[1]於是擬《李夫人賦》以寄意焉。[2]謝莊作哀策文奏之，[3]帝卧覽讀，起坐流涕曰：“不謂當今復有此才。”都下傳寫，紙墨爲之貴。或云，貴妃是殷琰家人，[4]入義宣家，義宣敗，入宮云。

[1]哽恨：謂憾恨鬱積於心。哽，哽咽、語塞。恨，失悔、遺憾。

[2]《李夫人賦》：漢賦名。漢武帝傷悼李夫人而作，爲中國文學史上第一篇悼亡賦。見《漢書》卷九七上《外戚傳上》。按，宋孝武帝擬賦辭載《宋書》卷八〇《始平孝敬王子鸞傳》。又，是傳"擬"下有"漢武"二字，本書删之，失當。

[3]謝莊：字希逸，陳郡陽夏（今河南太康縣）人。本書卷二〇有附傳，《宋書》卷八五有傳。按，《文選》卷五七載謝希逸《宋孝武宣貴妃誄》。

[4]殷琰：字敬珉，陳郡長平（今河南西華縣）人。本書卷三九有附傳，《宋書》卷八七有傳。

前廢帝何皇后諱令婉，廬江灊人也。[1]孝建三年，納爲皇太子妃。大明五年，薨于東宮徽光殿，[2]謚曰獻妃。廢帝即位，追崇曰獻皇后。明帝踐祚，遷后與廢帝合葬龍山北。[3]

[1]廬江：郡名。治舒縣，在今安徽舒城縣。 灊：縣名。治所在今安徽霍山縣東北。

[2]薨于東宮徽光殿：按，據《宋書》卷四一《前廢帝何皇后傳》，時年十七。

[3]龍山：山名。一名巖山。在今江蘇南京市江寧區。

后父瑀字幼玉，[1]晋尚書左僕射澄曾孫也。[2]瑀尚武帝少女豫康長公主諱次男。[3]公主先適徐喬，美容色，聰敏有智數。[4]文帝世，禮待特隆。瑀豪競於時，與平昌孟靈休、東海何勗等並以輿馬相尚。[5]公主與瑀情愛

隆密，何氏疏戚莫不霑被恩禮。瑀位右衛將軍，[6]主
蓨，[7]瑀墓開，孝武追贈瑀金紫光禄大夫。

　　[1]幼玉：按，《宋書》卷四一《前廢帝何皇后傳》“幼”作
“稚”，本書避唐高宗李治諱改。參中華本校勘記。
　　[2]尚書左僕射：官名。東漢尚書臺置僕射一員，佐令署尚書
事，參預機密，令不在則代理其職。後增至二員，始分置左、右僕
射。三國魏、兩晉、南朝尚書省沿置。若遇令缺，則以左僕射爲尚
書省長官。晉、宋三品。梁十五班。陳二品，秩中二千石。　澄：
何澄。字季玄。及桓玄執政，以疾被奏免官，卒於家。《晉書》卷
九三有附傳。
　　[3]豫康長公主：大德本、汲古閣本、殿本、百衲本同，中華
本據《宋書》卷四一《前廢帝何皇后傳》補作“豫章康長公主”。
按，豫章，郡名。檢南朝宋諸帝女封爵名號，例以郡名冠於“公
主”之前，故此“章”字不可省。或疑本書誤奪，當從中華本據
《宋書》補“章”字。　次男：《宋書·前廢帝何皇后傳》作“欣
男”。中華本校勘記云“未詳孰是”。馬宗霍《南史校證》以爲：
“武帝第二女吳興長公主名榮男，則視此似以作‘欣男’爲是。
‘榮’與‘欣’義相毗，‘次’字亦形近傳寫之訛。”（湖南教育出
版社 2008 年版，第 210 頁）
　　[4]智數：謂心計、謀術。
　　[5]孟靈休：城陽平昌（今山東諸城市）人。襲父爵臨汝公，
官至秘書監。事見本書卷一五、《宋書》卷七一《徐湛之傳》。
何勖：東海郯（今山東郯城縣）人。襲父爵安成公，官至侍中。建
康民諺爲之語：“安成食，臨汝飾。”事亦見本書、《宋書》之《徐
湛之傳》。
　　[6]右衛將軍：官名。三國魏末，晉王司馬炎分中衛將軍爲左、
右衛將軍，掌宮禁宿衛。西晉初，屬中軍將軍，後屬領軍將軍（中

領軍）。爲禁衛軍主要統帥之一，多由皇帝親信擔任。南朝沿置，齊時與左衛將軍每晚留一人宿直宮中。及至南朝後期，此職亦統兵出征。宋四品。梁爲十二班。陳三品，秩二千石。按，《宋書·前廢帝何皇后傳》作‘衛將軍’。

[7]主：按，大德本、汲古閣本、殿本、百衲本同，中華本據《宋書·前廢帝何皇后傳》補作“公主”。

子邁尚文帝第十女新蔡公主諱英媚。邁少以貴戚居顯官，好犬馬馳逐，多聚才力士，位南濟陰太守。[1]廢帝納公主於後宮，[2]僞言薨殞，殺一婢送出邁第，殯葬行喪禮，常疑邁有異圖。邁亦招聚同志，[3]欲因行廢立，[4]事覺見誅。明帝即位，追封建寧縣侯。[5]

[1]南濟陰：郡名。東晉僑置。寄治丹徒縣，在今江蘇鎮江市丹徒區。

[2]納公主於後宮：封號貴嬪夫人，改姓謝氏。事見本書卷二《宋前廢帝紀》、《宋書》卷七《前廢帝紀》。

[3]同志：指志趣相同的人。

[4]廢立：謂帝王廢置皇后、太子、諸侯或大臣廢舊君立新君。

[5]建寧縣侯：封爵名。即建寧縣開國侯。據《宋書》卷四一《前廢帝何皇后傳》，食邑五百户。建寧，縣名。南朝宋孝武帝時降建寧郡置。治所在今湖北麻城市西南。

瑀兄子衍性躁動，位黃門郎，[1]拜竟，求司徒司馬；[2]得司馬，復求太子右率；[3]拜一二日，復求侍中。旬日之間，求進無已。不得侍中，以怨罵賜死。[4]

[1]黄門郎：官名。給事黄門侍郎省稱。魏晉南北朝置爲侍中省或門下省次官，與侍中俱掌門下衆事，職掌略同。南朝齊時知詔令，有“小門下”之稱。宋五品。梁十二班。陳四品，秩二千石。

[2]司徒司馬：官名。司徒府高級幕僚，位次長史。管理府内武職，與長史共參府務。

[3]太子右率：官名。即太子右衛率。西晉分太子衛率置，掌宿衛東宮，亦任征伐，地位頗重。東晉、南朝皆置。宋五品。梁十一班。陳四品，秩二千石。

[4]罵：按，大德本、汲古閣本、殿本、百衲本同，中華本及《宋書》卷四一《前廢帝何皇后傳》作“詈”。詈（lì），罵、責備。

　　明恭王皇后諱貞風，琅邪臨沂人也。初拜淮陽王妃，[1]明帝改封，又爲湘東王妃。生晉陵長公主伯姒、建安長公主伯媛。[2]明帝即位，立爲皇后。上嘗宮内大集，而裸婦人觀之，以爲歡笑。后以扇鄣面，獨無所言。帝怒曰：“外舍家寒乞，[3]今共作笑樂，何獨不視。”后曰：“爲樂之事，其方自多；豈有姑姊妹集聚，而裸婦人形體，以此爲樂。外舍爲歡適，[4]與此不同。”帝大怒，令后起。后兄揚州刺史景文以此事語從舅陳郡謝緯曰：[5]“后在家爲懦弱婦人，[6]不知今段遂能剛正如此。”[7]

[1]淮陽王：宋明帝劉彧初封淮陽王。淮陽，郡名。東晉安帝義熙中置。治淮陽城，在今江蘇淮安市西南。隋文帝開皇初廢。

[2]建安：郡名。三國吳分會稽郡南部都尉置。治建安縣，在今福建建甌市南松溪南岸。南朝移治松溪南岸及今福建建甌市。隋滅陳後廢。

[3]外舍：外戚，多指皇后家。　寒乞：寒酸。

[4]歡適：歡樂愜意。

[5]揚州：州名。治建康縣，在今江蘇南京市。　景文：王彧。字景文，名與宋明帝諱同，以字行。本書卷二三、《宋書》卷八五有傳。　謝綽：大德本、汲古閣本、殿本、百衲本同，中華本據《宋書》卷四一《明恭王皇后傳》改作“謝綽”。按，通檢本書、《宋書》，“謝綽”之名僅此一見。張森楷《南史校勘記》以爲：“據《謝述傳》是‘緯’字，疑此作‘綽’爲誤。”當從中華本據《宋書》改。謝緯，謝述子，謝朓父。宋文帝元嘉中，兄綜、約與范曄謀反被誅，緯以尚文帝女長城公主，免死，徙廣州。孝武帝時還建康，官至散騎侍郎。事見本書卷一九《謝述傳》、《南齊書》卷四七《謝朓傳》。

[6]儜（níng）弱：懦弱，劣弱。

[7]今段：謂這次、此時。

廢帝即位，尊爲皇太后，宮曰弘訓。廢帝失德，太后每加勗譬，[1]始猶見順，後狂慝稍甚。[2]太后嘗賜帝玉柄毛扇，帝嫌毛扇不華，因此欲加酖害，令大醫煮藥。[3]左右止之曰：“若行此事，官便作孝子，[4]豈得出入狡獪。”[5]帝曰：“汝語大有理。”乃止。順帝即位，[6]齊高帝執權，宗室劉晃、劉綽、卜伯興等有異志，[7]太后頗與相關。順帝禪位，太后與帝遜于東邸，[8]因遷居丹楊宮，[9]拜汝陰王太妃。[10]順帝殂于丹楊，更立第都下。建元元年，[11]薨于第，追加謚，葬以宋禮。后父僧朗，[12]別有傳。

[1]勗譬：勉勵曉諭。

[2]狂慝：狂悖邪惡。

[3]大：按，大德本同，汲古閣本、殿本、百衲本作“太”。

[4]官：對帝王的稱呼或帝王自稱。　孝子：指父母亡故後居喪者。

[5]狡獪：兒戲，游戲。

[6]順帝：南朝宋順帝劉準。在位三年（477—479），禪位於齊，諡順帝。本書卷三、《宋書》卷一〇有紀。

[7]劉晃：尚書令劉秉從子，嗣爵臨澧侯。宋順帝昇明二年（478），坐謀反罪，與弟東昌侯劉旻俱被殺。事見本書卷一三、《宋書》卷五一之《劉義欣傳》。　劉綽：字子流。臨川王劉義慶之孫。父死嗣爵，官至步兵校尉。宋順帝昇明三年以謀反被殺。事見《宋書》卷五一《劉義慶傳》。　卜伯興：吳興餘杭（今浙江杭州市餘杭區）人。官至前將軍、南平昌太守。宋順帝昇明元年，與袁粲等謀反，事泄被殺。事見本書卷七三《卜天與傳》。

[8]東邸：館舍名。位於建康宮城東掖門外。在今江蘇南京市雞籠山南古臺城遺址内。

[9]丹楊宮：亦作丹陽宮。宋順帝遜位後的幽禁處所。以築室於丹陽故縣而得名。在今安徽馬鞍山市博望區丹陽鎮。

[10]汝陰王太妃：大德本、汲古閣本、百衲本、中華本同，殿本“妃”作“后”。汝陰王，宋順帝劉準禪位後的封爵名號。

[11]“建元元年”至“葬以宋禮”：按，《宋書》卷四一《明恭王皇后傳》“第”下有“時年四十四”五字，“諡”上有“號”字，“宋禮”作“宋后禮”。據《南齊書》卷二《高帝紀下》，高帝建元元年（479）十月辛巳“汝陰太妃王氏薨，追贈爲宋恭皇后”。

[12]僧朗：王僧朗。官至侍中、特進。事見本書卷二三《王彧傳》、《宋書》卷八五《王景文傳》。

後廢帝陳太妃諱妙登，[1]丹楊建康屠家女也。[2]孝武嘗使尉司采訪人間子女有姿色者，[3]太妃家在建康縣，居有草屋兩三間。上行出，[4]問尉曰：“御道那得此草屋，[5]當由家貧。”賜錢三萬，令起瓦屋。尉自送錢與之，家人並行，唯太妃在家，時年十二三。尉見其美，即以白孝武，於是迎入宮，在路太后房内。經二年再呼不見幸，太后因言於上，以賜明帝。始有寵，一年衰歇，以賜李道兒。[6]尋又迎還，生廢帝。先是人間言明帝不男，[7]故皆呼廢帝爲李氏子。廢帝後每微行，自稱李將軍，或自謂李統。明帝即位，拜貴妃，秩同皇太子。廢帝踐祚，有司奏上尊號曰皇太妃，[8]興服一如晉孝武李太妃故事。[9]宮曰弘化，置家令一人，[10]改諸國太妃曰太姬。[11]昇明初，[12]降爲蒼梧王太妃。[13]

[1]後廢帝：南朝宋後廢帝劉昱。字德融，宋明帝長子。本書卷三、《宋書》卷九有紀。

[2]建康：縣名。西晉末避愍帝名諱改建鄴縣置。治所在今江蘇南京市秦淮河以北。　屠家：以屠宰牲畜爲業的人家。

[3]孝武嘗使尉司采訪人間子女有姿色者：按，《宋書》卷四一《明帝陳貴妃傳》“嘗”作“常”、“民”作“人”。尉司，官署名。指縣尉、草市尉等維護地方治安及維護交易秩序的基層管理機構。

[4]行出：大德本、汲古閣本、殿本、百衲本、中華本及《宋書·明帝陳貴妃傳》作“出行”。

[5]御道那得此草屋：按，《宋書·明帝陳貴妃傳》“道”下有“邊”字。御道，供帝王車駕通行的道路。

[6]李道兒：臨淮（今江蘇盱眙縣）人。宋前廢帝景和末，與阮佃夫等謀共廢立。明帝即位，以功封新渝縣侯。官至中書通事舍

人、給事中。《宋書》卷九四有附傳。

[7]不男：謂男子有生理缺陷，無生殖能力。

[8]皇太妃：皇帝對並非皇后的生母的尊稱。

[9]晋孝武李太妃故事：東晋孝武帝司馬曜生母李陵容，太元十二年（387）加尊號皇太妃，儀服一同太后。詳見《晋書》卷三二《后妃傳下》。

[10]家令：官名。皇太妃屬官，掌弘化宮庶務。品秩不詳。

[11]諸國太妃：魏晋以來對諸王之母的尊稱。

[12]昇明：南朝宋順帝劉準年號（477—479）。

[13]蒼梧王：南朝宋後廢帝劉昱被殺後追封的貶號。

　　後廢帝江皇后諱簡珪，濟陽考城人也。[1]太始五年，[2]明帝訪太子妃而雅信小數，[3]名家女多不合。江氏雖爲華族，[4]而后父祖並已亡，弟又弱小，以卜筮吉，[5]故爲太子納之。六年，拜皇太子妃，諷朝士州郡皆令獻物，多者將直百金。[6]始興太守孫奉伯止獻琴、書，[7]其外無餘物。上大怒，封藥賜死，既而原之。太子即帝位，立爲皇后。帝既廢，降后爲蒼梧王妃。祖智深自有傳。[8]

[1]濟陽：郡名。治濟陽縣，在今河南蘭考縣東北。　考城：縣名。治所在今河南民權縣東北。

[2]太始：即泰始。南朝宋明帝劉彧年號（465—471）。

[3]明帝訪太子妃而雅信小數：按，《宋書》卷四一《後廢帝江皇后傳》"訪"下有"求"字，似不當刪。小數，即數術。泛指天文、曆法、占卜、陰陽五行、鬼神仙道等。

[4]華族：顯貴的家族。

　　[5]卜筮：泛指占卜。古代推算吉凶禍福，用龜甲者稱"卜"，用蓍草者稱"筮"，合稱"卜筮"。

　　[6]直：通"值"。物價。

　　[7]始興：郡名。治曲江縣，在今廣東韶關市東南。　孫奉伯：宋前廢帝因謝莊撰《殷貴妃誄》，將誅之，賴奉伯勸説而免死。明帝時，歷淮南太守、南譙太守、交州刺史等。卒於宋世。事散見本書卷二〇《謝莊傳》、卷四《齊高帝紀》，《宋書》卷八《明帝紀》，《南齊書·祥瑞志》。

　　[8]智深：江智深。以所議殷貴妃謚，不合宋孝武帝意，於大明七年（463），惶懼而卒。按，《宋書·後廢帝江皇后傳》作"智淵"，本書避唐高祖李淵諱改。本書卷三六有附傳，《宋書》卷五九有傳。《隋書·經籍志四》著録"宋北中郎長史《江智深集》九卷"。

　　順陳太妃諱法容，[1]丹楊建康人也。明帝素肥，晚年廢疾不能内御，[2]諸弟姬人有懷孕者，[3]輒取以入宫。及生男，皆殺其母，而與六宫所愛者養之。順帝，桂陽王休範子也，[4]以陳昭華爲母。[5]明帝崩，昭華拜安成王太妃。[6]順帝即位，進爲皇太妃。順帝禪位，去皇存太妃之號。[7]

　　[1]順陳太妃：按，《宋書》卷四一《后妃傳》作"明帝陳昭華"。

　　[2]廢疾：身體或精神上有殘缺。按，《宋書·明帝陳昭華傳》作"痿疾"。痿疾，特指陽痿。　內御：謂與婦人同房。

　　[3]姬人：妾。

　　[4]桂陽王休範：劉休範。宋文帝第十八子，初封順陽王，改封桂陽王。本書卷一四、《宋書》卷七九有傳。

［5］陳昭華：即陳法容。昭華，宮中女官名。亦爲皇帝妃嬪封號。三國魏置，爵比鄉侯。晉諱昭，改稱脩華。南朝宋、梁、陳復稱昭華，皆爲九嬪之一。

［6］安成王：宋順帝劉準即位前的封爵名號。安成，郡名。治平都縣，在今江西安福縣。

［7］去皇存太妃之號：按，《宋書·明帝陳昭華傳》無"存"字。

順謝皇后諱梵境，陳郡陽夏人。右光禄大夫莊之孫也。父颺，[1]車騎功曹。昇明二年，立爲皇后。順帝禪位，降爲汝陰王妃。祖莊自有傳。

［1］颺：謝颺。謝莊長子。仕宋，位晉平太守，追贈金紫光禄大夫。事見本書卷二〇、《宋書》卷八五《謝莊傳》。

齊宣孝陳皇后諱道止，臨淮東陽人，[1]魏司徒矯之後也。[2]后家貧，少勤織作，家人矜其勞，或止之，后終不改。嫁于宣帝。[3]宣帝庶生子衡陽元王道度、始安貞王道生；[4]后生高帝。高帝年二歲，乳人乏乳，后夢人以兩甌麻粥與之，[5]覺而乳驚，因此豐足。宣帝從任在外，后常留家，有相者謂后曰：[6]"夫人有貴子而不見之。"后歎曰："我三子，誰當應之？"呼高帝小字曰："政應是汝耳。"

［1］臨淮：郡名。治盱眙縣，在今江蘇盱眙縣東北。 東陽：縣名。治所在今江蘇盱眙縣東南。

［2］矯：陳矯。字季弼。東漢末三國時人。仕魏，歷尚書令，

官至司徒。封高陵亭侯，進封東鄉侯。卒謚貞侯。《三國志》卷二二有傳。

[3]宣帝：南朝齊高帝父蕭承之。卒於宋世。齊高帝踐阼，追尊爲宣皇帝。

[4]庶生子：指非正妻所生之子。　衡陽元王道度、始安貞王道生：齊高帝長兄蕭道度、次兄蕭道生。皆卒於宋世。齊高帝踐阼，俱追加封謚。二人本書卷四一、《南齊書》卷四五並有傳。

[5]麻粥：用麻仁熬製的粥。

[6]相者：又稱相工。即以觀人容貌推斷禍福命運爲業或供職之人。

宣帝殂後，后親執勤，婢使有過，皆恕而不問。高帝雖從宦，[1]而家業本貧，爲建康令時，明帝等冬月猶無縑纊，[2]而奉膳甚厚，后每撤去兼肉，[3]曰：“於我過足矣。”殂于縣舍。[4]昇明二年，[5]追贈竟陵公國太夫人。[6]齊國建，爲齊國太妃，並蜜印、書青綬，[7]祠以太牢。[8]建元元年，追尊孝皇后。贈外祖肇之金紫光禄大夫，[9]謚敬侯，后母胡氏爲永昌縣靖君。[10]

[1]宦：按，《南齊書》卷二〇《宣孝陳皇后傳》作“官”。

[2]縑纊：絲絮。

[3]撤：按，大德本、百衲本、中華本及《南齊書·宣孝陳皇后傳》同，汲古閣本作“輒”，殿本作“撤”。　兼肉：二種肉食。

[4]殂于縣舍：按，《南齊書·宣孝陳皇后傳》下有“年七十三”四字。

[5]二年：按，《南齊書·宣孝陳皇后傳》作“三年”。

[6]竟陵公：蕭道成在宋執掌朝政時封爵名號。竟陵，郡名。

治萇壽縣，在今湖北鍾祥市。

[7]蜜印：用蜂蠟刻成的官印。爲貴官或尊者死後追贈爵位、職位時所用。蜜，大德本、殿本同，汲古閣本、百衲本、中華本作"密"。　書：大德本、汲古閣本、百衲本同，殿本、中華本作"畫"，汲古閣本小字注"一作畫"。

[8]祠：《説文》："春祭曰祠，品物少，多文辭也。"亦引申爲祭祀。　太牢：又稱大牢。古代祭祀，牛、羊、豕三牲具備謂之太牢，以示尊崇。

[9]外祖：按，大德本、汲古閣本、殿本、百衲本、中華本及《南齊書·宣孝陳皇后傳》作"外祖父"。　肇之：陳肇之。南朝宋時被舉郡孝廉。

[10]永昌：縣名。治所在今湖南祁東縣西北。

　　永明九年，[1]詔太廟四時祭，[2]宣皇帝薦起麵餅、鴨臛，[3]孝皇后薦笋、鴨卵、脯醬、炙白肉，[4]高皇帝薦肉膾菹羹，[5]昭皇后薦茗、粣、炙魚。[6]並生平所嗜也。

[1]永明九年：公元 491 年。以下至"並生平所嗜也"，按，《南齊書》卷二〇《宣孝陳皇后傳》無此段記述，李延壽采自《南齊書·禮志上》附於此。

[2]太廟四時祭：又稱宗廟四時祭。即帝王在孟春正月、孟夏四月、孟秋七月、孟冬十月舉行報謝祖宗的祭祀。

[3]薦：進獻，奉上。　起麵餅：麵粉經發酵後製成的餅。按，《南齊書·禮志上》作"麨起餅"。　鴨臛（huò）：鴨羹。臛，同"臛"，即肉羹。《楚辭·招魂》："露雞臛蠵，厲而不爽些。"王逸注："有菜曰羹，無菜曰臛。"

[4]白肉：指大腿内側部位的肉。

[5]肉膾菹羹：肉糜羹。膾，細切的肉。菹，切碎，剁成肉醬。

[6]茗：茶樹的嫩芽，即茶葉。一説茶早取曰茶，晚取曰茗。
栅（cè）：粽子。

　　高昭劉皇后諱智容，廣陵人也。[1]祖玄之，父壽之，
並員外郎。[2]后母桓氏，夢吞玉勝生后，[3]時有紫光滿
室，以告壽之。壽之曰：“恨非是男。”桓笑曰：“雖女亦
足興家矣。”后寢卧，見有羽蓋蔭其上，家人試察之，
常見其上掩藹如似雲氣。[4]

　　[1]廣陵：郡名。治廣陵縣，在今江蘇揚州市西北蜀岡上。
　　[2]員外郎：官名。員外散騎侍郎省稱。兩晉南北朝皆置。屬
散騎省，多以公族、功臣子充任，爲閑散之職。亦常用作安置閑退
官員、衰老人士。宋、齊官品不詳。梁三班。陳爲三公之子起家
官，七品，秩四百石。
　　[3]玉勝：玉製的髮飾。
　　[4]似：大德本、汲古閣本、殿本、百衲本同，中華本改作
“有”，其校勘記云據《宋書》改。按，《宋書》非是，當爲《南齊
書》。

　　年十七，[1]裴方明爲子求婚，[2]酬許已定，[3]后夢見
先有迎車至，[4]猶如常家迎法，[5]后不肯去；次有迎至，
龍斾豹尾，[6]有異於常，后喜而從之。既而與裴氏不成
婚，竟嬪于上。嚴整有軌度，造次必依禮法。[7]生太子
及豫章王嶷。[8]太子初在孕，后嘗歸寧，遇家奉祠，爾
日陰晦失曉，[9]舉家狼狽共營祭食。后助炒胡麻，[10]始
復内薪，未及索火，火便自然。宋泰豫元年殂，[11]歸葬
宣帝墓側，則泰安陵也。[12]門生王清與墓工始下插，[13]

有白兔跳起，尋之不得。及墳成，兔還栖其上。昇明二年，贈竟陵公國夫人。三年，贈齊國妃印綬。[14]齊建元元年，尊謚昭皇后。二年，[15]贈后父壽之金紫光禄大夫，母桓氏上虞都鄉君。[16]

[1]年十七：以下至“竟嬪于上”，按，《南齊書》卷二〇《高昭劉皇后傳》無此段記述。《太平御覽》卷六八〇引《齊書》全與此同。疑《太平御覽》引自本書而訛作《齊書》。

[2]裴方明：河東（今山西夏縣）人。初爲益州刺史劉道濟中兵參軍，以功遷龍驤將軍。宋文帝元嘉十九年（442），參與平定仇池楊難當叛亂。尋以貪占仇池金銀寶貨獲罪，下獄死。《宋書》卷四七有附傳。

[3]酬許：答應，應允。

[4]迎車：指迎娶之車。

[5]常家：平常人家。

[6]龍旂豹尾：指天子鹵簿儀仗。龍旂，繪有交龍圖案的旗幟。豹尾，豹尾車。

[7]嚴整有軌度，造次必依禮法：按，《南齊書·高昭劉皇后傳》作“嚴正有禮法，家庭肅然”。

[8]太子：齊武帝蕭賾。字宣遠，齊高帝長子。本書卷四、《南齊書》卷三有紀。　豫章王嶷：蕭嶷。字宣儼，齊高帝第二子。封豫章郡王。本書卷四二、《南齊書》卷二二有傳。

[9]失曉：不知天亮。多指人早上起床晚。

[10]胡麻：即芝麻。又稱脂麻。

[11]宋泰豫元年殂：按，《南齊書·高昭劉皇后傳》下有“年五十”三字。泰豫，南朝宋明帝劉彧年號（472）。

[12]泰安陵：陵墓名。齊高帝陵寢，在今江蘇丹陽市東北。

[13]插：大德本、汲古閣本、殿本、百衲本同，中華本及《南

齊書·高昭劉皇后傳》作"鋪"。

[14]贈齊國妃印綬：按，《南齊書·高昭劉皇后傳》作"贈齊國妃，印綬如太妃"。

[15]二年：按，《南齊書·高昭劉皇后傳》作"三年"。

[16]上虞：縣名。治所在今浙江紹興市上虞區百官街道。　都鄉君：命婦封號。指封邑在都鄉者，位次於縣君，高於其他鄉君。按，都鄉猶坊廂，即縣治所在之鄉，其他鄉則通稱離鄉。

武穆裴皇后諱惠昭，河東聞喜人也。[1]祖封之，[2]給事中。父璣之，左軍參軍。[3]后少與豫章王妃庾氏爲娣姒，[4]庾氏勤女工，[5]奉事高昭后恭謹不倦，[6]后不能及，故不爲舅姑所重，武帝亦薄焉。

[1]河東：郡名。治安邑縣，在今山西夏縣西北。　聞喜：縣名。治所在今山西聞喜縣。

[2]封之：按，《南齊書》卷二〇《武穆裴皇后傳》作"朴之"。

[3]左軍參軍：官名。即左軍將軍府參軍事。爲軍府重要幕僚。

[4]娣姒：妯娌。兄妻爲姒，弟妻爲娣。

[5]女工：亦作女功、女紅。指婦女所從事的紡織、刺繡、縫紉等。

[6]高昭后：《南齊書·武穆裴皇后傳》作"太祖、昭后"。按，後文既云"舅姑"，則明此"高"下脱一"帝"字。

性剛嚴，竟陵王子良妃袁氏布衣時有過，[1]后加訓罰。昇明三年，爲齊世子妃。建元元年，爲皇太子妃。二年，[2]后薨，諡穆妃，葬休安陵。[3]

[1]竟陵王子良：蕭子良。字雲英，齊武帝次子。本書卷四四、《南齊書》卷四〇有傳。

[2]二年：按，《南齊書》卷二〇《武穆裴皇后傳》作“三年”。據《南齊書》卷二《高帝紀下》，建元二年七月“戊午，皇太子妃裴氏薨”，當以“二”爲是。

[3]休安陵：陵墓名。齊高帝父蕭承之陵寢，在今江蘇丹陽市東北。

　　時議欲立石誌，[1]王儉曰：[2]“石誌不出禮，[3]起宋元嘉中顏延之爲王球石誌。[4]素族無銘策，[5]故以紀行。[6]自爾以來，共相祖習。[7]儲妃之重，[8]禮絶恒例，[9]既有哀策，不煩石誌。”[10]從之。武帝即位，追尊皇后。贈父瓛之金紫光禄大夫，后母檀氏餘杭廣昌鄉元君。

[1]時議欲立石誌：以下至“既有哀策，不煩石誌。從之”，按，《南齊書》卷二〇《武穆裴皇后傳》無此段記述，李延壽采自《南齊書·禮志下》附於此。但志文並未標明“王儉曰”，語辭亦與此略有異。石誌，墓誌或墓誌銘。

[2]王儉：字仲寶，琅邪臨沂（今山東臨沂市）人。本書卷二二有附傳，《南齊書》卷二三有傳。

[3]石誌不出禮：大德本、汲古閣本、殿本、百衲本同，中華本據《南齊書·禮志下》於“禮”下補一“典”字。又，《南齊書·禮志下》“石誌”作“墓銘”。

[4]起：按，《南齊書·禮志下》作“近”。　王球：字蒨玉，《宋書》作“倩玉”。琅邪臨沂（今山東臨沂市）人。本書卷二三有附傳，《宋書》卷五八有傳。

[5]素族：即寒族。又稱素姓、素門、素士、素貴，南朝時相對於高門甲族或門第較低之士族，稱素族。相對於皇室王族，亦稱

素族。 銘策：《南齊書·禮志下》作"碑策"。

[6]紀行：按，《南齊書·禮志下》作"紀德"。

[7]共相祖習：按，《南齊書·禮志下》作"王公以下，咸共遵用"。

[8]儲妃：太子妃。

[9]禮絕恒例：按，《南齊書·禮志下》作"禮殊恒列"。

[10]煩：按，《南齊書·禮志下》作"須"。

　　舊顯陽、昭陽二殿，太后、皇后所居也。永明中無太后、皇后，羊貴嬪居昭陽殿西，范貴妃居昭陽殿東，寵姬荀昭華居鳳華柏殿。[1]宮內御所居壽昌畫殿南閤，置白鷺鼓吹二部，乾光殿東西頭，置鍾磬兩箱，[2]皆宴樂處也。上數游幸諸苑囿，載宮人從從車。[3]置內深隱，[4]不聞端門鼓漏聲，[5]置鍾於景陽樓上，[6]應五鼓及三鼓。[7]宮人聞鍾聲，早起莊飾。車駕數幸琅邪城，[8]宮人常從，早發，至湖北埭，雞始鳴，故呼爲雞鳴埭。[9]

[1]荀昭華：史闕其名。齊武帝第十九子南康王蕭子琳生母。有盛寵，以采女越階登位九嬪之一的昭華。事見本書卷四四《南康王子琳傳》。

[2]箱：按，大德本、汲古閣本、百衲本同，殿本、中華本及《南齊書》卷二〇《武穆裴皇后傳》作"廂"。

[3]從從車：按，大德本、汲古閣本、百衲本同，殿本作"後從車"，中華本及《南齊書·武穆裴皇后傳》作"從後車"。

[4]置內：按，大德本、汲古閣本、百衲本同，殿本、中華本及《南齊書·高昭劉皇后傳》作"宮內"。

[5]端門：城門名。建康臺城的正南門。 鼓漏：鼓和漏，皆

古代報時用器。

[6]景陽樓：樓閣名。南朝宋興建，爲華林園諸勝之一。在今江蘇南京市雞鳴寺南古臺城故址内。

[7]應五鼓及三鼓：按，此句上《南齊書·武穆裴皇后傳》有"至今此鍾唯"五字。五鼓、三鼓，即五更、三更。

[8]琅邪城：城名。即南朝齊、梁南琅邪郡治白下城，在今江蘇南京市金川門外幕府山南麓。

[9]雞鳴埭：地名。在今江蘇南京市玄武湖畔。

　　婦人吳郡韓蘭英有文辭。[1]宋孝武時，獻《中興賦》，被賞入宮。宋明帝時，用爲宮中職僚。及武帝以爲博士，教六宮書學。[2]以其年老多識，呼爲韓公云。[3]

[1]韓蘭英：南朝宋、齊時宮人。按，"蘭"或作"繭"。參見《南齊書》卷二〇《武穆裴皇后傳》殿本考證。　有文辭：按，《隋書·經籍志四》著録"宋後宮司儀《韓蘭英集》四卷"。

[2]書學：有關書法的學問。

[3]以其年老多識，呼爲韓公云：梁元帝《金樓子·箴戒篇》云："齊鬱林王初欲廢明帝，其文則内博士韓蘭英所作也。蘭英號'韓公'，總知内事，善於文章，始入，爲後宮司儀。"

　　文安王皇后諱寶明，琅邪臨沂人也。祖韶之，[1]吳興太守。[2]父曄之，太宰祭酒。[3]宋世，高帝爲文惠太子納后，[4]建元元年，爲南郡王妃。[5]四年，爲皇太子妃，無寵。太子宮人製新麗衣裳及首飾，[6]而后牀帷陳故，古舊釵鑷十餘枚。永明十一年，爲皇太孫太妃。[7]鬱林即位，[8]尊爲皇太后，稱宣德宮，置男左右三十人，前代所未有也。贈后父曄之金紫光禄大夫，母桓氏豐安縣君。[9]其年十二月，備法駕謁太廟。[10]明帝即位，出居鄱陽王故第，[11]爲宣德宮。

[1]韶之：王韶之。字休泰。本書卷二四、《宋書》卷六〇有傳。

[2]吳興：郡名。治烏程縣，在今浙江湖州市。

[3]太宰祭酒：官名。公府屬官。始於西晋，凡位從公以上者，其府置西閣、東閣祭酒各一人。東晋、南朝沿置。與主簿、舍人主閣内事。

[4]文惠太子：蕭長懋。字雲喬，齊武帝長子。卒謐文惠。鬱林王蕭昭業即位，追尊爲文帝。本書卷四四、《南齊書》卷二一有傳。

[5]南郡王：齊高帝建元元年（479），蕭長懋封南郡王。南郡，郡名。治江陵縣，在今湖北荆州市荆州區。

[6]太子宫人製新麗衣裳及首飾：大德本、汲古閣本、殿本、百衲本同，中華本據《南齊書》卷二〇《文安王皇后傳》補作“太子爲宫人製新麗衣裳及首飾”。

[7]皇太孫：蕭昭業。齊武帝永明十一年（493），文惠太子蕭長懋卒，立其子蕭昭業爲皇太孫。本書卷五、《南齊書》卷四有紀。

[8]鬱林：南朝齊鬱林王蕭昭業。永明十一年七月，齊武帝去世，以皇太孫即帝位。隆昌元年（494）七月，爲蕭鸞所殺，廢爲鬱林王。

[9]豐安：縣名。治所在今浙江浦江縣西南。

[10]太廟：又稱宗廟，天子爲祭祀其祖先而興建的廟宇。

[11]鄱陽王：蕭鏘。字宣韶，齊高帝第七子。封鄱陽王。海陵王延興元年（494），爲蕭鸞所殺。本書卷四三、《南齊書》卷三五有傳。

永元三年，[1]梁武帝定建鄴，迎入宮，后稱制。[2]至禪位，遂居外宮。梁天監十一年薨，[3]葬崇安陵，[4]謚曰安后。祖韶之自有傳。

[1]永元：南朝齊東昏侯蕭寶卷年號（499—501）。

[2]稱制：代行皇帝職權。

[3]梁天監十一年薨：按，《南齊書》卷二〇《文安王皇后傳》下有"年五十八"四字。天監，南朝梁武帝蕭衍年號（502—519）。

[4]崇安陵：陵墓名。齊文惠太子蕭長懋陵寢，在今江蘇南京市東北。

鬱林王何妃諱婧英，廬江灊人，撫軍將軍戢女也。[1]初將納爲南郡王妃，[2]文惠太子嫌戢無男，門孤，不欲與昏。王儉以南郡王妃，便爲將來外戚，唯須高胄，[3]不須强門。[4]今何氏蔭華族弱，寔允外戚之義。永明三年，[5]乃成昏。

[1]戢：何戢。字慧景。本書卷三〇有附傳，《南齊書》卷三二有傳。按，本書、《南齊書·何戢傳》均未叙及戢任官"撫軍將軍"之經歷。

[2]初將納爲南郡王妃：按，以下至"寔允外戚之義"，《南齊書》卷二〇《鬱林王何妃傳》無此段記述。南郡王，鬱林王蕭昭業。初封南郡王。

[3]高胄：高門世家。亦指名門之后。

[4]强門：豪門大族。

[5]三年：按，《南齊書·鬱林王何妃傳》作"二年"。

妃稟性淫亂，南郡王所與無賴人游，妃擇其美者，皆與交歡。[1]南郡王侍書人馬澄年少色美，[2]甚爲妃悦，常與鬭腕較力，南郡王以爲歡笑。

[1]"南郡王所與無賴人游"至"皆與交歡"：按，此段記述亦見本書卷五《齊鬱林王紀》，《南齊書》卷二〇《鬱林王何妃傳》作"爲妃時，便與外人姦通"。

[2]南郡王侍書人馬澄：以下至下段末"徽孚訶而遣之"，按，此段記述乃李延壽所增補。又，馬澄代胡天翼爲侍書事見本書《齊鬱林王紀》，《南齊書》未叙及其人其事。侍書，官名。南朝宋孝武帝置，東宮屬官，以善書者任之。齊沿置。北朝齊太子均置。

澄者本剡縣寒人，[1]嘗於南岸逼略人家女，[2]爲秣陵縣所録，[3]南郡王語縣散遣之。澄又逼求姨女爲妾，姨不與，澄詣建康令沈徽孚訟之。[4]徽孚曰："姨女可爲婦，不可爲妾。"澄曰："僕父爲給事中，門户既成，姨家猶是寒賤，政可爲妾耳。"徽孚訶而遣之。

[1]剡縣：縣名。治所在今浙江嵊州市西南。　寒人：門第低微之人。

[2]南岸：指秦淮河以南。

[3]秣陵：縣名。西晉分建鄴縣淮水（今秦淮河）以南地置。治所在今江蘇南京市中華門外。

[4]沈徽孚：吳興（今浙江湖州市）人。後以士流爲舍人通事。粗有筆札，齊明帝建武中文詔多其所撰。官至黃門郎。

十一年，爲皇太孫妃。又有女巫子楊珉之，亦有美貌，妃尤愛悦之，與同寢處，如伉儷。[1]及太孫即帝位，爲皇后，封后嫡母劉爲高昌縣都鄉君，[2]所生母宋爲餘杭廣昌鄉君。后將拜，鏡在牀無因墮地。其冬，與太后同日謁太廟。楊珉之爲帝所幸，常居中侍。明帝爲輔，與王晏、徐孝嗣、王廣之並面請，[3]不聽。又令蕭諶、坦之固請，[4]皇后與帝同席坐，[5]流涕覆面，謂坦之曰："楊郎好年少，無罪過，何可枉殺。"坦之耳語於帝曰："此事別有一意，不可令人聞。"帝謂皇后爲阿奴，曰"阿奴暫去"。坦之乃曰："外間並云楊珉之與皇后有異情，彰聞遐邇。"帝不得已，乃爲敕。坦之馳報明帝，即令建康行刑，而果有敕原之，而珉之已死。

[1]"又有女巫子楊珉之"至"如伉儷"：按，《南齊書》卷二〇《鬱林王何妃傳》"女巫子"作"帝左右"；"之"下無"亦有美貌，妃尤愛悦之"二語。又，女巫楊氏事見本書卷五《齊鬱林王紀》及《魏書》卷九八《島夷蕭道成傳》。

[2]高昌：縣名。治所在今江西泰和縣西北。

[3]王晏：字休默，一字士彥。琅邪臨沂（今山東臨沂市）人。本書卷二四有附傳，《南齊書》卷四二有傳。　徐孝嗣：字始昌，東海郯（今山東郯城縣）人。本書卷一五有附傳，《南齊書》卷四四有傳。　王廣之：字士林，一字林之，沛郡相（今安徽濉溪縣）人。本書卷四六、《南齊書》卷二九有傳。

[4]蕭諶、坦之：諶字彥孚，坦之字君平，並齊高帝蕭道成絶服族子。二人本書卷四一、《南齊書》卷四二俱有傳。

[5]皇后與帝同席坐：按，以下至"而珉之已死"，此段記述當采自《魏書·島夷蕭道成傳》而稍加改動，故《南齊書·鬱林王何妃傳》、卷四《鬱林王紀》皆無之。珉之，《魏書·島夷蕭道

成傳》無“之”字。

后既淫亂，又與帝相愛褻，[1]故帝恣之。又迎后親戚入宮，嘗賜人百數十萬，[2]以武帝曜靈殿處后家屬。[3]帝廢，后貶爲王妃。父戢自有傳。

[1]又與帝相愛褻：按，《南齊書》卷二〇《鬱林王何妃傳》“又”上有“珉之”二字，本書删之，失當。

[2]嘗：《南齊書·鬱林王何妃傳》作“賞”。按，“嘗”“賞”形近，傳寫致訛，當從改作“賞”。

[3]曜靈殿：建康宮殿名。在臺城北隅華林園内。

海陵王王妃諱韶明，琅邪臨沂人，太常慈之女也。[1]永明八年，納爲臨汝公夫人。[2]鬱林王即位，爲新安王妃。延興元年，[3]爲皇后。其年，降爲海陵王妃。妃父慈自有傳。

[1]太常：官名。秦稱奉常，漢改名太常，位列九卿之首，多由列侯充任。掌宗廟禮儀，兼管文化教育、選試博士、薦舉與補吏等，秩中二千石。魏晉南北朝沿置。南朝梁改太常卿。宋三品。梁十四班。陳三品，秩中二千石。 慈：王慈。字伯寶。本書卷二二有附傳，《南齊書》卷四六有傳。

[2]臨汝公：南朝齊海陵王蕭昭文。字季尚，齊文惠太子第二子。初封臨汝公，食邑一千五百户。後改封新安王。本書卷五、《南齊書》卷五有紀。臨汝，縣名。治所在今江西撫州市臨川區西。

[3]延興：南朝齊海陵王蕭昭文年號（494）。

明敬劉皇后諱惠端，彭城人，[1]光禄大夫道弘孫也。高帝爲明帝納之。建元三年，除西昌侯夫人。[2]永明七年，卒，葬江乘縣張山。[3]延興元年，贈宣城王妃。[4]明帝即位，遣尊敬皇后。[5]贈父通直郎景猷爲金紫光禄大夫，[6]母王氏平陽鄉君。[7]明帝崩，改葬，祔于興安陵。[8]

[1]彭城：郡名。治彭城縣，在今江蘇徐州市。

[2]西昌侯：南朝齊明帝蕭鸞。字景栖，始安貞王蕭道生子。初封西昌侯，食邑一千户。本書卷五、《南齊書》卷六有紀。西昌，縣名。治所在今江西泰和縣西。

[3]江乘：縣名。治所在今江蘇句容市北。

[4]宣城王：蕭鸞稱帝前自加的封爵名號。宣城，郡名。治宛陵縣，在今安徽宣城市宣州區。

[5]遣：大德本同，汲古閣本、殿本、百衲本、中華本及《南齊書》卷二〇《明敬劉皇后傳》作"追"。按，作"遣"誤，應據諸本及《南齊書》改作"追"。

[6]通直郎：官名。通直散騎侍郎省稱。晉置。屬散騎省。職同散騎侍郎，參平尚書奏事，兼掌侍從、諷諫，地位較高。南朝沿置，屬集書省。常授衰老之士，多爲加官，地位漸低，不被人重。宋、齊官品不詳。梁六班。陳六品，秩千石。

[7]母王氏平陽鄉君：按，依例當書作"某某縣某某鄉君"，此"平陽"上下似有脱文。

[8]于：大德本、殿本、百衲本、中華本同，汲古閣本作"子"。 興安陵：齊明帝蕭鸞陵寢，在今江蘇丹陽市東北。

東昏褚皇后諱令璩，河南陽翟人，[1]太常澄之女也。[2]建武二年，[3]納爲皇太子妃而無寵。帝謂左右曰：
"若得如山陰主無恨矣。"[4]山陰主，明帝長女也，後遂
與之爲亂。明年，妃謁敬后廟。東昏即位，爲皇后。帝
寵潘妃，[5]后不被遇。黄淑儀生太子誦而卒，[6]東昏廢，
后及誦並爲庶人。[7]后父澄自有傳。

　　[1]河南：郡名。治洛陽縣，在今河南洛陽市東北。　　陽翟：
縣名。治所在今河南禹州市。
　　[2]澄：褚澄。字彦道。歷仕宋、齊。齊東昏侯即位，追贈金
紫光禄大夫。本書卷二八、《南齊書》卷二三有附傳。
　　[3]建武：南朝齊明帝蕭鸞年號（494—498）。
　　[4]山陰主：史闕其名。齊東昏侯蕭寶卷姊，封山陰公主，嫁
與徐孝嗣第三子徐况。及徐孝嗣謀廢東昏侯未成被誅，牽連被殺。
　　[5]潘妃：潘玉兒。本姓俞，名尼子。以宋文帝有潘妃，在位
三十年，遂改姓曰潘，拜爲貴妃。後蕭衍起兵攻入建康，縊殺之。
事見本書卷七七《恩倖傳》、卷五五《王茂傳》。
　　[6]黄淑儀：《南齊書》卷二〇《東昏褚皇后傳》同，本書卷
五《齊東昏侯紀》作"黄貴嬪"。
　　[7]太子誦：蕭誦。齊東昏侯子。生母早亡，令潘妃母養之。
永元元年四月（499），立爲皇太子。　　庶人：無官爵的平民。

　　和王皇后諱蕣華，琅邪臨沂人，太尉儉之孫也。初
爲隨王妃。[1]中興元年，[2]爲皇后。帝禪位，后降爲
妃。[3]妃祖儉自有傳。

　　[1]隨王：齊和帝蕭寶融。齊明帝建武元年（494），初封隋郡
王。東昏侯永元元年（499），改封南康王。本書卷五、《南齊書》

卷八有紀。隨，郡名。治隨縣，在今湖北隨州市。

　　[2]中興：南朝齊和帝蕭寶融年號（501—502）。

　　[3]后降爲妃：謂王蕣華由皇后降爲巴陵王妃。

南史　卷一二

列傳第二

后妃下

梁文獻張皇后　武德郗皇后　武丁貴嬪　武阮脩容
簡文王皇后　元徐妃　敬夏太后　敬王皇后
陳武宣章皇后　文沈皇后　廢帝王皇后　宣柳皇后
後主沈皇后 張貴妃

　　梁文獻張皇后諱尚柔，范陽方城人也。[1]父穆之聚
文帝從姑而生后。[2]后以宋元嘉中嬪於文帝，[3]生長沙宣
武王懿、永陽昭王敷，[4]次生武帝。方孕，忽見庭前昌
蒲花，[5]光采非常，驚報，[6]侍者皆云不見。后曰："常聞
見昌蒲花者當富貴。"因取吞之，是月生武帝。將產之
夕，后見庭內若有衣冠陪列焉。[7]次生衡陽宣王暢、義
興昭長公主令嫕。[8]后宋泰始七年殂於秣陵縣同夏里
合，[9]葬晉陵武進縣東城里山。[10]

[1]范陽：郡名。治涿縣，在今河北涿州市。 方城：縣名。治所在今河北固安縣西南。

[2]聚：大德本、汲古閣本、殿本、百衲本作“娶”。按，底本誤，應據諸本改作“娶”。 文帝：南朝梁武帝父蕭順之。卒於齊世。梁武帝踐阼，追尊文皇帝，廟號太祖。

[3]元嘉：南朝宋文帝劉義隆年號（424—453）。

[4]長沙宣武王懿：蕭懿。字元達，梁武帝長兄。齊末遇害。梁武帝踐阼，追封爲長沙郡王，謚宣武。本書卷五一有傳，事亦見《梁書》卷二三《長沙嗣王業傳》。 永陽昭王敷：蕭敷。字仲達，梁武帝次兄。卒於齊世。梁武帝踐阼，追封爲永陽郡王，謚昭。本書卷五一有傳，事亦見《梁書》卷二三《永陽嗣王伯游傳》。

[5]昌蒲花：按，《梁書》卷七《太祖張皇后傳》作“昌蒲生花”。

[6]驚報：按，《梁書·太祖張皇后傳》作“驚視”。

[7]衣冠：指縉紳、士大夫。

[8]衡陽宣王暢：蕭暢。梁武帝第四弟。卒於齊世。梁武帝踐阼，追封衡陽郡王，謚宣。本書卷五一有傳，事亦見《梁書》卷二三《衡陽嗣王元簡傳》。 義興昭長公主令嬺（yì）：蕭令嬺。梁武帝同母妹，封義興公主。嫁琅邪王琳，卒謚昭。

[9]泰始：南朝宋明帝劉彧年號（465—471）。 秣陵：縣名。治所在今江蘇南京市中華門外故報恩寺附近。 同夏里：地名。位於秣陵縣城東十五里長樂鄉，在今江蘇南京市東南。見張敦頤《六朝事迹編類》卷二《同夏縣城》及《太平寰宇記》卷九〇《江南東道二·上元縣》）。 合：大德本、汲古閣本、殿本、百衲本、中華本及《梁書·太祖張皇后傳》作“舍”。按，底本誤，應據諸本及《梁書》改作“舍”。

[10]晉陵：郡名。治晉陵縣，在今江蘇常州市。 武進：縣名。治所在今江蘇丹陽市東。後改名蘭陵縣。 東城里山：《梁書·太祖張皇后傳》同，《建康實錄》卷一八作“東山”。東城里，

地名。簡稱東城，又稱蘭陵城。在今江蘇丹陽市東。《讀史方輿紀
要》卷二五《南直七·武進縣》："蘭陵城，（常州）府西北六十里。
晋大興初，始置南蘭陵郡及蘭陵縣於武進界内。宋因之。亦曰東
城，以在武進東也。"

　　天監元年五月甲辰，[1]追上尊號爲皇后，謚曰
文獻。[2]

　　[1]天監：南朝梁武帝蕭衍年號（502—519）。　五月甲辰：
《梁書》卷七《太祖張皇后傳》同，本書卷六《梁武帝紀上》則叙
在閏四月。按，梁武帝天監元年五月戊午朔，無甲辰；閏四月戊子
朔，甲辰爲十七日，是"五月"當作"閏四月"。
　　[2]文獻：《梁書·太祖張皇后傳》無"文"字。按，"文"字
衍，應據《梁書》删。

　　穆之字思静，晋司空華六世孫也。[1]少方雅，有識
鑒。初爲員外散騎侍郎，[2]深被始興王濬引納。[3]穆之鑒
其禍萌，求爲交阯太守，[4]政有異績。宋文帝將以爲交
州刺史，[5]會病卒。子弘籍字真藝，齊初爲鎮西參軍，[6]
卒於官。梁武踐阼，追贈穆之光禄大夫，[7]加金章紫
綬。[8]贈弘籍廷尉卿。[9]弘籍無子，從父弟弘策以子纘
嗣，[10]別有傳。

　　[1]司空：官名。東漢改大司空置。與太尉、司徒並爲三公，
秩萬石。魏晋南北朝爲名譽宰相，多爲大臣加官，無實際職掌。
晋、宋一品。　華：張華。字茂先。西晋武帝時爲中書令，與羊祜
定計滅吴。惠帝即位，謀誅楚王瑋有功，拜侍中，累遷司空。後爲

趙王倫所殺。《晋書》卷三六有傳。

[2]員外散騎侍郎：官名。晋武帝始置。散騎省屬官，多以公族、功臣子充任，爲閑散之職。

[3]始興王濬：劉濬。字休明，宋文帝第二子。封始興王。本書卷一四、《宋書》卷九九有傳。

[4]交阯：郡名。亦作交趾、交址。治龍編縣，在今越南北寧省仙游縣東。

[5]交州：州名。治龍編縣，在今越南北寧省仙游縣東。

[6]鎮西參軍：官名。鎮西將軍府屬官，參掌府事。品秩隨府主地位高低不等。

[7]追贈：指死後授予官職或稱號。亦指子孫上尊稱於其已故的父祖輩。　光禄大夫：官名。西漢武帝時改中大夫置，掌論議，秩比二千石。東漢時，漸成閑散之職。晋以後，多授予諸公之外年老有病的致仕官員，無具體職掌。宋三品。梁十三班。陳三品，秩中二千石。

[8]加金章紫綬：始於晋，歷代因之。據《宋書·百官志上》："光禄大夫銀章青綬，其重者加金章紫綬，則謂之金紫光禄大夫。"

[9]廷尉卿：官名。東漢至南朝宋、齊及北魏爲廷尉尊稱。梁武帝天監七年（508）定爲正式官稱，列爲十二卿之一，職掌司法刑獄。梁十一班。陳三品，秩中二千石。

[10]從父弟：按，大德本、汲古閣本、百衲本、中華本及《梁書》卷七《太祖張皇后傳》同，殿本作"從弟"。　弘策：張弘策。字真簡。本書卷五六、《梁書》卷一一有傳。　纘：張纘。字伯緒，張弘策第三子，出繼從伯張弘籍。本書卷五六、《梁書》卷三四有附傳。

武德郗皇后諱徽，高平金鄉人也。[1]祖紹，[2]宋國子祭酒、領東海王師。[3]父曄，太子舍人，[4]早卒。后母宋文帝女尋陽公主也，方娠，夢當生貴子。及后生，有赤光照室，器物盡明，家人怪之。巫言此女光高，[5]將有所妨，乃於水濱祓除之。[6]

[1]高平：郡名。治昌邑縣，在今山東巨野縣南。　金鄉：縣名。治所在今山東嘉祥縣南。

[2]紹：郗紹。嘗作《晋中興書》，以示何法盛，爲何法盛所竊。本書卷三三有附傳。

[3]國子祭酒：官名。國子學長官，隸太常，掌教授生徒儒學，參議禮制等。南朝宋品位不詳。齊位比諸曹尚書。梁十三班。陳三品，秩中二千石。　領：官制術語。即以較高官位兼理地位較低的職事。　師：官名。王國屬官。掌輔導諸王。宋六品。梁十一班。陳四品，秩千石。

[4]太子舍人：官名。隸太子詹事，掌文章書記。宋七品。梁三班。陳七品，秩二百石。

[5]光高：按，《梁書》卷七《高祖郗皇后傳》作“光采異常”。

[6]祓除：除灾去邪之祭。

后幼明慧，善隸書，讀史傳。女工之事，無不閑習。宋後廢帝將納爲后，[1]齊初，安陸王緬又欲結婚，[2]郗氏並辭以女疾，乃止。齊建元末，[3]嬪于武帝，[4]生永興公主玉姚、永世公主玉婉、永康公主玉嬛。[5]及武帝爲雍州刺史，[6]殂于襄陽官舍，[7]年三十二。其年歸葬南徐州南東海武進縣東城里山。[8]中興二年，[9]武帝爲梁公，齊帝詔贈后爲梁公妃。及武帝踐祚，追崇爲皇后，謚曰德。陵曰脩陵。[10]后父曄，贈金紫光禄大夫。[11]

[1]宋後廢帝：劉昱。在位六年（472—477），被殺，追廢爲蒼梧王，史稱宋後廢帝。本書卷三、《宋書》卷九有紀。

[2]安陸王緬：蕭緬。字景業，齊高帝兄子。封安陸侯。齊明帝即位，追贈安陸王。本書卷四一、《南齊書》卷四五有傳。

[3]建元：南朝齊高帝蕭道成年號（479—482）。

[4]嬪于武帝：《梁書》卷七《高祖郗皇后傳》作"高祖始娉"。嬪，出嫁，爲人婦。

[5]永興公主玉姚：蕭玉姚。梁武帝長女，嫁與陳郡長平（今河南西華縣）殷鈞爲妻。　永世公主玉婉：蕭玉婉。梁武帝次女，嫁與琅邪臨沂（今山東臨沂市）王諲爲妻。　永康公主玉嬛：蕭玉嬛。其事不詳。

[6]雍州：州名。東晋僑置於襄陽縣，在今湖北襄陽市。南朝宋文帝元嘉中割荆州北部五郡爲雍州，而僑郡縣猶寄治諸郡界。孝武帝大明中，又分實土郡縣以爲僑郡縣境，仍治襄陽縣。

[7]殂于襄陽官舍：按，《梁書・高祖郗皇后傳》上有"永元元年八月"六字。

[8]南徐州：治京口城，在今江蘇鎮江市。　南東海：郡名。宋文帝元嘉八年（431）改東海郡置。寄治京口城，在今江蘇鎮江市。梁初改置南蘭陵郡。陳初復改東海郡。隋平陳廢。

[9]中興：南朝齊和帝蕭寶融年號（501—502）。

[10]脩陵：陵墓名。亦爲梁武帝陵寢，在今江蘇丹陽市東。

[11]贈金紫光禄大夫：按，《梁書・高祖郗皇后傳》此句下有"燁尚宋文帝女尋陽公主，齊初降封松滋縣君"及"燁子泛，中軍臨川王記室參軍"諸語。金紫光禄大夫，官名。即光禄大夫加金印紫綬者。位在光禄大夫之上。魏晋南北朝時，大臣告老致仕後，多就家拜此職，也作爲在朝顯職的加官，以示優崇，亦常用作卒後贈官。梁十四班。陳三品，秩中二千石。

后酷妬忌，[1]及終，化爲龍入于後宮，[2]通夢於帝。或見形，光彩照灼。帝體將不安，龍輒激水騰涌。於露井上爲殿，衣服委積，常置銀鹿盧金瓶灌百味以祀之。[3]故帝卒不置后。

[1]后酷妬忌：按，以下至“故帝卒不置后”，《梁書》卷七《高祖郗皇后傳》無此段記述。王鳴盛《十七史商榷》卷五九《郗后化龍》以爲此乃“李延壽好語怪……妄也”。

[2]化爲龍入于後宮：大德本、汲古閣本、殿本、百衲本同，中華本據《太平御覽》卷九二九於“後宮”下補一“井”字。或是。按，《太平御覽》雖稱引自《梁書》，但叙事全同本書，絶非《梁書》之文。

[3]“於露井上爲殿”至“常置銀鹿盧金瓶灌百味以祀之”：按，《建康實録》卷一八引《東京記》云：“俗傳梁武帝郗后性妬忌，武帝初立，未册命，因忿懟，乃投殿庭井中。衆赴井救之，已化毒龍，煙焰衝天，人莫敢近。帝悲歎久之，乃册爲龍天王，使井上立祠，朱粉塗飾，加以雜寶。每有所御，必厚祭之。巡直洒掃，自梁歷陳，享祀不絶。陳滅，乃遷其祠於京城道德寺。”

武丁貴嬪諱令光，[1]譙國人也。[2]祖父從宮襄陽，[3]因居沔北五女村，[4]寓於劉惠明廡下。[5]貴嬪生於樊城，[6]初産有神光之異，紫氣滿室，故以“光”爲名。相者云“當大貴”。少時與鄰女月下紡績，[7]諸女並患蚊蚋，而貴嬪弗之覺也。鄉人魏益德將娉之，[8]未及成，而武帝鎮樊城，嘗登樓以望，見漢濱五采如龍，下有女子擘絖，[9]則貴嬪也。又丁氏因人以相者言聞之於帝，帝贈以金環，納之，時年十四。貴嬪生而有赤誌在左臂，療之不滅；又體多疣子，至是無何並失所在。[10]德后酷忌，[11]遇貴嬪無道，[12]使日春五斛，[13]春每中程，若有助者，被遇雖嚴，益小心祗敬。嘗於供養經案側，髣髴若見神人，心獨異之。

[1]貴嬪：宮中女官名。亦爲皇帝妃嬪封號。三國魏文帝始置，位次皇后。西晋武帝時，與夫人、貴人合稱三夫人，位視三公。南朝因之。宋孝武帝時，省夫人，置貴妃於貴嬪之上。齊、梁、陳時，貴嬪仍居三夫人之首。

[2]譙國：郡名。即譙郡。治譙縣，在今安徽亳州市。

[3]宮：大德本、汲古閣本、殿本、百衲本作“官”。按，底本誤，應據諸本改。

[4]沔：水名。即今長江支流漢江上游。

[5]廡：指堂下周圍的走廊及廊屋，亦泛指房屋。

[6]樊城：城名。在今湖北襄陽市樊城區，與襄陽城隔沔水相望。

[7]少時與鄰女月下紡績：按，以下至‘則貴嬪也’，此段記述爲《梁書》卷七《高祖丁貴嬪傳》所無。

[8]魏益德：按，《周書》卷四八、《北史》卷九三《蕭詧傳》皆有襄陽人魏益德附傳，官至後梁柱國，封上黃縣侯，未知是否即其人。

[8]擗（bò）絖（kuàng）：漂洗綿絮。絖，同“纊”，指新絲綿絮。

[9]並：按，《梁書》卷七《高祖丁貴嬪傳》作“忽”。

[10]德后：即梁武帝正妻德皇后郗徽。

[11]無道：不近情理或違反常理。

[12]斛：古代量器，亦爲容量單位。多用於計量糧食，一斛爲十斗。

天監元年五月，有司奏爲貴人，未拜；其年八月，又奏爲貴嬪，[1]居顯陽殿。[2]及太子定位，[3]有司奏曰："皇太子副貳宸極，[4]率土咸執吏禮。[5]既盡禮皇儲，[6]則所生不容無敬。王侯妃主常得通信問者，及六宮三夫人雖與貴嬪同列，並應以敬皇太子之禮敬貴嬪。宋元嘉中，[7]始興、武陵國臣並以吏敬敬王所生潘淑妃、路淑媛。[8]貴嬪於宮臣雖非小君，[9]其義不異，與宋泰豫朝議百官以吏敬敬帝所生，[10]事義政同。[11]謂宮僚施敬，[12]宜同吏禮，詣神獸門奉牋致謁，[13]年節稱慶，亦同如此。且儲妃作配，[14]率由盛則，以婦踰姑，彌乖從序，謂貴嬪與章，[15]一異太子不異。"[16]於是貴嬪備典章禮數同乎太子，言則稱令。

[1]又奏爲貴嬪：大德本、汲古閣本、殿本、百衲本"爲"作"初"，中華本據《梁書》卷七《高祖丁貴嬪傳》改作"爲"。按，《梁書·高祖丁貴嬪傳》無"奏"字，"貴嬪"下有"位在三夫人上"六字。

[2]顯陽殿：宮殿名。建康宮城寢殿，在今江蘇南京市雞籠山南古臺城故址内。

[3]太子：蕭統。字德施，梁武帝長子。武帝天監元年（502）十一月立爲皇太子。本書卷五三、《梁書》卷八有傳。按，馬宗霍《南史校證》以爲，本書刪去《梁書·高祖丁貴嬪傳》有關蕭衍起兵、蕭統出生等記述，"突入太子定位"，致使"事既脱節，文亦不聯"。並稱錢大昕所言"傳當書生昭明太子統及簡文皇帝云云，傳寫失之"，"蓋謂此也"（湖南教育出版社2008年版，第223頁）。

[4]副貳宸極：謂皇帝的副職。宸極，北極星，借指帝王。

[5]率土："率土之濱"之省。指境域之内。

[6]盡禮：竭盡禮儀。　皇儲：皇位繼承人。

[7]元嘉：南朝宋文帝劉義隆年號（424—453）。

[8]始興：指始興王劉濬。字休明，宋文帝第二子。封始興王。本書卷一四、《宋書》卷九九有傳。　武陵：指武陵王劉駿。即宋孝武帝。宋文帝第三子。初封武陵王。本書卷二、《宋書》卷六有紀。　潘淑妃：始興王劉濬養母潘氏。本書卷一一有附傳。　路淑媛：宋孝武帝生母路惠男。本書卷一一、《宋書》卷四一有傳。

[9]小君：皇后。

[10]泰豫：南朝宋明帝劉彧年號（472）。

[11]義：按，大德本、汲古閣本、殿本、百衲本作“義”。底本誤，應據諸本改。

[12]宮僚：謂宮中的僚屬。按，《梁書·高祖丁貴嬪傳》作“宮闈”。

[13]神獸門：城門名。亦作神武門，即神虎門。本書避唐高祖李淵祖父李虎諱改。建康臺城第二重宮牆西門。　牋：一種表文，多用以上皇后、太子及諸王。

[14]儲妃：太子妃。

[15]與：大德本、汲古閣本、殿本、百衲本作“典”，《梁書·高祖丁貴嬪傳》亦作“典”。按，底本誤，應據諸本改作“典”。

[16]一異：大德本、汲古閣本、殿本、百衲本及《梁書·高祖丁貴嬪傳》作“一與”。按，底本誤，應據諸本改作“一與”。

　　貴嬪性仁恕，及居宮接馭，自下皆得其歡心。不好華飾，器服無珍麗。未嘗爲親戚私謁。及武帝弘佛教，貴嬪長進蔬膳。受戒日，[1]甘露降于殿前，[2]方一丈五尺。帝所立義，[3]皆得其指歸，[4]尤精《淨名經》。[5]普通七年十一月庚辰薨，[6]移殯於東宮臨雲殿，[7]時年四十二。詔吏部郎張纘爲哀册文，[8]有司奏謚曰穆，葬寧陵，祔于小廟。[9]簡文即位，追崇曰太后。

[1]受戒：謂佛教徒從師接受戒律的宗教儀式。

[2]甘露：甘美的露水。古人以天降甘露爲天下太平的瑞徵。

[3]帝所立義：按，大德本、汲古閣本、殿本、百衲本同，中華本據《梁書》卷七《高祖丁貴嬪傳》補作"帝所立經義"。

[4]指歸：意指所歸向。即主旨，意向。

[5]《净名經》：大乘佛教佛經。《維摩詰所説經》（簡稱《維摩詰經》）的別稱，又名《不可思議解脱經》。最通行的是後秦鳩摩羅什的譯本。

[6]普通：南朝梁武帝蕭衍年號（520—527）。

[7]移殯：按，《梁書·高祖丁貴嬪傳》無"移"字。殯，停放靈柩或把靈柩送往墓地。 東宫：位於建康臺城東，在今江蘇南京市雞鳴寺南古臺城遺址東部。

[8]吏部郎：官名。尚書省吏部曹長官。亦稱吏部郎中，資深者可轉侍郎。三國魏、蜀始置，兩晋南北朝沿置。佐吏部尚書掌選舉事，地位高於尚書省諸曹郎。宋六品。梁十一班。陳四品，秩六百石。 哀册文：亦作哀策文。文體的一種。爲頌揚帝王、后妃生前功德的韻文。行葬禮時，由太史令讀後，埋於陵中。按，張纘作哀册文載於《梁書·高祖丁貴嬪傳》。

[9]小廟：指帝王高祖以下的廟，亦指庶出帝王爲其生母所立之廟。

貴嬪父道遷，[1]天監初，爲歷陽太守。[2]廬陵威王之生，[3]武帝謂之曰："賢女復育一男。"答曰："莫道腊狗子。"世人以爲笑。後位兖州刺史、宣城太守。[4]

[1]道遷：按，《梁書》卷七《高祖丁貴嬪傳》作"仲遷"。

[2]歷陽：郡名。治歷陽縣，在今安徽和縣。

[3]盧陵威王：蕭續。字世訢，梁武帝第五子。封盧陵王，卒謚威。本書卷五三、《梁書》卷二九有傳。盧陵，郡名。治石陽縣，在今江西吉水縣東北。

[4]兗州：州名。按，時兗州有南、北之分，南兗州治廣陵縣，在今江蘇揚州市西北；北兗州治淮陰縣，在今江蘇淮安市淮陰區西南甘羅城。未審孰是。 宣城：郡名。治宛陵縣，在今安徽宣城市宣州區。

文宣阮太后諱令嬴，會稽餘姚人也。[1]本姓石。初，齊始安王遥光納焉。[2]遥光敗，入東昏宮。[3]建康城平，爲武帝采女。[4]在孕，夢龍罩其牀。天監六年八月，生元帝于後宮。[5]是日大赦。尋拜爲脩容，[6]賜姓阮氏。常隨元帝出蕃。大同六年六月，[7]薨于江州正寢，[8]時年六十七。其年十一月，歸葬江寧縣通望山，[9]謚曰宣。元帝即位，有司奏追崇爲文宣太后，還祔小廟。

[1]會稽：郡名。治山陰縣，在今浙江紹興市。 餘姚：縣名。治所在今浙江餘姚市。按，《梁書》卷七《高祖阮脩容傳》亦作"會稽餘姚人"，而梁元帝《金樓子·后妃篇》則稱其母"揚州會稽上虞人"。

[2]始安王遥光：蕭遥光。字元暉。南齊宗室，襲封始安王。本書卷四一有傳，《南齊書》卷四五有附傳。

[3]東昏：南朝齊皇帝蕭寶卷。在位三年（499—501）。後蕭衍起兵圍建康，城破被殺，追封東昏侯。本書卷五、《南齊書》卷七有紀。

[4]采女：宮中女官名。無爵秩，以歲時賞賜充給。參《後漢

書》卷一〇上《皇后紀序》。按，據梁元帝《金樓子・后妃篇》，阮令嬴以"天監元年，選入爲臺采女"。

[5]天監六年八月，生元帝于後宮：按，本書卷八《梁元帝紀》、《梁書》卷五《元帝紀》皆云梁元帝蕭繹生於"天監七年八月"。是知"六年"訛，當改作"七年"。

[6]脩容：宮中女官名。亦爲皇帝妃嬪封號。三國魏始置，爵比亭侯。西晉武帝定爲九嬪之一，位視九卿。南朝宋一度省，後復置，列爲九嬪之一。齊、梁、陳沿置。

[7]大同六年六月：大德本、汲古閣本、殿本、百衲本同，中華本改"六年"作"九年"。按，梁元帝《金樓子・后妃篇》云：梁宣修容"大同九年太歲癸亥，六月二日庚申，薨於江州之内寢，春秋六十七"。此當作"九年"。

[8]江州：州名。治柴桑縣，在今江西九江市西南。

[9]江寧：縣名。治所在今江蘇南京市江寧區江寧街道。

承聖二年，[1]追贈太后父齊故奉朝請石靈寶散騎常侍、左衛將軍，[2]封武康縣侯，[3]母陳氏武康侯夫人。

[1]承聖：南朝梁元帝蕭繹年號（552—555）。

[2]奉朝請：官名。即奉朝廷召請而參加期會。本爲賜予致仕大臣等以示優待的名號。南朝宋以後，始爲官號，用以安置閑散官員，所選雜濫，不爲人重。齊武帝永明中，竟至六百餘人。梁二班。陳八品。

[3]武康縣侯：封爵名。即武康縣開國侯。據《梁書》卷七《高祖阮脩容傳》，食邑五百户。武康，縣名。治所在今浙江德清縣西。

簡文王皇后諱靈賓，琅邪臨沂人也。[1]祖儉，[2]齊太尉、南昌文憲公。[3]父騫,[4]金紫光禄大夫、南昌安侯。后幼而柔明,叔父暕見之曰:[5]"吾家女師也。"[6]天監十一年,拜晋安王妃。[7]生哀太子大器、南郡王大連、長山公主妙䂮。[8]大通三年十月,[9]拜皇太子妃。太清三年三月,[10]薨于永福省,[11]時年四十五。其年,簡文即位,追崇爲皇后,謚曰簡。大寶元年九月,[12]葬莊陵。[13]

[1]琅邪:郡名。治開陽縣,在今山東臨沂市北。 臨沂:縣名。治所在今山東臨沂市。

[2]儉:王儉。字仲寶。卒謚文憲。本書卷二二有附傳,《南齊書》卷二三有傳。

[3]太尉:官名。秦漢時,爲全國最高軍事長官,與丞相、御史大夫合稱三公。歷代多沿置,魏晉以後,漸成無實際職權的榮譽銜。宋一品。梁十八班。陳一品,秩萬石。

[4]騫:王騫。字思寂。本書卷二二、《梁書》卷七有附傳。

[5]暕:王暕。字思晦。本書卷二二有附傳,《梁書》卷二一有傳。

[6]女師:女子的楷模。

[7]晋安王:蕭綱。即梁簡文帝。初封晋安王。本書卷八、《梁書》卷四有紀。晋安,郡名。治候官縣,在今福建福州市。

[8]哀太子大器:蕭大器。字仁宗,梁簡文帝嫡長子。武帝太清三年(549),立爲皇太子。後爲侯景所殺。本書卷五四、《梁書》卷八有傳。 南郡王大連:蕭大連。字仁靖,梁簡文帝第五子。本書卷五四、《梁書》卷四四有傳。南郡,郡名。治江陵縣,在今湖北荆州市荆州區。 長山公主妙䂮(lüè):蕭妙䂮。梁簡文帝女,生平不詳。長山,縣名。治所在今浙江金華市。

[9]大通:南朝梁武帝蕭衍年號(527—529)。按,據本書卷

八《梁簡文帝紀》、《梁書》卷四《簡文帝紀》，武帝中大通三年
（531）四月，昭明太子蕭統薨；五月丙申，晉安王蕭綱立爲皇太
子。是知晉安王妃王靈賓不得在此之前拜爲皇太子妃，"大通"實
乃"中大通"之脫訛。中大通，南朝梁武帝蕭衍年號（529—
534）。

[10]太清：南朝梁武帝蕭衍年號（547—549）。

[11]永福省：宮苑名。在今江蘇南京市雞籠山南古臺城遺址
内。《資治通鑑》卷一六二《梁紀十八》武帝太清三年胡三省注：
"永福省在禁中，自宋以來，太子居之，取其福國於有永也。"

[12]大寶：南朝梁簡文帝蕭綱年號（550—551）。

[13]莊陵：陵墓名。即梁簡文帝蕭綱陵寢，在今江蘇丹陽
市東。

元帝徐妃諱昭佩，東海郯人也。[1]祖孝嗣，[2]齊太
尉、枝江文忠公。父緄，[3]侍中、信武將軍。[4]妃以天監
十六年十二月拜湘東王妃，[5]生世子方等、益昌公主含
貞。[6]妃無容質，不見禮，[7]帝三二年一入房。妃以帝眇
一目，[8]每知帝將至，必爲半面粧以俟，帝見則大怒而
出。妃性嗜酒，多洪醉，帝還房，必吐衣中。與荆州後
堂瑤光寺智遠道人私通。[9]酷妒忌，見無寵之妾，便交
杯接坐。纔覺有娠者，即手加刀刃。帝左右暨季江有姿
容，又與淫通。季江每歎曰："柏直狗雖老猶能獵，[10]蕭
漂陽馬雖老猶駿，[11]徐娘雖老猶尚多情。"[12]時有賀徽
者美色，[13]妃要之於普賢尼寺，[14]書白角枕爲詩相贈
答。[15]既而貞惠世子方諸母王氏寵愛，[16]未幾而終，元
帝歸咎於妃；及方等死，愈見疾。

[1]東海：郡名。治郯縣，在今山東郯城縣。　　郯：縣名。治所在今山東郯城縣。按，大德本、殿本、百衲本、《梁書》卷七《世祖徐妃傳》同，汲古閣本作"剡"。

[2]孝嗣：徐孝嗣。字始昌，歷仕宋、齊，封枝江縣公，官至尚書令。後以齊東昏侯失德，謀行廢立，事未成而遇害。追贈太尉，諡文忠。本書卷一五有附傳，《南齊書》卷四四有傳。

[3]緄：徐緄。事見本書卷一五《徐孝嗣傳》。

[4]侍中：官名。三國魏、西晉置爲門下侍中省長官，正員四人，加官無定員，常侍皇帝左右，管理門下衆事，掌顧問應對，拾遺補闕，諫諍糾察，平議尚書奏事等。宰相、尚書等加此官號者，得入宮議政。東晉、南朝宋沿置，兼統宮廷内侍諸署。齊、梁、陳爲門下省長官，愈益尊貴。陳亦用作親王起家之官。宋三品。梁十三班。陳三品，秩中二千石。　　信武將軍：官名。南朝梁置。與智武、仁武、勇武、嚴武將軍合稱五德將軍。梁十五班。

[5]妃以天監十六年十二月拜湘東王妃：按，梁武帝天監十六年（517）爲丁酉歲，與蕭繹自言"余丙申歲婚"不合。而此前一年則歲次丙申，故疑"六"字或訛，當改作"五"字。見梁元帝《金樓子・志怪篇》。湘東王，梁元帝蕭繹，初封湘東郡王。

[6]世子方等：蕭方等。字實相，梁元帝長子。本書卷五四、《梁書》卷四四有傳。　　益昌公主含貞：蕭含貞。梁元帝女，生平不詳。益昌，縣名。治所在今四川綿陽市安州區東南。

[7]妃無容質，不見禮：按，此下至"及方等死，愈見疾"，今《梁書・世祖徐妃傳》雖無此段記述，但《傳》末史臣曰猶言："世祖徐妃之無行，自致殲滅，宜哉。"故錢大昕《廿二史考異》卷二六云："徐妃失行不見於本傳，而論忽及之，疑《傳》文有漏落也。"

[8]眇（miǎo）：本義爲一隻眼睛小。引申指眼睛失明，或一目失明。

[9]荆州：州名。治江陵縣，在今湖北荆州市荆州區。　　瑶光

寺：佛寺名。在梁荆州治江陵縣，確址無考。　道人：佛教徒。和尚。

[10]柏直：秦末漢初時人。楚漢相争之際，魏王豹用作大將。事見《漢書》卷一上《高帝紀上》、卷三四《韓信傳》。

[11]漂：大德本、汲古閣本、百衲本同，殿本、中華本作“漂”。

[12]徐娘：即徐昭佩。後用以指稱風韻猶存的中老年婦女。

[13]賀徽：會稽山陰（今浙江紹興市）人。南陽太守賀革子，先革卒。事見本書卷六二《賀革傳》。

[14]普賢尼寺：佛寺名。在梁荆州江陵縣，即今湖北荆州市荆州區。

[15]角枕：角製的或用角裝飾的枕頭。

[16]貞惠世子方諸：蕭方諸。字智相，梁元帝第二子。爲侯景所執殺，追謚貞惠世子。本書卷五四、《梁書》卷四四有傳。

太清三年，遂逼令自殺。[1]妃知不免，乃透井死。[2]帝以屍還徐氏，謂之出妻。[3]葬江陵瓦官寺。[4]帝制《金樓子》述其淫行。[5]初，妃嫁夕，車至西州，[6]而疾風大起，發屋折木。無何，雪霰交下，帷簾皆白。[7]及長還之日，又大雷震西州聽事兩柱俱碎。[8]帝以爲不祥，後果不終婦道。

[1]太清三年，遂逼令自殺：按，《梁書》卷七《世祖徐妃傳》“三年”下有“五月”二字，“遂逼令自殺”作“被譴死”；其下無“妃知不免，乃透井死。帝以屍還徐氏，謂之出妻”二語。

[2]透井：投井，跳入井中自殺。

[3]出妻：休妻。亦指被丈夫休棄的妻子。

[4]江陵：縣名。治所在今湖北荆州市荆州區。亦兼爲荆州及南郡治所。承聖元年（552），梁元帝即位，建都於此。　瓦官寺：

佛寺名。在梁荆州治江陵縣，確址無考。

[5]《金樓子》：書名。梁元帝蕭繹撰。全書綜括古今事迹，文獻價值頗高。《隋書·經籍志》《舊唐書·經籍志》《新唐書·藝文志》均有著録。原書十卷，久佚。今本輯自《永樂大典》，計六卷十四篇。按，"帝制《金樓子》述其淫行"以下至"後果不終婦道"，此段記述爲李延壽采自《金樓子·志怪篇》略加改編而成，《梁書·世祖徐妃傳》無。

[6]車至西州：按，《金樓子·志怪篇》作"妻至門"。西州，城名。東晉築，在今江蘇南京市朝天宮一帶。因位於臺城西南，且爲揚州刺史治所，故名。

[7]雪霰交下，帷簾皆白：按，《金樓子·志怪篇》作"飛雪亂下，帷幔皆白"。

[8]及長還之日，又大雷震西州聽事兩柱俱碎：按，《金樓子》"長還"作"喪還"、"大雷"作"天雷"、"俱碎"作"俱時粉碎"。聽事，官府治理政事的大堂，私人住宅大廳也沿用此稱。

敬夏太后，[1]會稽人也。普通中，納于湘東王宮，生敬帝。[2]承聖元年冬，拜晉安王國太妃。[3]紹泰元年，[4]尊爲太后。明年冬，[5]降爲江陰國太妃。[6]

[1]敬夏太后：此傳乃李延壽增立，《梁書》卷七《皇后傳》無。

[2]敬帝：南朝梁敬帝蕭方智。在位三年（555—557）。及陳代梁，降爲江陰王，尋被害。追謚敬皇帝。本書卷八、《梁書》卷六有紀。

[3]晉安王：即蕭方智。初封興梁侯。梁元帝即位，進封晉安王。

[4]紹泰：南朝梁敬帝蕭方智年號（555—556）。

[5]明年冬：按，明年即次年或今年的下一年。梁敬帝於太平二年（557）冬十月辛未禪位於陳，陳武帝於永定元年（557）十月乙亥奉其爲江陰王。此時與敬帝紹泰元年已間隔一年，而不是次年或下一年。故“明年冬”當改作“越二年冬”。參本書卷八《梁敬帝紀》、卷九《陳武帝紀》及《陳書》卷二《高祖紀下》。

[6]江陰：郡名。南朝梁末置。治江陰縣，在今江蘇江陰市。隋滅陳廢。

　　敬王皇后，[1]琅邪臨沂人也。承聖元年十一月，拜晉安王妃。紹泰元年十月，拜皇后。明年，[2]降爲江陰王妃。父儉自有傳。[3]

[1]敬王皇后：此傳乃李延壽增立，《梁書》卷七《皇后傳》無。

[2]明年：按，當改作“越二年”。説見前注。

[3]儉：王儉。字公會。本書卷二三、《梁書》卷二一有附傳。

　　陳武宣章皇后，諱要兒，吳興烏程人。[1]本姓鈕，父景明爲章氏所養，因改姓焉。后母蘇，嘗遇道士以小龜遺己，光采五色，曰：“三年有徵。”及期，后生，紫光照室，因失龜所在。

[1]吳興：郡名。治烏程縣，在今浙江湖州市。　烏程：縣名。治所在今浙江湖州市。

　　后少聰慧，美容儀，手爪長五寸，色並紅白。每有蕃功之服，[1]則一爪先折。武帝先娶同郡錢仲方女，早卒，[2]後乃娉后。

[1]朞功：喪服名。期，服喪一年；功，大功服喪九月，小功
服喪五月。

[2]先娶同郡錢仲方女，早卒：錢大昕《廿二史考異》卷三五
云："按仲方女，武帝永定元年追諡昭皇后，依宋武敬臧皇后之例，
亦宜立傳，不當附見也。"

　　后善書計，能誦《詩》及《楚辭》。帝爲長城縣
公，[1]后拜夫人。[2]永定元年，[3]立爲皇后。追贈后父梁
散騎侍郎景明特進、金紫光禄大夫，[4]加金章紫綬。[5]拜
后母蘇安吉縣君。[6]二年，安吉君卒，與后父葬吳興。[7]
明年，追封后父爲廣德縣侯，[8]諡曰溫。

[1]長城縣公：封爵名。即長城縣開國公。長城，縣名。治所
在今浙江長興縣東。按，梁元帝承聖元年（552）五月，長城侯陳
霸先進封長城縣公。

[2]夫人：諸侯之妻或命婦封號。按，梁敬帝太平元年（556）
九月，長城縣公陳霸先進封義興郡公；次年正月，策拜長城縣夫人
章氏爲義興國夫人。

[3]永定：南朝陳武帝陳霸先年號（557—559）。

[4]散騎侍郎：官名。掌文學侍從，收納章奏，勸諫糾劾。梁
八班。陳五品，秩千石。　特進：官名。魏晉南北朝加官名號，用
以安置閑退大臣。齊、陳時位從公。宋二品。梁十五班。陳二品，
秩中二千石。

[5]加金章紫綬：按，光禄大夫授銀章青綬，如加金章紫綬，
則爲金紫光禄大夫。前既云"金紫光禄大夫"，似無再"加金章紫

綬”之理。

　　[6]安吉：縣名。治所在今浙江安吉縣孝豐鎮。　　縣君：命婦封號。始見於晉，南北朝歷代皆置。多封皇后母、縣公之妻及高官之母妻。

　　[7]與后父葬吳興：按，《陳書》卷七《高祖章皇后傳》“葬”上有“合”字，是。應據補。

　　[8]廣德縣侯：封爵名。即廣德縣開國侯。據《陳書・高祖章皇后傳》食邑五百户。廣德，縣名。治所在今安徽廣德市西南。

　　武帝崩，后與中書舍人蔡景歷定計，秘不發喪。[1]時衡陽獻王昌未至，[2]召文帝。[3]及即位，尊后爲皇太后，宮曰慈訓。廢帝即位，[4]后爲太皇太后。

　　[1]后與中書舍人蔡景歷定計，秘不發喪：《陳書》卷七《高祖章皇后傳》謂“事在蔡景歷及侯安都傳”。檢本書、《陳書》二書《蔡景歷傳》，當時參與定議者還有江大權、杜稜。中書舍人，官名。三國魏置中書通事舍人，爲中書省屬官，掌收納、轉呈文書章奏。或謂通事、舍人本各爲一職，至東晉始合爲一官。後省。南朝宋初復置，員四人，入直禁中，漸奪中書侍郎草擬詔令之任。齊至陳，自成舍人省，名義上仍隸屬中書省，實際直接聽命於皇帝。凡有大臣陳奏，皆其持入，參決於中，權遂重。梁去“通事”，徑名“中書舍人”。陳因之，置五員。宋七品。梁四班。陳八品。蔡景歷，字茂世，濟陽考城（今河南民權縣）人。本書卷六八、《陳書》卷一六有傳。

　　[2]衡陽獻王昌：陳昌。字敬業，陳武帝第六子。本書卷六五、《陳書》卷一四有傳。

　　[3]文帝：南朝陳文帝陳蒨。陳武帝兄子。在位八年（559—566），謚號文帝。本書卷九、《陳書》卷三有紀。

［4］廢帝：南朝陳廢帝陳伯宗。陳文帝嫡長子。在位三年（566—568），被廢爲臨海王，史稱陳廢帝。本書卷九、《陳書》卷四有紀。

　　光大二年，[1]后下令黜廢帝爲臨海王，[2]命宣帝嗣立。[3]太建元年，[4]復爲皇太后。二年三月景申，崩于紫極殿，時年六十五。遺令喪事並從儉約，諸饋奠不用牲牢。[5]其年四月，群臣上謚曰宣，祔葬萬安陵。[6]

　　［1］光大：南朝陳廢帝陳伯宗年號（567—568）。　二年：按，《建康實録》卷二〇作“元年”。

　　［2］臨海：郡名。治章安縣，在今浙江台州市椒江區章安街道。

　　［3］宣帝：南朝陳宣帝陳頊。陳文帝弟。在位十五年（568—582），謚號孝宣皇帝。本書卷一〇、《陳書》卷五有紀。

　　［4］太建：南朝陳宣帝陳頊年號（569—582）。

　　［5］饋奠：指靈柩停放在殯舍時的饋食及祭奠。　牲牢：即牲畜。《詩·小雅·瓠葉序》：“雖有牲牢饔餼，不肯用也。”鄭玄箋：“牛羊豕爲牲，繫養者曰牢。”

　　［6］祔葬：合葬。　萬安陵：陵墓名。陳武帝陵寢，在今江蘇南京市江寧區東上坊鎮石馬沖。

　　后親屬無在朝者，唯本族兄鈕洽官至中散大夫。[1]

　　［1］中散大夫：官名。多養老疾，無職事，爲閒散之官。梁十班。陳四品，秩千石。

　　文沈皇后諱妙容，吳興武康人也。[1]父法深，梁安前中録事參軍。[2]后年十歲餘，以梁大同中歸于文帝。[3]武帝之討侯景，[4]文帝時在吳興，及后並被收，景平，乃獲免。武帝踐祚，后爲臨川王妃。[5]文帝即位，爲皇后。追贈后父法深光禄大夫，加金章紫綬，封建城縣侯，[6]諡曰恭。追贈后母高爲綏安縣君，[7]諡曰定。廢帝即位，尊后爲皇太后，宮曰安德。

[1]武康：縣名。治所在今浙江德清縣西。

[2]安前：官名。安前將軍省稱。南朝梁置，爲八安將軍之一。梁二十一班。陳擬三品、比秩中二千石。　中録事參軍：官名。南朝梁、陳置。爲皇弟皇子府、嗣王蕃王府、庶姓公府、庶姓持節府僚屬。梁自七班至三班。陳自六品至九品。隨府主地位高低而定。

[3]大同：南朝梁武帝蕭衍年號（535—546）。

[4]侯景：字萬景。原爲東魏將，後降梁，尋發動叛亂。本書卷八〇、《梁書》卷五六有傳。

[5]后爲臨川王妃：按，《陳書》卷七《世祖沈皇后傳》上有“永定元年”四字。臨川，郡名。治南城縣，在今江西撫州市臨川區西。

[6]建城縣侯：封爵名。即建城縣開國侯。據《陳書·世祖沈皇后傳》，食邑五百戶。建城，縣名。治所在今江西高安市。

[7]綏安：縣名。南朝宋分廣德、故鄣、長城、陽羨、義鄉五縣地置。治所在今江蘇宜興市西南。隋滅陳廢。

時宣帝與僕射到仲舉、舍人劉師知等，[1]並受遺輔政。師知與仲舉恒居禁中，[2]參決衆事，而宣帝爲楊州刺史，與左右三百人，入居尚書省。[3]師知忌宣帝權重，矯敕令還東府理州務。[4]宣帝將出，毛喜止帝曰：[5]“今若出外，便受制於人，如曹爽願作富家公不可得也。"[6]
宣帝乃稱疾，召師知留與語，使毛喜先入，言之於后。
后曰："今伯宗年幼，政事並委二郎，[7]此非我意。"喜又
言於廢帝，廢帝曰："此自師知等爲，[8]非朕意也。"喜出
報宣帝，帝因囚師知。自入見后及帝，極陳師知之短。
仍自草敕請畫，[9]以師知付廷尉，[10]其夜於獄賜死。自
是政歸宣帝。

[1]僕射：官名。尚書僕射省稱。尚書省次官。南朝尚書令爲
宰相之任，不親庶務，尚書省政務常由僕射主持。梁、陳常缺尚書
令，僕射實爲尚書省主官，列位宰相。宋三品。梁十五班。陳二
品，秩中二千石。　到仲舉：字德言，彭城武原（今江蘇邳州市）
人。本書卷二五有附傳，《陳書》卷二〇有傳。　舍人：官名。即
中書舍人。　劉師知：沛國相（今安徽濉溪縣）人。本書卷六八、
《陳書》卷一六有傳。

[2]禁中：亦作禁内。即帝王所居的宮苑。因不許人隨便進出，
故稱。

[3]尚書省：官署名。綜理政務的最高行政機構。在建康宮殿
前正門雲龍門内。

[4]東府：城名。又稱東城。在建康城東南，今江蘇南京市通
濟門附近，南臨秦淮河。爲東晋、南朝時宰相兼揚州刺史的府第。
梁末焚毁，陳文帝時遷至府城東齊安寺。陳亡後廢。

[5]毛喜：字伯武，滎陽陽武（今河南原陽縣）人。本書卷六
八、《陳書》卷二九有傳。

[6]曹爽：字昭伯，三國魏沛國譙（今安徽亳州市）人。曹魏
宗室。《三國志》卷九有傳。　富家公：《三國志·魏書·曹爽傳》
裴松之注引《魏氏春秋》作"富家翁"，《陳書》卷七《世祖沈皇
后傳》及《晋書》卷一《宣帝紀》、《資治通鑑》卷一七〇《陳紀

四》臨海王光大元年亦俱作“富家翁”。按，當以“富家翁”
爲是。

[7]二郎：指陳宣帝陳頊。《資治通鑑・陳紀四》臨海王光大
元年胡三省注：“文帝居長，頊居次，故稱爲二郎。”

[8]爲：按，大德本、汲古閣本、殿本、百衲本同，中華本據
《陳書・世祖沈皇后傳》改作“所爲”。

[9]請畫：臣子奏章，若天子同意，則書“可”字。

[10]廷尉：官名。秦漢九卿之一，掌刑法審判。東漢及魏晉南
朝沿置。南朝梁定名廷尉卿，位列十二卿。宋三品。梁十一班。陳
三品，秩中二千石。

后憂悶，計無所出，乃密賂宦者蔣裕，令誘建安人
張安國使據郡反，[1]冀因此圖帝。[2]安國事發被誅，時后
左右近侍頗知其事，后恐連逮黨與並殺之。

[1]建安：郡名。治建安縣，在今福建建甌市。

[2]冀因此圖帝：按，《資治通鑑》卷一七〇《陳紀四》臨海
王光大元年未録沈妙容冀圖陳頊事。《通鑑考異》曰：“后欲圖高
宗，而令安國據建安反，理不相涉。且后若實有此謀，高宗既立，
后豈得自全！今删去。”

宣帝即位，以后爲文皇后。陳亡入隋，大業初自長
安歸于江南，[1]頃之卒。

[1]大業：隋煬帝楊廣年號（605—618）。

后兄欽，襲爵建城侯，位尚書左僕射。[1]欽素無伎

能，奉己而已。卒，謐曰成。子觀嗣，頗有學識，官至御史中丞。[2]

[1]尚書左僕射：官名。尚書省次官。位居右僕射上。宋三品。梁十五班。陳二品，秩中二千石。

[2]御史中丞：官名。秦漢皆置，爲御史大夫副貳。東漢爲御史臺長官，專掌監察、執法，常受命領兵，出督軍旅。與司隸校尉、尚書令並號“三獨坐”。魏晋南北朝沿置，職掌監皇太子以下百官。南朝亦稱南司，其職雖重，世族名士多不樂爲之。宋四品。梁十一班。陳三品，秩二千石。

廢帝王皇后，琅邪臨沂人也。天嘉元年，[1]爲皇太子妃。廢帝即位，立爲皇后。廢帝爲臨海王，后廢爲妃。至德中薨。[2]后生臨海嗣王至澤。至澤，光大元年爲皇太子，太建元年襲封臨海嗣王。陳亡，入長安。后父固自有傳。[3]

[1]天嘉：南朝陳文帝陳蒨年號（560—566）。
[2]至德：南朝陳後主陳叔寶年號（583—586）。
[3]后父固：王固。字子堅。本書卷二三有附傳，《陳書》卷二一有傳。

宣柳皇后諱敬言，[1]河東解縣人也。[2]曾祖世隆，[3]祖惔，[4]父偃，[5]並有傳。后九歲，幹理家事，有若成人。侯景之亂，后與弟盼往江陵，[6]依梁元帝。帝以長城公主故，[7]待遇甚厚，以配宣帝。承聖二年，后生後主於江陵。[8]及魏剋江陵，[9]宣帝遷于關右，[10]后與後主俱留穰城。[11]天嘉二年，與後主還朝，后爲安城王妃。[12]宣帝即位，立爲皇后。

[1]敬言：按，《建康實錄》卷二〇作“敬淑”。

[2]河東：郡名。治安邑縣，在今山西夏縣西北。　解縣：縣名。治所在今山西臨猗縣西南。

[3]世隆：柳世隆。字彦緒。本書卷三八有附傳，《南齊書》卷二四有傳。

[4]惲：柳惲。字文暢。本書卷三八有附傳，《梁書》卷二一有傳。

[5]偃：柳偃。字彦游。本書卷三八、《梁書》卷二一有附傳。

[6]盼：柳盼。本書卷三八、《陳書》卷七有附傳。

[7]長城公主：梁武帝之女，柳敬言嫡母。

[8]後主：南朝陳亡國之君陳叔寶。在位八年（582—589）。陳亡，入長安，卒於洛陽。追封長城縣公，諡煬。史稱陳後主。本書卷一〇、《陳書》卷六有紀。

[9]魏：朝代名。即西魏。初都洛陽，遷都長安，歷三帝，共二十二年（535—556）。

[10]關右：地區名。即關西。兩漢、魏晉南北朝指函谷關以西地區。唐以後指潼關以西地區。

[11]穰城：城名。即穰縣治。在今河南鄧州市。一説在今湖北南漳縣東北。

[12]安城王：陳宣帝陳頊即位前的封爵名號。安城，郡名。治平都縣，在今江西安福縣東南。大德本、汲古閣本、殿本、百衲本作“安成”。

后美姿容，身長七尺二寸，手垂過膝。初，宣帝居鄉里，先娶吳興錢氏，及即位，拜貴妃，[1]甚有寵。后傾心下之，每尚方供奉物，[2]其上者皆推於貴妃，而己御其次焉。

[1]貴妃：宫中女官名。亦爲皇帝妃嬪封號。南朝宋孝武帝置，地位僅次皇后，爲三夫人之首，位比相國。齊、梁、陳皆沿置。

[2]尚方：官署名。亦作上方。隸屬少府，掌使役工徒，製作工藝品及宫廷器物等，專供御用。

宣帝崩，始興王叔陵爲亂，[1]後主賴后與吳媪救而獲免。後主即位，尊后爲皇太后，宫曰弘範。是時新失淮南地，[2]隋師臨江，[3]又國遭大喪，後主患創不能聽政。其誅叔陵，供大行喪事，[4]邊境防守及百司衆務，雖假後主之敕，實皆決之於后。後主創愈，乃歸政焉。[5]

[1]始興王叔陵：陳叔陵。字子嵩，陳宣帝次子。封始興郡王。本書卷六五、《陳書》卷三六有傳。始興，郡名。治曲江縣，在今廣東韶關市南武水西岸。

[2]淮南：地區名。指今安徽、江蘇兩省淮河以南、長江以北的地區。

[3]隋：朝代名。隋文帝楊堅取代北周建，都大興城（今陝西西安市），歷三帝，共三十八年（581—618）。

[4]大行：指剛死尚未定謚號的皇帝或皇后。

[5]歸政：移交統治權力。

后性謙謹，未嘗以宗族爲請，雖衣食亦無所分遺。陳亡，入長安。隋大業十二年，[1]薨於東都，[2]年八十二。[3]葬于洛陽之芒山。[4]

[1]十二：按，《陳書》卷七《高宗柳皇后傳》作“十一”。

[2]東都：即今河南洛陽市。隋煬帝大業五年（609）改東京洛陽（即隋唐故城）爲東都。

[3]八十二：按，汲古閣本同，大德本、殿本、百衲本、中華本及《陳書·高宗柳皇后傳》作“八十三”。

[4]芒山：山名。又稱邙山、北邙山、北芒山。在今河南洛陽市北、黃河南岸。

後主沈皇后諱婺華，吳興武康人也。父君理自有傳。[1]后母即武帝女會稽穆公主，[2]早亡。時后尚幼，而毀瘠過甚。及服畢，每歲時朔望，[3]恒獨坐涕泣，哀動左右，內外敬異焉。太建三年，拜爲皇太子妃。[4]後主即位，立爲皇后。

[1]君理：沈君理。字仲倫。本書卷六八、《陳書》卷二三有傳。

[2]會稽穆公主：陳武帝長女，封會稽公主，謚穆。

[3]朔望：朔日與望日。即農曆每月初一和十五。

[4]太建三年，拜爲皇太子妃：大德本、汲古閣本、百衲本及《陳書》卷七《後主沈皇后傳》同，殿本“三年”作“二年”，中華本據《陳書》卷五《宣帝紀》及本書卷一○《陳宣帝紀》改作“元年”。按，《陳書·後主沈皇后傳》中華本校勘記云：“按‘太建三年’當依《宣帝紀》作‘太建元年’。《沈君理傳》云太建二年高宗以君理女爲皇太子妃，亦訛。”説是。應改“三年”作“元年”。

后性端静，有識量，寡嗜欲，聰敏强記，涉獵經史，工書翰。後主在東宮，而后父君理卒，居憂處別殿，[1]哀毀逾禮。後主遇后既薄，而張貴妃有寵，總後宮之政，后澹然未嘗有所忌怨。而身居儉約，衣服無錦繡之飾，左右近侍纔百許人，唯尋閲圖史及釋典爲事。嘗遇歲旱，自暴而誦佛經，[2]應時雨降。無子，養孫姬子胤爲己子。[3]數上書諫争，後主將廢之，而立張貴妃，會國亡不果，乃與後主俱入長安。及後主薨，后自爲哀辭，[4]文甚酸切。

[1]居憂：指居父母之喪。

[2]自暴（pù）：將自己置於陽光照射之下。暴，同"曝"。曬也、露也。《説文段注箋》："凡暴物於日，謂之暴。"按，"嘗遇歲旱，自暴而誦佛經，應時雨降"，《陳書》卷七《後主沈皇后傳》無此諸語。《太平御覽》卷六五四引《陳書》云云雖與此諸語同，然視其文實引自本書。

[3]孫姬：陳宣帝時東宮女官，史闕其名。陳胤生母，因産卒。

胤：陳胤。字承業。陳後主長子。本書卷六五、《陳書》卷二八有傳。

[4]哀辭：亦作哀詞。即哀悼、紀念死者的文章，多用韻文形式寫成。

隋煬帝每巡幸，恒令從駕。及煬帝被殺，后自廣陵過江，[1]於毗陵天静寺爲尼，名觀音。[2]貞觀初卒。[3]

[1]廣陵：郡名。治廣陵縣，在今江蘇揚州市西北蜀岡上。

[2]於毗陵天静寺爲尼，名觀音：《陳書》卷七《後主沈皇后

傳》作“還鄉里”。毗陵，郡名。隋煬帝大業初改常州置。治晉陵縣，在今江蘇常州市。

[3]貞觀初卒：按，《陳書·後主沈皇后傳》作“不知所終”。貞觀，唐太宗李世民年號（627—649）。

　　張貴妃名麗華，兵家女也。[1]父兄以織席爲業。後主爲太子，以選入宮。時龔貴嬪爲良娣，[2]貴妃年十歲，爲之給使。後主見而悦之，因得幸，遂有娠，生太子深。[3]後主即位，拜爲貴妃。性聰慧，甚被寵遇。

　　[1]兵家：即兵籍人家。魏晉南北朝實行世兵制度，兵家子弟世襲爲兵，身份低於一般平民，户籍不編入民籍，而另立於兵籍。
　　[2]龔貴嬪：陳後主寵妃。南海王陳虔、錢塘王陳恬生母。貴嬪，宮中女官名，亦爲皇帝嬪妃封號。次於皇后，位視三公，爲三夫人之一。　良娣：皇太子姬妾名號。南朝宋孝武帝置爲太子内職之一，位次保林。齊高帝定爲太子三内職之首，位比開國侯，高於保林。梁、陳沿置。
　　[3]太子深：陳深。字承源，陳後主第四子。本書卷六五、《陳書》卷二八有傳。

　　後主始以始興王叔陵之亂，被傷，卧于承香殿。時諸姬並不得進，唯貴妃侍焉。而柳太后猶居柏梁殿，即皇后之正殿也。而沈皇后素無寵於後主，不得侍疾，別居求賢殿。[1]

　　[1]求賢殿：宮殿名。位於建康宮城中。在今江蘇南京市雞籠山南古臺城遺址内。

　　至德二年，乃於光昭殿前起臨春、結綺、望仙三閣，[1]高數十丈，[2]並數十間。其窗牖、壁帶、縣楣、欄檻之類，皆以沉檀香爲之，[3]又飾以金玉，間以珠翠，外施珠簾。内有寶床寶帳，其服玩之屬瑰麗，[4]皆近古未有。每微風暫至，香聞數里，朝日初照，光映後庭。其下積石爲山，引水爲池，植以奇樹，雜以花藥。後主自居臨春閣，張貴妃居結綺閣，龔、孔二貴嬪居望仙閣，並複道交相往來。又有王、季二美人，[5]張、薛二淑媛，袁昭儀、何婕妤、江脩容等七人，並有寵，遞代以游其上。以宫人有文學者袁大捨等爲女學士。[6]後主每引賓客對貴妃等游宴，則使諸貴人及女學士與狎客共賦新詩，[7]互相贈答。采其尤豔麗者，以爲曲調，被以新聲。選宫女有容色者以千百數，令習而歌之，分部迭進，持以相樂。其曲有《玉樹後庭花》《臨春樂》等。[8]其略云：“璧月夜夜滿，瓊樹朝朝新。”[9]大抵所歸，[10]皆美張貴妃、孔貴嬪之容色。

　　[1]光昭殿：宫殿名。又稱光照殿。位於建康宫城華林園中。在今江蘇南京市雞籠山南古臺城遺址内。　臨春、結綺、望仙三閣：並宫殿内閣名。位於華林園内天淵池東、光昭殿前。

　　[2]高數十丈：按，《陳書》卷七《張貴妃傳》、《建康實録》卷二〇無“十”字。《資治通鑑》卷一七六《陳紀十》、《通志》卷二〇與本書同。

　　[3]沉檀香：亦省作沉檀，指沉香木和檀木，二者均爲香木。

　　[4]服玩：指服飾和玩賞器物。

　　[5]季：按，《陳書·張貴妃傳》、《建康實録》卷二〇、《資治

通鑑》卷一七六《陳紀十》作“李”。

[6]女學士：後宮學官名。南朝陳後主置，以宮中有才學的嬪妃或宮女爲之。後世或沿置。

[7]狎客：謂陪伴權貴游樂、親暱且無禮節之人。此處指江總、陳暄、孔範、王瑗、沈客卿等人。

[8]《玉樹後庭花》：樂府歌曲名。陳後主於禎明初所作艷曲。其辭曰：“玉樹後庭花，花開不復久。”時人謂之歌讖，後人視爲亡國之音。 《臨春樂》：樂府歌曲名。言臨春閣之樂也。

[9]璧月夜夜滿，瓊樹朝朝新：《樂府詩集》卷四七引《大業拾遺記》：“璧月句，蓋江總辭也。”

[10]大抵：按，《陳書·張貴妃傳》作“大指”。

張貴妃髮長七尺，鬒黑如漆，[1]其光可鑑。特聰慧，有神彩，進止閑華，[2]容色端麗。[3]每瞻視眄睞，[4]光彩溢目，昭映左右。[5]嘗於閣上靚粧，臨于軒檻，宮中遥望，飄若神仙。才辯强記，善候人主顏色。薦諸宮女，[6]後宮咸德之，競言其善。又工厭魅之術，[7]假鬼道以惑後主。[8]置淫祀於宮中，[9]聚諸女巫使之鼓舞。[10]

[1]鬒（zhěn）黑：頭髮稠黑。鬒，稠髮。
[2]閑華：嫻雅而大方。《陳書》卷七《張貴妃傳》作“閑暇”。
[3]端麗：端莊美麗。
[4]瞻視：往上或往前看。即觀看、顧盼。 眄（miǎn）睞（lài）：謂環顧。眄，斜視。睞，旁視。
[5]昭：大德本、汲古閣本、殿本、百衲本作“照”。
[6]薦諸宮女：按，《陳書·張貴妃傳》此句上有“後主每引貴妃與賓客遊宴，貴妃”十三字，下有“預焉”二字。此十五字不當盡删。

［7］厭魅：亦作厭媚。指用迷信方法祈禱鬼神以迷惑或傷害他人。

［8］鬼道：謂邪門法術。

［9］淫祀：不合禮制的祭祀或妄濫之祭。《禮記·曲禮下》：“非其所祭而祭之，名曰淫祀。”

［10］女巫：按，《陳書·張貴妃傳》作“妖巫”。

時後主怠於政事，百司啓奏，並因宦者蔡臨兒、李善度進請，後主倚隱囊，[1]置張貴妃於膝上共決之。李、蔡所不能記者，貴妃並爲疏條，[2]無所遺脱。因參訪外事，人間有一言一事，貴妃必先知白之，由是益加寵異，冠絶後庭。而後宮之家，不遵法度，有絓於理者，但求恩於貴妃，[3]貴妃則令李、蔡先啓其事，而後從容爲言之。大臣有不從者，因而譖之，言無不聽。於是張、孔之權，[4]熏灼四方，内外宗族，多被引用，大臣執政，亦從風而靡。閹宦便佞之徒，内外交結，轉相引進。賄賂公行，賞罰無常，綱紀督亂矣。[5]及隋軍尅臺城，[6]貴妃與後主俱入井，[7]隋軍出之，晉王廣命斬之於青溪中。[8]

［1］蔡臨兒：按，《陳書》卷七《張貴妃傳》作“蔡脱兒”。隱囊：供人憑倚的軟囊。猶今之靠枕、靠褥。

［2］疏條：逐條陳述。按，《陳書·張貴妃傳》作“條疏”。

［3］有絓（guà）於理者，但求恩於貴妃：按，“絓”“恩”《陳書·張貴妃傳》作“挂”“哀”。絓，觸犯、妨礙。

［4］權：按，《陳書·張貴妃傳》作“勢”。

［5］綱紀：按，大德本、殿本、百衲本同，汲古閣本作“紀

綱”。

[6]臺城：城名。爲東晋、南朝臺省（政府的中樞機構）和宮殿所在地，故名。在今江蘇南京市雞籠山南、乾河沿北、北京東路蘭園西、魚市街和唱經樓東。

[7]井：即景陽井。又稱胭脂井、辱井。在今江蘇南京市雞籠山下。

[8]青溪中：按，大德本、汲古閣本、殿本、百衲本同，中華本據《通志》卷二〇於“中”下補一“橋”字。《陳書·張貴妃傳》作“晋王廣命斬貴妃，牓於青溪中橋”。青溪，水名。發源於今江蘇南京市鍾山西南，穿過今南京市東部流入秦淮河，長十餘里。今僅存注入秦淮河的一段。

論曰：[1]飲食男女，人之大欲存焉,[2]故聖人順于人情而爲之度。[3]王宮六列，士室二等，皆隨事升降，以立節文。[4]若夫義篤閨闈,[5]政刑邦國,[6]古先哲王有以之致化矣。[7]夫后妃專夕，配以德升，姬嬙並御，進非色幸，欲使情有覃被,[8]愛罔偏流，專貞内表，妖蠱外息，乃可以輔興君德，爕理陰政。[9]

[1]論曰：此篇史論兼采《宋書》《南齊書》《梁書》《陳書》四書，並略加改動。其中采自《宋書》最多，《南齊書》次之，《梁書》又次之，《陳書》最少。

[2]飲食男女，人之大欲存焉：語出《禮記·禮運》。意爲對吃喝與性的需求是人們共有的最普遍欲望。

[3]人情：按，《宋書》卷四一《后妃傳》作“民情”，本書避唐太宗李世民諱改。

[4]皆隨事升降，以立節文：按,《宋書·后妃傳》作“皆司事設防，典文曲立”。以立節文，謂制定禮儀使行之有度。

[5]閨閫：婦女所居内室。此處指後宫。

[6]政刑邦國：按，《宋書·后妃傳》作"化刑邦國"。政刑，政令與刑罰。《左傳》隱公十一年："政以治民，刑以正邪。"

[7]致化：施行教化，使國家在政治上安定清平。《宋書·后妃傳》作"致治"，本書避唐高宗李治諱改。

[8]覆被：普遍施及。

[9]輔興君德，變理陰政：按，《宋書·后妃傳》作"變理陰教，輔佐君德"。君德，謂君主的德行或恩德。陰政，指帝王後宫之事。

宋氏因晋之舊典，聘納有方，倪天作儷，[1]必四岳之後。[2]自元嘉以降，内職稍繁，[3]所選止於軍署，[4]徵引極乎厮皁，[5]非若晋氏采擇，濫及冠冕者焉。而愛止帷房，[6]權無外授，戚屬餼賚，[7]歲時不過肴漿，斯爲美矣。及文帝之傾惑潘嫗，[8]謀及婦人；[9]大明之淪没殷姬，[10]並后、匹嫡，[11]其爲喪敗，亦已甚矣。

[1]倪（qiàn）天：語本《詩·大雅·大明》："大邦有子，倪天之妹。"本爲贊頌文王所聘太姒之語，後以借指皇后、公主。倪，好比、如同。

[2]四岳：傳説堯舜時四方諸侯之長。此處指世家大族。

[3]内職：指嬪妃等在宫中所盡的職守。

[4]所選止於軍署：按，《宋書》卷四一《后妃傳》"所"上有"徒以"二字。

[5]厮皁：身份卑賤的差役。

[6]帷房：内室，閨房。

[7]戚屬：親戚、親屬。指母及妻之親屬，即外戚。　餼賚：饋賜食物。

[8]潘嫗：宋文帝寵妾潘淑妃。本書卷一一有傳。

[9]謀及婦人：語出《左傳》桓公十五年：“謀及婦人，宜其死也。”

[10]大明：南朝宋孝武帝劉駿年號（457—464）。此處借指宋孝武帝。 殷姬：宋孝武帝寵妾殷淑儀，追贈貴妃，謚宣。本書卷一一、《宋書》卷四一有傳。

[11]並后、匹嫡：語出《左傳》桓公十八年：“並后、匹嫡、兩政、耦國、亂之本也。”謂妾滕與王后並列，庶子地位同於嫡子。此處指宋孝武帝寵殷氏及其子劉子鸞逾禮。參本書卷一四《始平孝敬王子鸞傳》及《宋書》卷八○《始平孝敬王子鸞傳》。

齊氏孝、昭二后，[1]並有賢明之訓，惜乎早世，[2]不得母臨萬國。[3]有婦人焉，[4]空慕周典，[5]禎符顯瑞，[6]徒萃徽名。[7]高皇受命，宮禁貶約，[8]衣不文繡，色無紅采，永巷貧空，[9]有同素室。[10]武帝嗣位，運籍休平，[11]壽昌前興，鳳華晚構，[12]香柏文㰀，花梁繡柱，彫金鏤寶，照燭房帷，[13]趙瑟《吳趨》，[14]承閑奏曲，事由私蓄，[15]無損國儲。[16]明帝統業，矯情儉陋，奉己之制，[17]曾莫云改。東昏喪道，[18]侈風大扇，哲婦傾城，[19]同符殷、夏，可以垂誡，其在斯乎。

[1]齊氏孝、昭二后：齊宣帝孝皇后陳道止與齊高帝昭皇后劉智容。本書卷一一、《南齊書》卷二○並有傳。

[2]早世：猶言早死。

[3]母臨萬國：謂以母儀照臨天下。

[4]有婦人焉：語出《論語·泰伯》。本指周文王之妻太姒。此處謂孝、昭二后。

[5]周典：周代的典章制度。按，《南齊書》卷二○《皇后傳》

“典”作“興”。

[6]禎符：吉祥的符兆。

[7]徽名：美名。

[8]貶約：節約，節儉。

[9]永巷：宮中長巷。

[10]素室：猶寒門。

[11]休平：謂時世太平。

[12]壽昌前興，鳳華晚構：壽昌、鳳華，並宮殿名。南朝齊武帝時興建，在今江蘇南京市雞籠山南古臺城遺址内。

[13]照燭：按，《南齊書·皇后傳》作“頗用”。

[14]趙瑟：即瑟。因戰國時流行於趙國，澠池會上秦王又要趙王鼓瑟，故稱。事見《史記》卷八一《廉頗藺相如列傳》。 《吳趨》：《吳趨曲》的省稱。泛指吳地歌曲。崔豹《古今注·音樂》：“《吳趨曲》，吳人歌其地也。”

[15]私蓄：個人積蓄。

[16]國儲：國家儲藏。

[17]奉己之制：按，《南齊書·皇后傳》作“内奉宫業”。

[18]喪道：謂喪失禮義之道。

[19]哲婦傾城：語出《詩·大雅·瞻卬》：“哲夫成城，哲婦傾城。”鄭玄箋：“城，猶國也。”孔穎達疏：“若爲智多謀慮之婦人，則傾敗人之城國。”後因以成爲婦女秉權干政、傾覆邦國的諺語。

梁武志在約己，[1]示存宮掖，[2]雖貴嬪之徽華早著，[3]誕育元良，[4]唯見崇重，[5]無聞正位。[6]徐妃無行，其殲滅也，[7]宜哉。

[1]約己：約束自己。

[2]示存宮掖：指定令制後宫三夫人、九嬪、五職、三職及東

宮二職。見本書卷一一《后妃傳序》。

　　[3]貴嬪：按，《梁書》卷七《皇后傳》作"穆貴嬪"。"穆"乃梁武帝貴嬪丁令光謚，似不必删省。　　徽華：謂盛美的光華，亦以比喻美德。

　　[4]元良：太子的代稱。

　　[5]崇重：尊崇，尊重。

　　[6]正位：確定應有的地位。指立皇后之位。《後漢書》卷一〇上《皇后紀序》："后正位宮闈，同體天王。"

　　[7]其殲滅也：按，《梁書·皇后傳》作"自致殲滅"。

　　陳武撫兹歸運，[1]奄開帝業。若夫儷天作則，變隆王化，則宣太后其懿焉。[2]文、宣宮壼，[3]無聞於喪德；[4]後主嗣業，實敗于椒房，[5]既曰牝晨，亦唯家之索也。[6]

　　[1]歸運：指順時而至的天運。

　　[2]若夫儷天作則，變隆王化，則宣太后其懿焉：按，《陳書》卷七《皇后傳》"儷天作則"作"作儷天則"，"變隆"作"變贊"，"宣太后"下有"有"字。

　　[3]宮壼：帝王後宮。借指后妃。

　　[4]喪德：喪失道德品行的準則和規範。

　　[5]椒房：宮殿名。本西漢京師長安長樂宮内椒房殿的省稱。《文選》卷一班固《西都賦》："後宮則有掖庭椒房，后妃之室。"李善注引《三輔黃圖》："長樂宮有椒房殿。"亦泛指帝王後宮。

　　[6]既曰牝（pìn）晨，亦唯家之索也：牝，雌性鳥獸，此處指母雞。晨，司晨，即報曉。語本《尚書·牧誓》："牝雞無晨，牝雞之晨，惟家之索。"孔安國傳："索，盡也。喻婦人知外事，雌代雄鳴則家盡，婦奪夫政則國亡。"舊時多以比喻婦女掌權亂政，陰陽失調，必將導致家破國亡。

南史　卷一三

列傳第三

宋宗室及諸王上

長沙景王道憐　臨川烈武王道規 鮑昭[1]

營浦侯遵考 從子季連　武帝諸子

[1]昭：按，大德本、汲古閣本、殿本作"照"。本卷正文亦作"照"。底本誤，應據諸本改。

　　長沙景王道憐，[1]宋武帝中弟也。謝琰爲徐州，[2]命爲從事史。[3]武帝剋京城及平建鄴，[4]道憐常留侍太后，後以軍功封新渝縣男。從武帝征廣固，[5]所部獲慕容超，[6]以功改封竟陵縣公。及討司馬休之，[7]道憐監太尉留府事。江陵平，[8]爲驃騎將軍、開府儀同三司、荊州刺史，[9]護南蠻校尉，[10]加都督，[11]北府文武悉配之。[12]

　　[1]長沙景王道憐：按，中華本校勘記云："嚴可均輯《全宋

文》載《宋故散騎常侍護軍將軍臨澧侯劉使君墓誌》，‘道憐’作‘道鄰’；唐顔師古《匡謬正俗》據其家藏《宋高祖集》亦作‘道鄰’，謂‘史牒誤爲"憐"字，莫有知其本實’。按誌、集是。"

[2]謝琰：字瑗度，陳郡陽夏（今河南太康縣）人，謝安子。晋安帝隆安三年（399）孫恩起事，再攻會稽，琰爲會稽内史、都督五郡軍事，被孫恩擊殺。《晋書》卷七九有附傳。　徐州：州名。治彭城縣，在今江蘇徐州市。

[3]從事史：官名。州部屬吏。

[4]建鄴：即建康。在今江蘇南京市。

[5]廣固：城名。時爲南燕都城。在今山東青州市西北。

[6]慕容超：鮮卑族。十六國時南燕國主。在位六年（405—410）。《晋書》卷一二八有載記。

[7]司馬休之：字季預。東晋宗室。時爲荆州刺史。劉裕疑其有異志，攻之，投奔後秦。《晋書》卷三七有附傳。

[8]江陵：縣名。治所在今湖北荆州市荆州區。亦爲荆州及南郡治所。

[9]驃騎將軍：官名。東晋、南朝時居諸名號將軍之首，僅作爲軍府名號，加授大臣或重要州郡長官。晋二品。　開府儀同三司：官名。爲大臣加號，指禮制、待遇與三公相同，許開設府署，自辟僚屬。係給非三公官員以三公待遇。

[10]南蠻校尉：官名。東晋立府於江陵，統兵。掌荆州及江州少數民族事務。晋四品。

[11]都督：官名。地方軍政長官。魏晋以後，都督諸州軍事多兼任駐地州刺史，爲該地區的軍政長官。分使持節、持節、假節三種，職權各有不同。

[12]北府：駐在京口（今江蘇鎮江市）、廣陵（今江蘇揚州市）的軍府。

道憐素無才能，言音甚楚，[1]舉止多諸鄙拙，畜聚常若不足。去鎮日，府庫爲空。徵拜司空、徐兗二州刺史，[2]加都督，出鎮京口。武帝受命，遷太尉，[3]封長沙王。[4]

[1]楚：有不文雅之意，粗俗。

[2]司空：官名。三公之一，爲名譽宰相，多爲重臣加官。晋一品。　徐兗二州：雙頭州名。東晋或治廣陵縣，或治京口城。此時治京口城，在今江蘇鎮江市。

[3]太尉：官名。三公之一，爲名譽宰相，多爲重臣加官。宋一品。

[4]長沙王：封爵名。長沙，郡名。治臨湘縣，在今湖南長沙市。

先是，廬陵王義真爲楊州刺史，[1]太后謂上曰："道憐汝布衣兄弟，宜用爲楊州。"上曰："寄奴於道憐，[2]豈有所惜。楊州根本所寄，事務至重，非道憐所了。"[3]太后曰："道憐年五十，豈不如十歲兒邪？"[4]上曰："車士雖爲刺史，事無大小，皆由寄奴。道憐年長，不親其事，於聽望不足。"太后乃無言，竟不授。

[1]楊州刺史：官名。東晋、南朝時，揚州刺史往往由宰相兼領，其職權甚至重於尚書令和尚書僕射。楊州，州名。即揚州。治建康縣，在今江蘇南京市。

[2]寄奴：爲宋武帝小字。此在母前，故自稱之。

[3]了：解決，處理好。

[4]兒：按，百衲本、中華本及《宋書》卷五一《長沙景王道

憐傳》同，大德本、汲古閣本、殿本作"子"。

　　永初三年薨，[1]加贈太傅，[2]葬禮依晉太宰安平王孚故事，鸞路九旒，[3]黃屋左纛，[4]輼輬車，[5]挽歌二部，[6]前後羽葆、鼓吹，[7]武賁班劍百人。[8]文帝元嘉九年，[9]詔故太傅長沙景王、故大司馬臨川烈武王、故司徒南康文宣公劉穆之、開府儀同三司華容縣公王弘、開府儀同三司永脩縣公檀道濟、故青州刺史龍陽縣公王鎮惡，[10]並勒功天府，配祭廟庭。

　　[1]永初：南朝宋武帝劉裕年號（420—422）。

　　[2]太傅：官名。南朝時太傅多用作贈官，名義尊崇而實無職事，多用以安置元老勳臣。宋一品。

　　[3]鸞路九旒：車名。帝王所乘，上插九旒旗。亦可賜給親信重臣。按，大德本、汲古閣本、殿本、百衲本同，中華本改作"鸞輅九旒"，其校勘記云："'鸞輅'各本作'鸞路'。按《晋書‧宗室‧安平獻王孚傳》：'給鸞輅輕車。'《南齊書‧輿服志》'黃屋車，建碧旂九旒'，本注：'九旒，鸞輅也。'路輅古今字，今改作'輅'。"

　　[4]黃屋左纛：指皇帝的乘輿。因用黃繒做車蓋的裏子，以犛牛尾或雉尾製成飾物設在車衡左邊，故名。

　　[5]輼輬車：喪車。晋制唯有皇帝、皇后及諸王、大臣加殊禮者，出葬可用之。

　　[6]挽歌：古人送葬，執紼挽喪車前行者所唱哀悼之歌。

　　[7]羽葆：儀仗中用鳥羽聯綴裝飾的車蓋。葆，蓋。　鼓吹：演奏鼓吹樂的樂隊，爲皇帝賜予臣下的一種禮遇。

　　[8]武賁：即虎賁。本書避唐高祖李淵祖父李虎諱改。虎賁，

武士。　班劍：飾有花紋的木劍。漢制，朝服帶劍。至晋代之以木，謂之班劍，虎賁持之，用作儀仗，是皇帝對王公大臣的一種恩賜。

[9]元嘉：南朝宋文帝劉義隆年號（424—453）。

[10]劉穆之：字道和，小字道民，東莞莒（今山東莒縣）人，世居京口（今江蘇鎮江市）。建謀畫策，甚爲劉裕所倚重。本書卷一五、《宋書》卷四二有傳。　王弘：字休元，琅邪臨沂（今山東臨沂市）人。琅邪王氏代表人物。本書卷二一、《宋書》卷四二有傳。　檀道濟：高平金鄉（今山東嘉祥縣）人。南朝宋名將。文帝元嘉十三年爲彭城王劉義康所忌，被殺。本書卷一五、《宋書》卷四三有傳。　龍陽縣公：按，大德本、汲古閣本、殿本、百衲本同，中華本改作“龍陽縣侯”，其校勘記云：“‘龍陽縣侯’各本作‘龍陽縣公’。按《宋文帝紀》及本傳並作‘龍陽縣侯’，今據改。”所説是。　王鎮惡：北海劇（今山東壽光市）人。前秦相王猛之孫。爲劉裕部將，晋安帝義熙十二年（416）北伐後秦，率部先攻入長安。性貪財聚斂，居功自傲，爲諸將忌殺。宋朝建立，追謚壯侯。本書卷一六、《宋書》卷四五有傳。

　　道憐子義欣嗣，位豫州刺史，[1]鎮壽陽，境内畏服，道不拾遺，遂爲盛藩强鎮。薨，[2]贈開府儀同三司，謚曰成王。

[1]豫州：僑州名。東晋安帝義熙十二年（416）後常治壽春縣，在今安徽壽縣。

[2]薨：古代稱諸侯或有爵位的大官去世。《禮記·曲禮下》：“天子死曰崩，諸侯曰薨。”

　　子悼王瑾嗣，傳爵至子，齊受禪，國除。

瑾弟韞字彥文，位雍州刺史，[1]侍中，[2]領右衛將軍，[3]領軍將軍。[4]昇明二年，[5]被齊高帝誅。韞人才凡鄙，特爲明帝所寵。在湘州、雍州，[6]使善畫者圖其出行鹵簿羽儀，常自披翫。嘗以圖示征西將軍蔡興宗，[7]興宗戲之，陽若不解畫者，指韞形問之曰："此何人而在輿?"韞曰："政是我。"[8]其庸底類如此。[9]

[1]雍州：僑州名。治襄陽縣，在今湖北襄陽市。

[2]侍中：官名。門下省長官。參預機密政務。掌規諫及賓贊威儀。乃至封駁、平省尚書奏事等。宋三品。

[3]右衛將軍：官名。掌宮廷宿衛營兵，位在左衛將軍下。宋四品。

[4]領軍將軍：官名。南朝時掌禁衛軍及京都諸軍，爲禁衛軍最高統帥。資深者稱領軍將軍，資淺者爲中領軍。宋三品。

[5]昇明：南朝宋順帝劉準年號（477—479）。 二年：按，大德本、汲古閣本、殿本、百衲本同，中華本據《宋書》卷一〇《順帝紀》改"二年"作"元年"。

[6]湘州：州名。治臨湘縣，在今湖南長沙市。

[7]蔡興宗：濟陽考城（今河南民權縣）人，蔡廓子。士族出身。明晰事理，性格剛直。本書卷二九、《宋書》卷五七有附傳。

[8]政：通"正"。祇，僅僅。

[9]底：按，大德本、汲古閣本、百衲本同，殿本作"邸"。

韞弟述字彥思，亦甚庸劣。從子俣疾危篤，父彥節母蕭對之泣，述嘗候之，便命左右取酒肉令俣進之，[1]皆莫知其意。或問焉，答曰："禮云，有疾飲酒食肉。"述又嘗新有緦慘，[2]或詣之，問其母安否。述曰："唯有

愁惛。"次訪其子，對曰："所謂父子聚麀。"[3]蓋謂麀
爲憂也。

[1]命：按，大德本、殿本、百衲本同，汲古閣本作"令"。

[2]緦慘：謂緦服之痛。即緦麻服。多指關係較遠的族親。

[3]聚麀（yōu）：《禮記·曲禮上》："夫唯禽獸無禮，故父子
聚麀。"後以指兩代的亂倫行爲。

義欣弟義融封桂陽縣侯，邑千户。凡王子爲侯，食
邑皆千户。義融位五兵尚書，[1]領軍，有質幹，善於用
短。[2]卒謚恭侯。子孝侯覬嗣，無子，弟襲以子晃繼。
襲字茂德，性庸鄙，爲郢州刺史，[3]暑月露褌上聽事，
時網紀政伏閣，[4]怪之，訪問乃知是襲。

[1]五兵尚書：官名。主管全國軍事行政。宋三品。隋以後改
置兵部尚書。

[2]善於用短：按，大德本、汲古閣本、殿本、百衲本同，中
華本據《宋書》卷五一《劉義融傳》補作"善於用短楯"。

[3]郢州：州名。治夏口城，在今湖北武漢市武昌區。

[4]網紀：大德本、汲古閣本、殿本、百衲本作"綱紀"。底
本誤，應據諸本改。綱紀，州郡綜理府事之吏。指別駕、主簿、治
中等。地位較高。

義融弟義宗，幼爲武帝所愛，字曰伯奴，封新渝縣
侯，位太子左衛率。[1]坐門生杜德靈放橫打人，入義宗
第蔽隱，免官。德靈以姿色，故義宗愛寵之。義宗卒於
南兖州刺史，[2]謚曰惠侯。子懷珍嗣，無子，弟彥節以

子承繼。

[1]太子左衛率：官名。掌東宮護衛。宋五品。

[2]南兗州：州名。東晋僑立兗州，宋時改爲南兗州，初治京口，在今江蘇鎮江市。宋文帝元嘉八年（431）移治廣陵縣，在今江蘇揚州市西北蜀岡上。

彦節少以宗室清謹見知，[1]孝武時，其弟遐坐通嫡母殷氏養女雲敷，殷每禁之。及殷亡，口血出，衆疑遐行毒害。孝武使彦節從弟祗諷彦節啓證其事。彦節曰："行路之人尚不應爾，今日乃可一門同盡，無容奉敕。"[2]衆以此稱之。後廢帝即位，累遷尚書左僕射，[3]參選。元徽元年，[4]領吏部，加兵五百人。桂陽王休範爲逆，[5]中領軍劉勔出守石頭，[6]彦節權兼領軍將軍，所給加兵，自隨入殿。封當陽侯，與齊高帝、袁粲、褚彦回分日入直，[7]平決機事，遷中書令，[8]加撫軍將軍。[9]及帝廢爲蒼梧王，彦節出集議，於路逢從弟韞。韞問曰："今日之事，故當歸兄邪？"彦節曰："吾等已讓領軍矣。"韞搥胷曰："兄肉中詎有血邪，今年族矣。"齊高帝聞而惡之。順帝即位，轉尚書令。[10]時齊高帝輔政，彦節知運祚將遷，密懷異圖。及沈攸之舉兵，[11]齊高入屯朝堂，袁粲鎮石頭，潛與彦節及諸大將黄回等謀夜會石頭，[12]詰旦乃發。彦節素怯，騷擾不自安。再晡後，便自丹楊郡車載婦女，盡室奔石頭。臨去，婦蕭氏強勸令食，彦節歠羹寫胷中，[13]手振不自禁。[14]其主簿丁靈衛聞難即入，語左右曰："今日之事，難以取濟。

但我受劉公厚恩，義無二情。"及至見粲，粲驚曰："何遽便來，事今敗矣。"彥節曰："今得見公，萬死何恨。"從弟韞直省內，與直閤將軍卜伯興謀其夜共攻齊高帝，[15]會彥節事覺，秣陵令劉寶、建康令劉遐密告齊高帝，[16]高帝夜使驍騎將軍王敬則收殺之，[17]伯興亦遇害。粲敗，彥節踰城走，於額檐湖見禽被殺。彥節子俁嘗賦詩云："城上草，植根非不高，所恨風霜早。"時咸云此爲祅句。事敗，俁與弟陔剃髮被法服向京口，於客舍爲人識，執於建康獄盡殺之。彥節既貴，士子自非三署不得上方榻，時人以此少之。其妻蕭思話女也，[18]常懼禍敗，每謂曰："君富貴已足，故應爲兒作計。"[19]彥節不從，故及禍。

[1]彥節：劉秉。字彥節。《宋書》卷五一《宗室傳》作"劉秉"，"秉"與"昞"同音，本書避唐高祖李淵父李昞諱以字行。劉秉是劉道憐孫，以宗室居顯職。時蕭道成輔政，秉密與袁粲等舉兵誅道成，事敗被殺。

[2]敕：皇帝的命令。

[3]尚書左僕射：官名。尚書省次官，令不在，則代理其職。左僕射位在右僕射上。輔助尚書令執行政務，參議大政，諫諍得失，監察糾彈百官，還可封還詔旨，常受命主管官吏選舉。宋三品。

[4]元徽：南朝宋後廢帝劉昱年號（473—477）。

[5]桂陽王休範：劉休範。宋文帝第十八子。本書卷一四、《宋書》卷七九有傳。

[6]劉勔：字伯猷，彭城（今江蘇徐州市）人。本書卷三九、《宋書》卷八六有傳。　石頭：城名。在今江蘇南京市清涼山。六

朝時，江流緊迫山麓，城負山面江，南臨秦淮河口，當交通要衝，爲建康軍事重鎮。

[7]袁粲：又名愍孫，字景倩，陳郡陽夏（今河南太康縣）人。宋明帝死，爲顧命大臣。順帝時，遷至中書監、司徒。時執政蕭道成欲代宋自立，袁粲與荆州刺史沈攸之等謀起兵誅道成，事泄被殺。本書卷二六有附傳，《宋書》卷八九有傳。　褚彦回：褚淵。字彦回，此避唐高祖李淵諱以字行，河南陽翟（今河南禹州市）人。宋明帝泰豫元年（472），受帝遺命，與尚書令袁粲同輔蒼梧王（後廢帝）。後又背袁粲助蕭道成代宋建齊。本書卷二八有附傳，《南齊書》卷二三有傳。

[8]中書令：官名。中書省長官之一，典尚書奏事，掌朝政機密，出納詔命。南朝時中書令清閑無事，多用作重臣加官。宋三品。

[9]撫軍將軍：官名。南朝宋時，與中軍將軍、鎮軍將軍位比四鎮將軍。宋三品。

[10]尚書令：官名。南朝爲尚書省長官，綜理全國政務，參議大政。宋三品。

[11]沈攸之：字仲達，吳興武康（今浙江德清縣）人。蕭道成專政，起兵反道成，兵敗而死。本書卷三七有附傳，《宋書》卷七四有傳。

[12]黄回：竟陵郡（今湖北鍾祥市）人。軍戶出身。蕭道成以其終不附己，殺之。本書卷四〇、《宋書》卷八三有傳。

[13]歠（chuò）：飲，喝。　寫：同“瀉”。

[14]不：按，汲古閣本、百衲本同，大德本、殿本作“衣”。

[15]直閣將軍：官名。南朝置。掌警衛宮廷，出入省閣，侍衛皇帝。宋四品至五六品（參見張金龍《魏晉南北朝禁衛武官制度研究》，中華書局2004年版）。

[16]秣陵：縣名。治所在今江蘇南京市。按，秣陵爲京邑二縣之一。所轄秦淮河南岸平原一帶。　建康：縣名。治所在今江蘇南

京市。按，建康亦爲京邑二縣之一。所轄秦淮河北岸一帶。清王懋竑《讀書記疑》卷八云："秣陵令劉實、建康令劉遐密告齊高帝，而彥節弟亦名遐。是同時有兩劉遐也。秣陵令劉實、建康令劉遐，《宋書》不載。"

[17]驍騎將軍：官名。東晋、南朝與領軍、護軍、左右衛、游擊諸將軍合稱六軍，在皇宮領兵宿衛，是護衛皇帝宮廷的主要將領之一。宋四品。　王敬則：臨淮射陽（今江蘇寶應縣）人，僑居晋陵南沙（今江蘇常熟市）。以屠狗爲業，母爲女巫。齊國建立，歷任重職，官至開府儀同三司。後遭齊明帝疑忌，起兵敗死。本書卷四五、《南齊書》卷二六有傳。

[18]蕭思話：南蘭陵（今江蘇常州市武進區）人。宋孝懿蕭皇后侄。官至郢州刺史。本書卷一八、《宋書》卷七八有傳。

[19]作計：打算。

彥節弟遐字彥道，爲嫡母殷暴亡，有司糾之，徙始安郡。[1]後得還，位吳郡太守，[2]至是亦見誅。遐人才甚凡，自諱名有同至諱，[3]常對客曰："孝武無道，見枉殺母。"[4]其頑騃若此。及彥節當權，遐累求方伯。彥節曰："我在事，而用汝作州，於聽望不足。"遐曰："富貴則言不可相關，從坐之日得免不？"至是果死。

[1]始安：郡名。治始安縣，在今廣西桂林市。

[2]吳郡：郡名。治吳縣，在今江蘇蘇州市。

[3]至：按，大德本、百衲本同，汲古閣本、殿本作"主"，汲古閣本"主"下有小字注"一作至"。

[4]見枉殺母：按，《宋書》卷五一《劉遐傳》作"枉我殺母"。

義宗弟義賓，封興安侯，位徐州刺史。卒，諡曰肅侯。義賓弟義綦，封營道縣侯，[1]凡鄙無識。始興王濬嘗謂曰：[2]"陸士衡詩云，[3]'營道無烈心'，其何意苦阿父如此。"義綦曰："下官初不識士衡，何忽見苦。"其庸塞皆然。位湘州刺史，諡僖侯。

[1]營道縣侯：封爵名。營道，縣名。治所在今湖南寧遠縣東南。

[2]始興王濬：劉濬。宋文帝第二子。與太子劭共弒文帝。本書卷一四、《宋書》卷九九有傳。

[3]陸士衡：陸機。字士衡。西晉文學家。《晉書》卷五四有傳。

臨川烈武王道規字道則，武帝少弟也。倜儻有大志，預謀誅桓玄。[1]時桓弘鎮廣陵，[2]以爲征虜中兵參軍。武帝剋京城，[3]道規亦以其日與劉毅、孟昶斬弘。[4]玄敗走，道規與劉毅、何無忌追破之。[5]無忌欲乘勝追玄直造江陵。[6]道規曰："諸桓世居西楚，群小皆爲竭力；桓振勇冠三軍。[7]且可頓兵以計策縻之。"無忌不從，果爲振敗。乃退還尋陽，[8]繕舟甲復進，遂平巴陵。[9]江陵之平，道規推毅爲元功，無忌爲次，自居其末。以起義勳，封華容縣公，累遷領護南蠻校尉、荊州史，[10]加都督。善於刑政，士庶畏而愛之。

[1]桓玄：字敬道，譙國龍亢（今安徽懷遠縣）人，桓温子。《晉書》卷九九有傳。

[2]桓弘：譙國龍亢（今安徽懷遠縣），桓沖子，桓脩弟。事見《晋書》卷七四《桓沖傳》。　廣陵：郡名。治廣陵縣，在今江蘇揚州市西北蜀岡上。

[3]京城：即京口，在今江蘇鎮江市。東漢末、三國吳時稱爲京城。

[4]劉毅：字希樂，彭城沛（今江蘇沛縣）人。京口起兵推翻桓玄後，名位僅次於劉裕。後任荆州刺史，與劉裕對抗，兵敗自殺。《晋書》卷八五有傳。　孟昶：字彦達，城陽平昌（今山東諸城市）。桓玄稱帝，與劉裕起兵討之，盡散家財以供軍糧。拜丹陽尹，累遷吏部尚書、尚書右僕射。晋安帝義熙六年（410）盧循起事，晋軍累敗，遂自殺。事見《晋書》卷一〇《安帝紀》、《宋書》卷一《武帝紀上》等。

[5]何無忌：東海郯（今山東郯城縣）人，劉牢之外甥。與劉裕起兵討桓玄，任江州刺史。盧循攻建康，舟艦順流而下，領兵拒戰，失利被殺。《晋書》卷八五有傳。

[6]無忌欲乘勝追玄直造江陵：按，大德本、汲古閣本、殿本、百衲本同，中華本删“追玄”二字，其校勘記云：“‘乘勝’下各本衍‘追玄’二字，據《宋書》删。按《宋書》云：玄單舸走江陵，欲入蜀，爲馮遷所殺，此即上‘玄敗走’之事。道規等軍阻風不能進，乃攻破桓謙於馬頭；攻破桓蔚於寵洲，此即上‘道規與劉毅、何無忌追破之’之事。桓玄死，桓謙破，桓謙、桓振復據江陵，故‘無忌欲乘勝直造江陵’。《宋書》此處無‘追玄’二字，得其實。”所説是。

[7]桓振：字道全，桓石虔子，桓玄侄。《晋書》卷七四有附傳。

[8]尋陽：郡名。治柴桑縣，在今江西九江市西南。

[9]巴陵：縣名。治所在今湖南岳陽市。

[10]荆州史：按，大德本、汲古閣本、殿本、百衲本作“荆州刺史”。底本脱字，應據諸本補。

　　盧循寇逼建鄴，[1]道規遣司馬王鎮之及揚武將軍檀道濟、廣武將軍到彥之等赴援朝廷，[2]至尋陽，爲循黨荀林所破。林乘勝伐江陵，聲言徐道覆已剋建鄴。[3]而桓謙自長安入蜀，[4]譙縱以謙爲荆州刺史，[5]與其大將譙道福俱寇江陵。道規乃會將士告之曰："吾東來文武足以濟事，欲去者不禁。"因夜開城門，衆咸憚服，莫有去者。雍州刺史魯宗之自襄陽來赴，[6]或謂宗之未可測。道規乃單車迎之，衆咸感悦。衆議欲使檀道濟、到彥之共擊荀林等。[7]道規曰："非吾自行不決。"乃使宗之居守，委以心腹，率諸將大敗謙，斬之。諮議劉遵追荀林，斬之巴陵。初，謙至枝江，[8]江陵士庶皆與謙書，言城内虛實。道規一皆焚燒，衆乃大安。

　　[1]盧循：字于先，小名元龍，范陽涿（今河北涿州市）人，孫恩妹夫。《晋書》卷一〇〇有傳。

　　[2]王鎮之：字伯重，琅邪臨沂（今山東臨沂市）人。本書卷二四、《宋書》卷九二有傳。　　到彥之：字道豫，彭城武原（今江蘇邳州市）人。本書卷二五有傳。

　　[3]徐道覆：盧循姊夫。後勸盧循襲取建康，大舉攻晋。兵敗後逃至始興被殺。事見《晋書·盧循傳》。

　　[4]桓謙：譙國龍亢（今安徽懷遠縣）人，桓沖子。《晋書》卷七四有附傳。

　　[5]譙縱：巴西南充（今四川南充市）人。晋安帝義熙元年（405），攻殺益州刺史毛璩，稱成都王。義熙九年，劉裕發兵攻蜀，縱兵敗自縊而死。《晋書》卷一〇〇有傳。

　　[6]魯宗之：扶風郿（今陝西眉縣）人，魯爽祖父。事見本書卷四〇、《宋書》卷七四《魯爽傳》。

〔7〕苟林：按，《資治通鑑》卷一一五《晉紀三十七》安帝義熙六年作"苟林"。

〔8〕枝江：縣名。治所在今湖北枝江市西南。

　　徐道覆奄至破冢，[1]魯宗之已還襄陽，人情大震。或傳循已剋都，遣道覆上爲刺史。江、漢士庶感其焚書之恩，無復二志。道規使劉遵爲游軍，拒道覆，[2]前驅失利。道規壯氣愈厲，遵自外橫擊，大破之。初使遵爲游軍，衆咸言不宜割見力置無用之地。及破道覆，果得游軍之力，衆乃服焉。遵字慧明，[3]淮南海西人，[4]道規從母兄也，位淮南太守，追封監利縣侯。

〔1〕破冢：地名。在今湖北荆州市荆州區東南長江東岸。

〔2〕拒道覆：按，大德本、汲古閣本、殿本、百衲本同，中華本據《宋書》卷五一《臨川烈武王道規傳》改作"自拒道覆"。

〔3〕慧：按，大德本、殿本、百衲本同，汲古閣本作"惠"。

〔4〕淮南：按，大德本、汲古閣本、殿本、百衲本同，中華本改作"臨淮"，其校勘記云："'臨淮'各本作'淮南'。按《宋書·州郡志》，臨淮屬縣有海西，據《宋書》改。"淮南，僑郡名。治所在今安徽蕪湖市。

　　道規進號征西大將軍、開府儀同三司，改授豫州，以疾不拜。義熙八年薨于都，[1]贈司徒，謚曰烈武，進封南郡公。武帝受命，贈大司馬，追封臨川王。無子，以長沙景王第二子義慶嗣。初，文帝少爲道規所養，武帝命紹焉。咸以禮無二繼，文帝還本，而定義慶爲後。義慶爲荆州，廟主當隨往江陵，文帝下詔褒美勳德及慈蔭之重，追崇丞相，加殊禮，鸞路九旒，黃屋左纛，給節鉞，前後部羽葆、鼓吹，武賁班劍百人。及長沙太妃檀氏、臨川太妃曹氏後薨，葬皆準給。

[1]義熙：東晉安帝司馬德宗年號（405—418）。

義慶幼爲武帝所知，年十三襲封南郡公。永初元年，襲封臨川王。元嘉中爲丹楊尹。[1]有百姓黃初妻趙殺子婦遇赦，應避孫讎。義慶議以爲“周禮父母之仇，避之海外，蓋以莫大之冤，理不可奪。至於骨肉相殘，當求之法外。禮有過失之宥，律無讎祖之文。況趙之縱暴，本由於酒，論心即實，事盡荒耄。豈得以荒耄之王母，等行路之深讎，宜共天同域，無虧孝道”。六年，加尚書左僕射。八年，太白犯左執法，[2]義慶懼有災禍，乞外鎮。文帝詔諭之，以爲“玄象茫昧，左執法嘗有變，王光禄至今平安。[3]日蝕三朝，天下之至忌，晉孝武初有此異。彼庸主耳，猶竟無他”。義慶固求解僕射，乃許之。

[1]丹楊尹：官名。京畿行政長官，屬於既機要又顯貴之職。宋三品。丹楊，郡名。即丹陽。治建康縣，在今江蘇南京市。

[2]太白犯左執法：指出現金星與左執法很接近的星象。太白，星名。即金星。左執法，星名。位於太微垣之南。

[3]王光禄：王裕之。字敬弘，琅邪臨沂（今山東臨沂市）人。宋文帝元嘉年間，歷尚書僕射、尚書令。於公務漠不關心。本書卷二四、《宋書》卷六六有傳。

九年，出爲平西將軍、荆州刺史，加都督。荆州居上流之重，資實兵甲居朝廷之半，故武帝諸子徧居之。義慶以宗室令美，故特有此授。性謙虛，始至及去鎮，迎送物並不受。[1]十二年，普使内外群臣舉士，義慶表舉前臨汝令新野庾實、前徵奉朝請武陵龔祈、處士南郡師覺授。[2]義慶留心撫物，州統内官長親老不隨在官舍者，一年聽三吏餉家。先是，王弘爲江州，[3]亦有此制。在州八年，爲西土所安。撰《徐州先賢傳》十卷奏上之。[4]又擬班固典引爲典叙，以述皇代之美。

[1]迎送物：高敏《南北史掇瑣》云：“送故之制在東晋、南朝很重要，送迎同樣有物資贈送，故曰‘迎送物’。”（中州古籍出版社2003年版，第79頁）

[2]“義慶表舉前臨汝令新野庾實”至“處士南郡師覺授”：按，大德本、汲古閣本、殿本、百衲本同，中華本改“臨汝”作“臨沮”，“南郡”作“南陽”，其校勘記云：“‘臨沮’‘南陽’各本作‘臨汝’‘南郡’。據《宋書》及《宋書·宗炳傳》改。按本書《孝義·師覺授傳》亦云‘南陽涅縣人’。”

[3]爲：百衲本及《宋書》卷五一《劉義慶傳》同，大德本、汲古閣本、殿本作“在”。

[4]《徐州先賢傳》十卷：《隋書·經籍志二》史部雜傳類著録劉義慶撰《徐州先賢傳贊》九卷。又載劉義慶撰《宣驗記》十三卷。

改授江州，[1]又遷南兖州刺史，並帶都督。尋即本號加開府儀同三司。性簡素，寡嗜慾，愛好文義，文辭雖不多，[2]足爲宗室之表。歷任無浮淫之過；唯晚節奉沙門頗致費損。少善騎乘，及長，不復跨馬，[3]招聚才學之士，遠近必至。太尉袁淑文冠當時，[4]義慶在江州請爲衛軍諮議。其餘吳郡陸展、東海何長瑜、鮑照等，[5]並有辭章之美，引爲佐吏國臣。[6]所著《世説》十卷，[7]撰《集林》二百卷，並行於世。文帝每與義慶書，常加意斟酌。

[1]江州：州名。治柴桑縣，在今江西九江市西南。

[2]文辭雖不多：《隋書・經籍志四》集部別集類著録《宋臨川王義慶集》八卷。

[3]不復跨馬：劉義慶唯恐政治上遭猜忌，不敢復跨馬馳騁，遂轉而召聚文學之士，游心於著述（參見周一良《魏晋南北朝史札記》，中華書局1985年版，第159頁）。

[4]太尉：袁淑的太尉爲贈官。　袁淑：字陽源，陳郡陽夏（今河南太康縣）人。歷任宣城太守、尚書吏部郎、御史中丞、太子左衛率。太子劉劭將弑宋文帝，不從被殺。孝武帝即位，贈太尉。本書卷二六有附傳，《宋書》卷七〇有傳。

[5]陸展：吳郡吳（今江蘇蘇州市）人。後爲臧質車騎長史，尋陽太守，質敗被殺。　何長瑜：東海（今山東郯城縣）人。與謝靈運爲山澤四友。後自國侍郎至平西記室參軍。

[6]佐吏：按，《宋書》卷五一《劉義慶傳》作“佐史”。

[7]《世説》：即《世説新語》。劉義慶召集文士何長瑜、鮑照等撰成。《隋書・經籍志三》《舊唐書・經籍志下》《新唐書・藝文志三》等皆作“《世説》”。宋代以降，此書經晏殊删定以後，便通稱《世説新語》。

鮑照字明遠，東海人，[1]文辭贍逸。嘗爲古樂府，文甚遒麗。元嘉中，河濟俱清，當時以爲美瑞。照爲《河清頌》，[2]其序甚工。照始嘗謁義慶未見知，欲貢詩言志，人止之曰："卿位尚卑，[3]不可輕忤大王。"照勃然曰："千載上有英才異士沈没而不聞者，安可數哉。大丈夫豈可遂蘊智能，使蘭艾不辨，[4]終日碌碌，與燕雀相隨乎。"於是奏詩，義慶奇之。賜帛二十疋，尋擢爲國侍郎，[5]甚見知賞。遷秣陵令。文帝以爲中書舍人。[6]上好文章，[7]自謂人莫能及，照悟其旨，爲文章多鄙言累句。咸謂照才盡，實不然也。臨海王子頊爲荆州，[8]照爲前軍參軍，掌書記之任。子頊敗，爲亂兵所殺。

[1]東海：郡名。治郯縣，在今山東郯城縣。

[2]《河清頌》：載於《鮑照集》。《隋書·經籍志四》集部別集類著録宋征虜記室參軍《鮑照集》十卷。

[3]卿：按，百衲本同，大德本、汲古閣本、殿本作"郎"。

[4]辨：按，大德本、汲古閣本、百衲本同，殿本作"辯"。

[5]國侍郎：官名。即王國侍郎。掌贊相威儀，通傳教令。宋八品。

[6]文帝以爲中書舍人：中華本校勘記云："'文帝'《宋書》作'世祖'，乃孝武帝。錢大昕《廿二史考異》：'按鮑照爲中書舍人在孝武時（見《恩倖傳》），此云文帝者誤也。'"中書舍人，官名。中書省屬官。南朝諸帝引用寒門人士，入直禁中。出納詔命，處理機密而權力漸重，架空了中書省長官。宋八品（參見周一良《魏晉南北朝史札記》，第146頁）。

[7]上好文章：按，《宋書》卷五一《鮑照傳》作"上好爲文章"。

[8]臨海王子頊：劉子頊。字孝烈（《宋書》作"孝列"），宋孝武帝第七子。本書卷一四、《宋書》八〇有傳。

義慶在廣陵有疾，而白虹貫城，野麕入府，[1]心甚惡之。因陳求還，文帝許解州，以本號還朝。二十一年，薨于都下，追贈司空，謚曰康王。子哀王曇嗣，爲元凶所殺。[2]曇子綽嗣，昇明三年見殺，國除。

[1]麕：同"麇"。即獐子。
[2]元凶：指劉劭。字休遠，宋文帝太子。本書卷一四、《宋書》卷九九有傳。

營浦侯遵考，武帝族弟也。曾祖淳，皇曾祖武原令混之弟，位正員郎。祖巖，海西令。父涓子，彭城內史。[1]始武帝諸子並弱，宗室唯有遵考。及北伐平定，以爲并州刺史，[2]領河東太守，鎮蒲坂。[3]關中失守，南還，再遷冠軍將軍。[4]晉帝遜位，居秣陵宮，遵考領兵防衛。武帝初即位，封營浦縣侯。元嘉中，累遷寧蠻校尉、雍州刺史，加都督。爲政嚴暴，聚斂無節，爲有司所糾，上寢不問。孝武大明中，[5]位尚書左僕射，領崇憲太僕。[6]後老疾失明。元徽元年卒，贈左光禄大夫、開府儀同三司，謚曰元公。

[1]彭城：郡名。治彭城縣，在今江蘇徐州市。 內史：官名。掌民政，相當於郡太守。
[2]并州：《宋書·州郡志》不載此州。錢大昕《廿二史考異》

卷三五云："以其暫置而旋失也。"

[3]蒲坂：縣名。亦作蒲阪。治所在今山西永濟市蒲州鎮。

[4]冠軍將軍：官名。將軍名號。晋三品。

[5]大明：南朝宋孝武帝劉駿年號（457—464）。

[6]領：兼任。　崇憲太僕：官名。爲太后三卿之一，地位與九卿相當。按，宋孝武帝母路太后宫曰崇憲。

　　子澄之，昇明末貴達。澄之弟琨之爲竟陵王誕司空主簿。[1]誕有寶琴，左右犯其徽，誕罰焉。琨之諫，誕曰："此余寶也。"琨之曰："前哲以善人爲寶，不以珠玉爲寶，故王孫圉稱觀父爲楚國之寶。[2]未聞以琴瑟爲寶。"誕忸然不悦。誕之叛，以爲中兵參軍。[3]辭曰："忠孝不得並，琨之老父在，將安之乎。"誕殺之。後贈黄門郎，[4]詔謝莊爲誄。[5]

[1]竟陵王誕：劉誕。字休文，宋文帝第六子。本書卷一四、《宋書》卷七九有傳。　主簿：官名。典領文書簿籍，經辦事務。其品位秩級隨府官長地位高下而異。

[2]王孫圉：春秋時楚昭王大夫。

[3]中兵參軍：官名。王公軍府僚屬。掌本府中兵曹事務，兼備參謀咨詢。其品位隨府主地位高低不等。

[4]黄門郎：官名。黄門侍郎簡稱。爲門下省次官，與侍中俱掌門下衆事，位頗重要。宋五品。

[5]謝莊：字希逸，陳郡陽夏（今河南太康縣）人。文章著稱當時。本書卷二〇有附傳，《宋書》卷八五有傳。

　　遵考從父弟思考亦官歷清顯，卒於散騎常侍、金紫光禄大夫。[1]

[1]散騎常侍：官名。東晉時參掌機密，選望甚重，職任比於侍中。南朝以後隸屬集書省，掌管圖書文翰。地位驟降，用人漸輕。宋三品。　金紫光禄大夫：官名。指光禄大夫加賜金章紫綬者。

子季連字惠績，早歷清官。[1]齊高帝受禪，將及誅，太宰褚彦回素善之，固請乃免。建武中，[2]爲平西蕭遙欣長史、南郡太守。[3]遙欣多招賓客，明帝甚惡之。季連有憾於遙欣，乃密表明帝言其有異迹。明帝乃以遙欣爲雍州刺史，而心德季連，以爲益州刺史，[4]令據遙欣上流。季連父思考，宋時爲益州，雖無政績，州人猶以義故，故喜得之。[5]季連存問故老，見父時人吏皆泣對之。遂寧人龔頠累世有學行，辟爲府主簿。及聞東昏失德，稍自驕矜。性忌褊，遂嚴愎酷佷，[6]土人始怨。

[1]早歷清官：當時官有清、濁之分，士族居清流高位，如秘書省屬官、東宮官屬等。

[2]建武：南朝齊明帝蕭鸞年號（494—498）。

[3]蕭遙欣：字重暉，蕭遙光弟。齊宗室。本書卷四一有傳，《南齊書》卷四五有附傳。　南郡：郡名。治江陵縣，在今湖北荆州市荆州區。

[4]益州：州名。治成都縣，在今四川成都市。

[5]喜得：按，大德本、汲古閣本、百衲本同，殿本、中華本作“善待”。

[6]佷（hěn）：古同“很”。毒辣，狠。

永元元年九月，[1]因聲講武，遂遣中吳參軍宋買以兵襲中水穰人李託。[2]買戰不利，退還，州郡遂多叛亂。明年十月，巴西人趙續伯反，[3]奉其鄉人李弘爲聖主。弘乘佛輿，以五綵裹青石，誑百姓云，天與己玉印，當王蜀。季連遣中兵參軍李奉伯大破獲之。將刑，謂刑人曰：“我須臾飛去。”復曰：“汝空殺我，我三月三日會更出。”遂斬之。

[1]永元：南朝齊東昏侯蕭寶卷年號（499—501）。

[2]中吳參軍：按，大德本、汲古閣本、殿本、百衲本作“中兵參軍”。底本誤，應據諸本改。　中水：河流名。亦作中江。即今四川中部沱江。六朝以來有中水之稱。

[3]巴西：郡名。與梓潼郡同僑置於涪縣，在今四川綿陽市東。

梁武帝平建鄴，遣左右陳建孫送季連二子及弟通直郎子深喻旨，[1]季連受命，脩還裝。武帝以西臺將鄧元起爲益州刺史。[2]元起，南郡人，季連爲南郡時，待之素薄。元起典籤朱道琛者，[3]嘗爲季連府都録，[4]無賴，季連欲殺之，逃免。至是説元起請先使檢校緣路奉迎。及至，言語不恭；又歷造府州人士，見器物輒奪之，曰“會屬人，何須苦惜”。軍府大懼，言於季連，季連以爲然。又惡昔之不禮元起，益憤懣。司馬朱士略説季連求爲巴西郡守，三子爲質，季連許之。既而召兵筭之，精甲十萬。臨軍歎曰：“據天嶮之地，握此盛兵，進可以匡社稷，退不失作劉備，欲以此安歸乎。”遂矯稱齊宣德皇后令，復反，收朱道琛殺之。書報朱士略，兼召涪令李膺，並不受命。

[1]子深：按，《梁書》卷二〇《劉季連傳》作“子淵”，本書避唐諱改。

[2]鄧元起：字仲居，南郡當陽（今湖北當陽市）人。本書卷五五、《梁書》卷一〇有傳。

[3]典籤：官名。本爲府、州内掌文書的小史。南朝宋、齊時，爲監視出任方鎮的諸王和各州刺史，皇帝委派親信擔任此職，品階不高，實權在長史之上。

[4]都録：官名。都録事簡稱。郡屬官，總掌文簿。與太守親近，常主管衆務。《資治通鑑》卷一四五《梁紀一》武帝天監元年胡三省注云：“都録，蓋郡之首吏，總録諸吏者也。”

天監元年六月，[1]元起至巴西，季連遣其將李奉伯拒戰，見敗。季連固守，元起圍之。城中餓死者相枕，又從而相食。二年，乃肉袒請罪。元起遷季連于外，俄而造焉，待之以禮。季連謝曰：“早知如此，豈有前日之事。”元起誅李奉伯，送季連還都。將發，人莫之視，唯龔頠送焉。初，元起在道，懼事不集無以賞，士之至者皆許以辟命，於是受别駕、中從事檄者將二千人。[2]

[1]天監：南朝梁武帝蕭衍年號（502—519）。

[2]别駕：官名。亦稱别駕從事。州刺史佐吏。與治中同爲州綱紀，事無不統。宋六品。齊官品不詳。　中從事：官名。即治中從事，本書避唐高宗李治諱省“治”字。州刺史佐吏。掌文書案卷等。宋六品。齊官品不詳。

季連既至，詣闕謝罪，自東掖門入，[1]數步一稽首以至帝前。帝笑謂曰："卿欲慕劉備而曾不及公孫述，[2]豈無卧龍之臣乎。"赦爲庶人。四年，出建陽門，爲蜀人藺相如所殺。[3]季連在蜀，殺其父。變名走建鄴，至是報焉。乃面縛歸罪，帝壯而赦之。

[1]東掖門：臺城正南端門，其左、右二門曰東、西掖門。掖，宮殿正門兩旁之門。參見《資治通鑑》卷一六六《梁紀二十二》敬帝紹泰元年胡三省注。

[2]公孫述：字子陽，扶風茂陵（今陝西興平市）人。西漢末年割據四川，自立爲帝。《後漢書》卷一三有傳。

[3]爲蜀人藺相如所殺：中華本校勘記云："'藺相如'《梁書》作'藺道恭'，此蓋習聞戰國藺相如而訛。"所説是。

宋武帝七男：張夫人生少帝，孫脩華生廬陵孝獻王義真，胡婕妤生文帝，王脩容生彭城王義康，袁美人生江夏文獻王義恭，孫美人生南郡王義宣，吕美人生衡陽文王義季。

廬陵孝獻王義真，美儀貌，神情秀徹。初封桂陽縣公。[1]年十二，從北征。及關中平，[2]武帝東還，[3]欲留偏將，恐不足固人心，乃以義真爲雍州刺史，加都督。以太尉諮議參軍京兆王脩爲長史，[4]委以關中任。帝將還，三秦父老泣訴曰："殘生不霑王化，於今百年。始覩衣冠，方仰聖澤。長安十陵，是公家墳墓，咸陽宮殿，是公家屋宅，[5]捨此何之？"武帝爲之憫然，慰譬曰："受命朝廷，不得擅留。今留第二兒令文武才賢共

鎮此境。"[6]臨還，自執義真手以授王脩，令脩執其子孫
手授帝。[7]義真又進都督并、東秦二州，領東秦州刺史。
時隴上流户多在關中，望得歸本。及置東秦州，父老知
無復經略隴右、固關中之意，咸共歎息。而赫連勃勃寇
逼交至。[8]

[1]桂陽縣公：封爵名。桂陽，縣名。治所在今廣東連州市。
縣公相當第一品。

[2]關中：指今陝西關中平原。《史記》卷一二九《貨殖列傳》
云："關中自汧、雍以東至河、華。"

[3]東還：按，大德本、汲古閣本、殿本、百衲本作"東遷"，
中華本據《宋書》卷六一《廬陵孝獻王義真傳》改作"東還"。底
本不誤。

[4]長史：官名。爲所在官署掾屬之長，故有元僚之稱。

[5]"長安十陵"至"是公家屋宅"：劉裕自謂楚元王劉交之
後，故父老爲言而留之。

[6]令：按，大德本、汲古閣本、殿本、百衲本同，中華本據
《資治通鑑》卷一一八《晋紀四十》改作"與"。

[7]子孫：按，大德本、汲古閣本、殿本、百衲本、中華本作
"子孝孫"。

[8]赫連勃勃：匈奴族鐵弗部人。十六國時夏國主。《晋書》
卷一三〇有載記。

沈田子既殺王鎮惡，[1]王脩又殺田子，兼裁減義真
賜左右物。左右怨之，因白義真曰："鎮惡欲反，故田
子殺之；脩殺田子，豈又欲反也。"義真使左右劉乞殺
脩。脩字叔，[2]京兆霸城人。初南度見桓玄，玄謂曰：

"君平世吏部郎才也。"脩既死，人情離異。武帝遣右將軍朱齡石代義真鎮關中，[3]使義真疾歸。諸將競斂財貨，方軌徐行。建威將軍傅弘之曰：[4]"虜騎若至，何以待之？"賊追兵果至。青泥，[5]大敗，義真獨逃草中。中兵參軍段宏單騎追尋，義真識其聲，曰："君非段中兵邪？身在此。[6]行矣，必不兩全，可刎身頭以南，使家公望絕。"宏泣曰："死生共之，下官不忍。"乃束義真於背，單馬而歸。義真謂宏曰："丈夫不經此，何以知艱難。"

[1]沈田子：字敬光，吳興武康（今浙江德清縣）人，沈約伯祖。本書卷五七、《宋書》卷一〇〇有附傳。

[2]叔：按，《宋書》卷六一《廬陵孝獻王義真傳》作"叔治"。本書避唐高宗李治諱省。

[3]朱齡石：字伯兒，沛郡沛（今江蘇沛縣）人。家世代爲將帥。本書卷一六、《宋書》卷四八有傳。

[4]傅弘之：字仲度，北地泥陽（今陝西銅川市耀州區）人。留守關中，爲赫連勃勃包圍，兵敗被俘，以不屈被殺。本書卷一六、《宋書》卷四八有傳。

[5]賊追兵果至。青泥：按，大德本、汲古閣本、殿本、百衲本疊"至"字。底本脫一"至"字，應據諸本補。青泥，城名。在今陝西藍田縣城附近。

[6]身：第一人稱，相當於"我"。《資治通鑑》卷八五《晉紀七》惠帝太安二年胡三省注："晉人多自謂爲身。"

初，武帝未得義真審問，怒甚，剋日北伐。謝晦諫不從，[1]及得宏啓，知義真免乃止。義真尋爲司州刺史，加都督。以叚宏爲義眞諮議參軍。[2]宏鮮卑人，爲慕容超尚書左僕射，武帝伐廣固歸降。

[1]謝晦：字宣明，陳郡陽夏（今河南太康縣）人。後任荆州刺史，因挾重兵居藩鎭，爲朝廷所忌，遂擁兵作亂，兵敗被誅。本書卷一九、《宋書》卷四四有傳。

[2]諮議參軍：官名。王公軍府屬官。掌顧問諫議。其位在列曹參軍上。州所置者常帶大郡太守。

義眞改楊州刺史，鎭石頭。永初元年，封盧陵王。[1]武帝始踐祚，[2]義眞色不悦，侍讀博士蔡茂之問其故。對曰："安不忘危，何可恃也。"明年遷司徒。[3]武帝而豫，[4]以爲車騎將軍、開府儀同三司、南豫州刺史，[5]加都督，鎭歷陽。未之任而武崩。[6]義眞聰敏，愛文義，而輕動無德業，與陳郡謝靈運、琅邪顏延之、慧琳道人並周旋異常，[7]云"得志日，以靈運、延之爲宰相，慧琳道人爲西豫州刺史"。徐羨之等嫌義眞、靈運、延之昵狎過甚，[8]故吏范晏戒之。[9]義眞曰："靈運空疏，延之隘薄，魏文云'鮮能以名節自立'者。但性情所得，未能忘言於悟賞，故與游耳。"將之鎭，列部伍於東府前。[10]既有國哀，義眞與靈運、延之、慧琳等坐視部伍，因宴舫裏，使左右剔毋舫函道施己船而取其勝者，[11]及至歷陽，多所求索，羨之等每不盡與。深怨執政，表求還都。

[1]盧陵王：封爵名。盧陵，郡名。治石陽縣，在今江西吉水

縣東北。

　　[2]踐祚：天子即位。

　　[3]司徒：官名。三公之一，爲名譽宰相。魏晋以降，多爲大官之榮銜或加銜。宋一品。

　　[4]而：按，大德本、汲古閣本、殿本、百衲本作“不”。底本誤，應據諸本改。

　　[5]南豫州：州名。治歷陽縣，在今安徽和縣。

　　[6]武崩：按，大德本、汲古閣本、殿本、百衲本作“武帝崩”。

　　[7]謝靈運：陳郡陽夏（今河南太康縣）人，謝玄孫。文章爲當時之冠。工詩文，詩開山水詩一派。流放廣州，被告發謀反，處死。本書卷一九、《宋書》卷六七有傳。　顏延之：字延年，琅邪臨沂（今山東臨沂市）人。與謝靈運齊名，時稱“顏謝”。本書卷三四、《宋書》卷七三有傳。　慧琳：僧人。宋文帝頗讚賞，使與議朝廷大事，勢傾一時。　道人：晋宋間佛教初行，僧徒並稱道人。　周旋：交往，酬應。

　　[8]徐羨之：字宗文，東海郯（今山東郯城縣）人。與劉裕一起起兵，官至司空。宋武帝卒後，與謝晦、傅亮等廢黜少帝，迎立文帝，後爲文帝所誅。本書卷一五、《宋書》卷四三有傳。　義真、靈運：大德本、汲古閣本、殿本、百衲本同，中華本據《宋書》卷六一《廬陵孝獻王義真傳》改作“義真與靈運”。

　　[9]故吏范晏戒之：按，大德本、汲古閣本、殿本、百衲本同。《宋書·廬陵孝獻王義真傳》作“故使范晏從容戒之”。中華本據《宋書·廬陵孝獻王義真傳》改作“使故吏范晏戒之”。

　　[10]東府：城名。南臨秦淮河，爲南朝宰相兼揚州刺史的府第。每建康有事，必置兵鎮守。在今江蘇南京市通濟門附近。

　　[11]函道：樓梯。

　　初，少帝之居東宮，多狎群小，謝晦嘗言於武帝曰：“陛下春秋既高，宜思存萬代。神器至重，不可使負荷非才。”帝曰：“廬陵何如?”晦曰：“臣請觀焉。”晦造義真，義真盛欲與談，晦不甚答，還曰：“德輕於才，非人主也。”由是出居于外。及羨之等專政，義真愈不悦。時少帝失德，羨之等謀廢立，次第應在義真。以義真輕誂，不任主社稷，因其與少帝不協，奏廢爲庶人，徙新安郡。[1]前吉陽令張約之上疏諫，[2]徙爲梁州府軍參軍，[3]尋殺之。

　　[1]新安：郡名。治始新縣，在今浙江淳安縣西北。現已没入千島湖。

　　[2]吉陽：縣名。治所在今江西吉水縣東。

　　[3]府軍參軍：按，大德本、汲古閣本、殿本、百衲本同，中華本據《宋書》卷六一《廬陵孝獻王義真傳》改作“府參軍”。

　　景平二年，[1]羨之等遣吏殺義真於徙所，[2]時年十八。元嘉元年八月，詔追復先封，迎靈柩，并孫脩華、謝妃一時俱還。三年正月，誅徐羨之、傅亮等。[3]是日，詔追崇侍中、大將軍，王如故。贈張約以郡。[4]

　　[1]景平：南朝宋少帝劉義符年號（423—424）。

　　[2]羨之等：按，大德本、殿本、百衲本同，汲古閣本無“等”字。　吏：按，大德本、汲古閣本、百衲本同，殿本、中華本作“使”。

　　[3]傅亮：字季友，北地靈州（今寧夏吴忠市北武市）人。後因殺少帝罪，被文帝處死。本書卷一五、《宋書》卷四三有傳。

[4]張約：按，大德本、汲古閣本、殿本、百衲本同，中華本作“張約之”。

義真無子，文帝第五子紹字休胤嗣，[1]襲廬陵王。紹少寬雅，位楊州刺史。薨。無子，以南平王鑠子敬先嗣。

[1]文帝第五子：按，大德本、汲古閣本、殿本、百衲本同，中華本據《通志》卷八一補作“文帝以第五子”。

彭城王義康，永初元年，封彭城王。歷南豫、南徐二州刺史，[1]並加都督。文帝即位，爲驃騎將軍、開府儀同三司。元嘉三年，改授都督、荊州刺史，給班劍三十人。

[1]南徐州：州名。南朝宋武帝永初二年（421）改徐州置。治京口城，在今江蘇鎮江市。

義康少而聰察，及居方任，職事脩理。六年，司徒王弘表義康宜還入輔。徵爲侍中、司徒、錄尚書事、都督、南徐州刺史。[1]二府置佐領兵，與王弘共輔朝政。弘既多疾，且每事推謙，自是内外衆務一斷之義康。太子詹事劉湛有經國才用，[2]義康昔在豫州，湛爲長史，既素情款，至是待遇特隆，動皆諮訪，故前後在藩多善政。九年，王弘薨，又領楊州刺史。十二年，又領太子太傅。[3]

[1]録尚書事：官名。魏晋南北朝多以公卿權重者居之，總領尚書省政務，位在三公上。又有録尚書六條事、關尚書七條事等名義。

[2]太子詹事：官名。總領東宮官屬、庶務，爲太子官屬之長。兩晋南北朝東宮位重，置官擬於朝廷，時號宮朝。常設重兵，故權任甚重，或參預朝政。宋三品。　劉湛：字弘仁，小字班虎，南陽涅陽（今河南鄧州市）人。劉義康專執朝權，湛以舊情爲義康心腹。帝忌之，下獄死。本書卷三五、《宋書》卷六九有傳。

[3]太子太傅：官名。與太子太傅並稱太子二傅。掌輔佐太子。南朝皆置詹事，二傅不領官屬庶務。宋三品。

　　義康性好吏職，鋭意文案，糾剔是非，莫不精盡。既專朝權，事決自己，生殺大事，皆以録命斷之。[1]凡所陳奏，入無不可，方伯以下，並委義康授用，由是朝野輻湊，權傾天下。義康亦自强不息，無有懈倦。府門每旦常有數百乘車，雖復位卑人微，皆被接引。又聰識過人，一聞必記，嘗所蹔遇，終身不忘。稠人廣坐，每標題所憶，以示聰明，人物益以此推服之。愛惜官爵，未嘗以階級私人。[2]凡朝士有才用者，皆引入己府，自下樂爲竭力，不敢欺負。文帝有虚勞疾，[3]每意有所想，便覺心中痛裂，屬纊者相係。[4]義康入侍醫藥，盡心衛奉，湯藥飲食，非口所嘗不進。或連夕不寝，彌日不解衣。内外衆事，皆專決施行。

[1]録命：劉義康爲録尚書事，所下命令爲録命。
[2]階級：本指官的品位、等級。此指官職。
[3]虚勞疾：中醫指的虚弱症候的慢性病。

[4] 屬纊：指病重將死。

　　十六年，進位大將軍，[1] 領司徒。義康素無術學，待文義者甚薄。袁淑嘗詣義康，義康問其年，答曰："鄧仲華拜袞之歲。"[2] 義康曰："身不識也。"淑又曰："陸機入洛之年。"義康曰："身不讀書，君無爲作才語見向。"其淺陋若此。既闇大體，自謂兄弟至親，不復存君臣形迹。率心而行，曾無猜防。私置僮六千餘人，[3] 不以言臺。[4] 時四方獻饋，皆以上品薦義康，而以次者供御。上嘗冬月噉甘，[5] 歎其形味並劣。義康在坐，曰："今年甘殊有佳者。"遣還東府取甘，大供御者三寸。

　　[1] 大將軍：官名。三國至南北朝，執政大臣多兼大將軍之銜。南朝或以爲贈官。宋一品。
　　[2] 鄧仲華：鄧禹。字仲華，南陽新野（今河南新野縣）人。東漢開國功臣。鄧禹爲三公，時年二十四。《後漢書》卷一六有傳。
　　[3] 僮：指僮部，以家奴組成的部曲。《宋書》卷六八《彭城王義康傳》作"僮部"。
　　[4] 臺：一般指中央政府機構。宋人洪邁《容齋續筆》卷五《臺城少城》："晋宋間，謂朝廷禁省爲臺，故稱禁城爲臺城，官軍爲臺軍，使者爲臺使，卿士爲臺官，法令爲臺格。"
　　[5] 甘：按，大德本、殿本同，汲古閣本、百衲本作"柑"。本卷下同。

　　僕射殷景仁爲帝所寵，[1] 與劉湛素善，而意好晚乖，湛常欲因宰輔之權傾之。景仁爲帝所保持，義康屢言不見用，湛愈憤。南陽劉斌，湛之宗也，有俗才用，[2]爲義康所知，自司徒右長史擢爲左長史。從事中郎琅邪王履、主簿沛郡劉敬文、祭酒魯郡孔胤秀並以傾側自入，[3]見帝疾篤，皆謂宜立長君。上嘗危殆，使義康具顧命詔。義康還省，流涕以告湛及景仁。曰：[4]“天下艱難，詎是幼主所御。”湛、景仁並不答；[5]而胤秀等輒就尚書儀曹索晉咸康立康帝舊事，[6]義康不知也。及帝疾瘳，微聞之；而斌等既爲義康所寵，遂結朋黨，若有盡忠奉國不同己者，必搆以罪黜。每采景仁短長，或虛造同異以告湛，自是主相之勢分矣。

[1]殷景仁：陳郡長平（今河南西華縣）人。士族出身。本書卷二七、《宋書》卷六三有傳。

[2]有俗才用：按，大德本、汲古閣本、殿本、百衲本同，中華本據《宋書》卷六八《彭城王義康傳》補作“有涉俗才用”。

[3]王履：琅邪臨沂（今山東臨沂市）人，吏部尚書王球侄。事見本書卷二三《王球傳》。

[4]曰：按，大德本、汲古閣本、殿本、百衲本同，中華本據《宋書·彭城王義康傳》改作“湛曰”。

[5]湛：按，大德本、汲古閣本、殿本、百衲本同，中華本據《宋書·彭城王義康傳》改作“義康”。

[6]尚書儀曹：官署名。尚書省諸曹之一。掌車服、羽儀、朝覲、郊廟、饗宴等禮儀。 晉咸康立康帝舊事：東晉咸康八年（342）六月，晉成帝卒。同母弟琅邪王岳即位，是爲康帝。詳見《晉書》卷七《康帝紀》。

義康欲以斌爲丹楊尹，言其家貧。上覺之，曰：

"以爲吴郡。"後會稽太守羊玄保求還，義康又欲以斌代之。上時未有所擬，倉卒曰："我已用王鴻。"[1]上以嫌隙既成，將致大禍，十七年，乃收劉湛；又誅斌及大將軍録事參軍劉敬文并賊曹孔劭秀、中兵邢懷明、主簿孔胤秀、丹楊丞孔文秀、司空從事中郎司馬亮、烏程令盛曇泰；徙尚書庫部郎何默子、餘姚令韓景之、永興令顔遥之、湛弟黃門郎素、斌弟給事中温於廣州；王履廢於家。青州刺史杜驥勒兵殿内，[2]以備非常。義康時入宿，留止中書省，遣人宣旨告以湛等罪。義康上表遜位，改授江州刺史，出鎮豫章，實幽之也。停省十餘日，桂陽侯義融、新渝侯義宗、秘書監徐湛之往來慰視。[3]於省奉辭，便下渚，上唯對之慟哭，遣沙門慧琳視之。義康曰："弟子有還理不？"琳公曰："恨公不讀數百卷書。"征虜司馬蕭斌爲義康所昵，[4]劉斌等讒之被斥，乃以斌爲諮議，領豫章太守，事無大小皆委之。司徒主簿謝綜素爲義康所狎，[5]以爲記室。[6]左右愛念者並聽隨從至豫章。辭州見許，資奉優厚，朝廷大事，皆報示之。

[1]王鴻：琅邪臨沂（今山東臨沂市）人，王華從父弟。官至五兵尚書，會稽太守。事見《宋書》卷六三《王華傳》。

[2]青州：州名。治東陽城，在今山東青州市。　杜驥：字度世，京兆杜陵（今陝西西安市長安區）人。本書卷七〇、《宋書》卷六五有傳。

[3]秘書監：官名。南朝時爲秘書省長官，掌圖書經籍等，領著作省。宋三品。　徐湛之：字孝源，東海郯（今山東郯城縣）人。宋武帝外孫。本書卷一五有附傳，《宋書》卷七一有傳。

[4]蕭斌：蕭思話從兄弟。元嘉末，佐太子劉劭謀殺文帝。事見《宋書》卷七八《蕭思話傳》、卷九九《元凶劭傳》。

[5]謝綜：陳郡陽夏（今河南太康縣）人，謝述子。事見本書卷一九《謝述傳》。　素：按，大德本、殿本、百衲本同，汲古閣本作“數”。

[6]記室：官名。南北朝王公軍府皆置，以參軍主其事。專掌文疏表章。

義康未敗時，東府聽事前井水忽涌，[1]野雉江鷗並入所住齋前。龍驤參軍巴東令扶育上表申明義康，[2]奏，即收付建康賜死。[3]

[1]東府聽事前井水忽涌：據《宋書》卷六八《彭城王義康傳》，義康時爲録尚書事、領揚州刺史，居東府。

[2]令扶育：按，大德本、汲古閣本、殿本、百衲本同，中華本據《宋書·彭城王義康傳》改作“扶令育”。

[3]建康：按，大德本、汲古閣本、殿本、百衲本同，中華本據《宋書·彭城王義康傳》補作“建康獄”。

會稽長公主於兄弟爲長，[1]帝所親敬。上嘗就主宴集甚歡，主起再拜頓首，悲不自勝。上不曉其意，起自扶之，主曰：“車子歲暮，必不見容，特乞其命。”因慟哭。上亦流涕，指蔣山曰：[2]“必無此慮，若違今誓，便是負初寧陵。”[3]即封所飲酒賜義康曰：“會稽姊飲憶弟，所飲餘，今封送。”車子，義康小字也。

[1]會稽長公主：劉興弟。宋武帝長女，臧皇后所生。事見本

書卷一一《宋武敬臧皇后傳》。

　　[2]蔣山：即鍾山。又名紫金山。在今江蘇南京市東北。

　　[3]初寧陵：宋武帝的陵墓，在今江蘇南京市麒麟門外的麒麟街道。

　　二十二年，太子詹事范曄等謀反，[1]事連義康，詔特宥大辟，并子女並免爲庶人，絶屬籍，[2]徙安成郡。[3]義康在安成讀《漢書》見淮南屬王長事，[4]廢書歎曰："前代乃有此，我得罪爲宜也。"

　　[1]范曄：字蔚宗，順陽（今河南淅川縣）人。士族出身。因涉及孔熙先等欲迎立劉義康事，被殺。本書卷三三有附傳，《宋書》卷六九有傳。

　　[2]屬籍：指宗室譜籍。

　　[3]安成：郡名。治平都縣，在今江西安福縣。

　　[4]淮南屬王長：劉長。漢高祖劉邦少子。漢文帝時，驕縱跋扈，自作法令，又圖謀叛亂，事泄被拘。謫徙蜀郡嚴道，途中絶食而死。《史記》卷一一八、《漢書》卷四四有傳。

　　二十四年，豫章胡誕世、前吳平令袁惲等謀奉戴義康，太尉江夏王義恭奏徙義康廣州，奏可，未行，會魏軍至瓜步，[1]天下擾動，上慮有異志者奉義康爲亂，孝武時鎮彭城及尚書左僕射何尚之並言宜早爲之所。[2]二十八年正月，遣中書舍人嚴龔持藥賜死。[3]義康不肯服藥，曰："佛教自殺不復人身。"乃以被掩殺之，以侯禮葬安城郡。[4]子允，元凶殺之。孝武大明四年，義康女玉秀等乞反葬舊塋，詔聽之。

　[1]瓜步：山名。又作瓜埠山。在今江蘇南京市六合區東南。
古時南臨大江。南北朝時屢爲軍事爭奪要地。
　[2]孝武：宋孝武帝劉駿。字休龍，宋文帝第三子。本書卷二、
《宋書》卷六有紀。　何尚之：字彥德，廬江灊（今安徽霍山縣）
人。本書卷三〇、《宋書》卷六六有傳。
　[3]嚴麏：按，《宋書》卷六八《彭城王義康傳》作“嚴龍”。
　[4]安城：按，大德本、汲古閣本、殿本、百衲本作“安成”。

　　江夏文獻王義恭，幼而明巂，姿顏端麗，武帝特所
鍾愛。帝性儉，諸子飲食不過五醆盤。[1]義恭求須果食，
日中無筭，得未嘗噉，悉以與傍人。諸王未嘗敢求，求
亦不得。

　[1]醆：古同“盞”。

　　元嘉六年，爲都督、荆州刺史。義恭涉獵文義，而
驕奢不節。及出蕃，[1]文帝與書誡之曰：

　[1]蕃：按，大德本、殿本同，汲古閣本、百衲本作“藩”。

　　禮賢下士，聖人垂訓，驕侈矜尚，先哲所
去。[1]豁達大度，漢祖之德，猜忌褊急，魏武之累。
《漢書》稱衛青云：“大將軍遇士大夫以禮，與小
人有恩。”西門、安于，[2]矯性齊美，關羽、張
飛，[3]任偏同弊。行己舉事，深宜鑒此。汝一月日
自用不可過三十萬，若能省此益美。

[1]哲：按，大德本、殿本、百衲本同，汲古閣本作"誓"。
去：按，大德本、殿本、百衲本同，汲古閣本作"云"。

[2]西門、安于：西門，西門豹。西門豹性剛急，常佩韋以自
緩。安于，董安于。董安于性寬緩，常佩弦以自警。詳見《韓非
子·觀行》。

[3]關羽：字雲長，河東解（今山西臨猗縣）人。《三國志》
卷三六有傳。　張飛：字益德，涿郡（今河北涿州市）人。《三國
志》卷三六有傳。

　　西楚殷曠，[1]常宜早起，接對賓侶。園池堂觀，
計無須改作。凡訊獄前一二日，可取訊簿密與劉湛
輩粗共詳論，慎無以喜怒加人。能擇善者從之，美
自歸己。不可專意自決，以矜獨斷之明也。刑獄不
可壅滯，一月可再訊。

[1]西楚：指荊州。按，荊州爲先秦楚國興起之地，在建康之
西，故東晉、南朝稱荊州爲西楚。

　　凡事皆應慎密。名器深宜慎惜，不可妄以假
人。聲樂嬉遊，不宜令過。宜數引見佐史，[1]非唯
臣主自應相見。不數則彼我不親，不親無因得盡
人，人不盡，[2]何由具知衆事。

[1]佐史：按，大德本、汲古閣本、殿本、百衲本同，中華本
作"佐吏"。《資治通鑑》卷一二一《宋紀三》文帝元嘉六年亦作
"佐史"，胡三省注云："'佐史'當作'佐吏'，晉宋之間，藩府率
謂參佐爲佐史。"佐吏，州府、軍府僚屬泛稱。

[2]不親無因得盡人，人不盡：按，大德本、汲古閣本、殿本、百衲本同，中華本據《宋書》卷六一《江夏文獻王義恭傳》補作"不親無因得盡人情，人情不盡"。《資治通鑑·宋紀三》文帝元嘉六年胡三省注云："詳觀宋文帝此書，則江左之治稱元嘉，良有以也。"

九年，爲南兗州刺史，加都督，鎮廣陵。十六年，進位司空。明年，彭城王義康有罪出蕃，徵義恭爲侍中、都督楊南徐兗三州、司徒、録尚書事，領太子太傅。給班劍二十人，置佐領兵。二十一年，進太尉，領司徒。義恭小心，且戒義康之失，雖爲總録，奉行文書而已。文帝安之。年給相府錢二千萬，佗物稱此。而義恭性奢，用常不足，文帝又別給錢年至千萬。時有獻五百里馬者，以賜義恭。

二十七年，文帝欲有事河、洛，義恭總統群帥，出鎮彭城。及魏軍至瓜步，義恭與孝武閉城自守。初，魏軍深入，上慮義恭不能固彭城，備加誡勒。義恭答曰："臣雖未能臨瀚海，濟居延，庶免劉仲奔逃之恥。"[1]及魏軍至，義恭果欲走，賴衆議得停。降號驃騎將軍、開府儀同三司。魯郡孔子舊廟有柏樹二十四株，[2]歷漢、晉，其大連抱。有二株先倒折，土人崇敬，莫之敢犯。義恭悉遣伐取，父老莫不歎息。又以本官領南兗州刺史，加都督，移鎮盱眙，[3]脩館宇擬東城。

[1]劉仲：漢高祖劉邦之兄，立爲代王。匈奴攻代，不能堅守，棄國私逃。事見《史記》卷八《高祖本紀》。

[2]魯郡：郡名。治魯縣，在今山東曲阜市東北。

[3]盱眙：郡名。治盱眙縣，在今江蘇盱眙縣東北。

二十九年冬，還朝，上以御所乘蒼蠻船上迎之。[1]遭太妃憂，改授大將軍、南徐州刺史。還鎮東府。元凶肆逆，其日劭急召義恭。先是，詔召太子及諸王，慮有詐妄致害者，召皆有人；至是，義恭求常所遣傳詔，[2]劭遣之而後入。義恭凡府內兵仗，並送還臺。進位太保。[3]

[1]蒼蠻船：按，《宋書》卷六一《江夏文獻王義恭傳》作"蒼鷹船"。

[2]傳詔：官名。掌傳達皇帝詔命及宣召大臣。地位不高。

[3]太保：官名。南朝除蕭齊外皆置，位雖尊榮，無實權職事，多用以安置元老勳舊。宋一品。

孝武入討，劭疑義恭異志，使入尚書下省，分諸子並神獸門外侍中下省。[1]孝武前鋒至新亭，[2]劭挾義恭出戰，故不得自拔。戰敗，義恭單馬南奔。劭大怒，遣始興王濬殺義恭十二子。

[1]"劭疑義恭異志"至"分諸子並神獸門外侍中下省"：按，大德本、汲古閣本、殿本、百衲本同，中華本據《宋書》卷六一《江夏文獻王義恭傳》補作"劭疑義恭有異志，使入住尚書下省，分諸子並住神虎門外侍中下省"。尚書下省，又稱尚書下舍。魏晉南北朝諸曹尚書辦公之署，爲當時處理日常政務的主要場所。因設在宮禁中，故亦常令輔政大臣入直。

[2]新亭：地名。在今江蘇南京市西南。地近江濱，依山築城壘，爲軍事及交通重地。

義恭既至，勸孝武即位。授太尉、録尚書六條事、假黄鉞。[1]事寧，進位太傅，領大司馬，增班劍爲三十人，以在蕃所服玉環大綬賜之。上不欲致禮太傅，諷有司奏"天子不應加拜"，從之。及立太子，東宫文案，使先經義恭。

[1]假黄鉞：飾以黄金的長柄斧子。本爲天子儀仗，賜臣以示專征伐。

及南郡王義宣等反，又加黄鉞，白直百人入六門。[1]事平，以臧質七百里馬賜義恭。[2]孝武以義宣亂逆，由是彊盛，[3]欲削王侯。[4]義恭希旨，請省録尚書，上從之。又與驃騎大將軍竟陵王誕奏陳貶損之格九條，詔外詳議。於是有司奏九條之格猶有未盡，更加附益，凡二十四條。大抵"聽事不得南向坐施帳；[5]國官正冬不得跣登國殿；公主妃傳令，不得朱服；輿不得重搁；鄣扇不得雉尾；劍不得鹿盧形；[6]槃盦不得孔雀白氅；夾轂隊不得絳襖；[7]平乘但馬不得過二匹；[8]胡伎不得綵衣；舞伎正冬著袿衣，不得莊面；諸妃主不得著緄帶；[9]信幡非臺省官悉用絳；郡縣内史相及封内長官於其封君，罷官則不復追敬，[10]不稱臣；諸鎮常行，車前不得過六隊；刀不得過銀銅飾；諸王女封縣主，諸王子孫襲封王之妃及封侯者夫人行，並不得鹵簿；諸王子繼體爲王者，婚葬吉凶，悉依諸國公侯之禮，不得同皇弟皇子；車輿非軺車不得油幢；平乘船皆下兩頭作露平形，不得擬象龍舟”。詔可。

[1]六門：宮廷及中央官廨集中所在的臺城之門。《資治通鑑》卷一六四《梁紀二十》元帝承聖元年胡三省注云：“臺城六門，大司馬門、萬春門、東華門、西華門、太陽門、承明門。”

[2]臧質：字含文，東莞莒（今山東莒縣）人。宋武帝臧皇后之侄。本書卷一八有附傳，《宋書》卷七四有傳。

[3]是：按，大德本、百衲本同，汲古閣本、殿本作“於”。

[4]王：按，大德本、殿本、百衲本同，汲古閣本作“五”。

[5]向：按，大德本、汲古閣本、殿本、百衲本作“面”。

[6]鹿盧：即轆轤。置於井上用以汲水的滑車或絞盤。古代劍首以玉作鹿盧形爲飾。

[7]夾轂：衛隊，出則夾車爲衛。

[8]平乘但馬不得過二匹：中華本校勘記云：“‘但馬’《宋書·禮志》、《册府元龜》二九一並作‘誕馬’。張元濟《南史校勘記》謂‘但’‘誕’二字通。”但馬，古代儀仗隊中備用的馬。

[9]緄帶：以色絲織成的束帶。《續漢書·輿服志下》：“自公主封君以上皆帶綬，以采組爲緄帶，各如其綬色。”

[10]宮：按，大德本、百衲本同，汲古閣本、殿本、中華本作“官”。

孝建二年，[1]爲楊州刺史，加入朝不趨，贊拜不名，劍履上殿。固辭殊禮。[2]義恭撰《要記》五卷，[3]起前漢訖晋太元，表上之。詔付秘閣。時西陽王子尚有盛寵，[4]義恭解楊州以避之。乃進位太宰，[5]領司徒。

[1]孝建：南朝宋孝武帝劉駿年號（454—456）。

[2]殊禮：特別的禮遇。指入朝不趨，贊拜不名，劍履上殿。

[3]義恭撰《要記》五卷：按《隋書·經籍志》未見著録。《隋書·經籍志四》集部別集類著録《宋江夏王義恭集》十一卷。

[4]西陽王子尚：劉子尚。字孝師，宋孝武帝第二子。本書卷一四、《宋書》卷八〇有傳。

[5]太宰：官名。南朝多用以安置元老勳舊大臣，名義尊榮，無職掌。宋一品。

　　義恭常慮爲孝武所疑，及海陵王休茂於襄陽爲亂，[1]乃上表稱"諸王貴重，不應居邊。有州不須置府"。其餘制度又多所減省。時孝武嚴暴，義恭慮不見容，乃卑辭曲意附會，皆有容儀，每有祥瑞輒上賦頌。大明元年，有三脊茅生石頭西岸，又勸封禪，上甚悅。及孝武崩，遺詔："義恭解尚書令，加中書監。[2]柳元景領尚書令，[3]入住城内。事無巨細，悉關二公，大事與沈慶之參決，[4]若有軍旅，可爲總統。尚書中事委顔師伯，[5]外監所統委王玄謨。"[6]

[1]海陵王休茂：劉休茂。宋文帝第十四子。本書卷一四、《宋書》卷七九有傳。

[2]中書監：官名。與中書令共爲中書省長官，唯入朝時班次略高於令。典尚書奏事，掌朝政機密，草擬及發布詔令。南朝時中書令、監清閑無事，多用作重臣加官。宋三品。

[3]柳元景：字孝仁，河東解（今山西臨猗縣）人。本書卷三八、《宋書》卷七七有傳。

[4]沈慶之：字弘先，吳興武康（今浙江德清縣）人。本書卷

三七、《宋書》卷七七有傳。

[5]顔師伯：字長淵，本書避唐高祖李淵諱作“長深”，琅邪臨沂（今山東臨沂市）人。宋孝武帝死，受遺詔輔政。本書卷三四有附傳，《宋書》卷七七有傳。

[6]王玄謨：字彦德，太原祁（今山西祁縣）人。宋明帝時官至車騎將軍、南豫州刺史。本書卷一六、《宋書》卷七六有傳。

前廢帝即位，復録尚書，本官如故。尚書令柳元景即本號開府儀同三司，領兵置佐，一依舊準。又增義恭班劍爲四十人，更申殊禮之命。固辭殊禮。

義恭性嗜不恒，與時移變，自始至終，屢遷第宅。與人游款，[1]意好亦多不終。奢侈無度，不愛財寶，左右親幸，[2]一日乞與，[3]或至一二百萬；小有忤意，輒追奪之。大明時，資供豐厚，而用常不足。賒市百姓物，無錢可還，民有通辭求錢者，輒題後作“原”字。[4]善騎馬，解音律，游行或二三百里，孝武恣其所之。東至吳郡，登虎丘山，又登無錫縣烏山以望太湖。[5]大明中撰國史，孝武自爲義恭作傳。

[1]游款：交往，親近。
[2]幸：按，大德本、殿本、百衲本同，汲古閣本作“近”。
[3]乞與：贈送，給予。
[4]原：《後漢書》卷一〇五《劉焉傳》：“犯法者先加三原。”李賢注：“原，免也。”
[5]無錫：縣名。治所在今江蘇無錫市。　烏山：山名。按，無錫太湖附近無名烏山者，唯有“馬山”，即馬迹山，在今江蘇無錫市西南、太湖北岸。頗疑“烏”爲“馬”之訛。　太湖：湖名。

地跨江蘇、浙江兩省，舊時稱三萬六千頃，烟波浩渺，景色多姿，自古稱勝景。

及永光中，[1]雖任宰輔，而承事近臣戴法興等常若不及。[2]前廢帝狂悖無道，義恭、元景謀欲廢立，廢帝率羽林兵於第害之，并四子。[3]斷析義恭支體，分裂腹胃，挑取眼睛以密漬之，[4]以爲鬼目粽。[5]明帝定亂，令書"追崇侍中、都督中外諸軍、丞相，領太尉、中書監、録尚書事、王如故。給九旒鸞輅，虎賁班劍百人，前後部羽葆、鼓吹，輼輬車"。泰始三年，[6]又詔陪祭廟庭。

[1]永光：南朝宋前廢帝劉子業年號（465）。

[2]戴法興：會稽山陰（今浙江紹興市）人。宋孝武帝時，任南臺侍御史，兼中書通事舍人，執掌朝政內務，權重當時。本書卷七七、《宋書》卷九四有傳。

[3]并四子：按，大德本、汲古閣本、殿本、百衲本同，中華本據《太平御覽》卷一五一引、《資治通鑑》卷一三○《宋紀十二》明帝泰始元年、《通志》卷八一補作"并其四子"。

[4]密：按，殿本同，大德本、汲古閣本、百衲本作"蜜"。

[5]以爲鬼目粽：中華本校勘記引李慈銘《宋書札記》："粽當作糭，即糁字。《廣韻》'糁，蜜漬瓜食也'，即今之小菜。"

[6]泰始：南朝宋明帝劉彧年號（465—471）。　三年：按，大德本、殿本、百衲本同，汲古閣本作"二年"。

南郡王義宣，生而舌，[1]澀於言論。元嘉元年，封竟陵王，都督、南兖州刺史，遷中書監，[2]中軍將軍，給鼓吹。時竟陵群蠻充斥，[3]役刻民散，改封南譙王。十三年，出爲江州刺史，加都督。

[1]舌：按，大德本、汲古閣本、百衲本同，殿本、中華本作"舌短"。

[2]"元嘉元年"至"遷中書監"：據《宋書》卷六八《南郡王義宣傳》，改都督南兗州刺史在宋文帝元嘉八年（431），遷中書監在元嘉九年，本書並直承元嘉元年之下，一若與封竟陵王同時者，非也（參見馬宗霍《南史校證》，湖南教育出版社 2008 年版，第 246 頁）。

[3]竟陵：郡名。治石城，在今湖北鍾祥市。

初，武帝以荆州上流形勝，地廣兵彊，遺詔諸子次第居之。謝晦平後，以授彭城王義康，義康入相，次江夏王義恭，又以臨川王義慶宗室令望，且臨川烈武王有大功於社稷，義慶又居之。其後應在義宣，上以義宣人才素短，不堪居上流。十六年，以衡陽王義季代義慶，而以義宣爲南徐州刺史。而會稽公主每以爲言，上遲回久之。二十一年，乃以義宣都督七州諸軍事、車騎將軍、荆州刺史。先賜中詔曰："師護以在西久，比表求還，出内左右，自是經國常理，亦何必其應於一往。今欲聽許，以汝代之。護雖無殊績，[1]潔己節用，通懷期物，不恣群下。此信未易，在彼已有次第，爲士庶所安，論者乃謂未議遷之。今之回換，更在欲爲汝耳。汝與護年時一輩，各有其美，方物之義，[2]亦互有少劣，若今向事脱一減之者，既於西夏交有巨礙，遷代之譏，必歸責於吾矣。"師護，義季小字也。義宣至鎮，勤自課厲，政事脩理。白晳，美須眉，長七尺五寸，[3]腰帶十圍。多畜嬪媵，後房千餘，尼媪數百，男女三十人。崇飾綺麗，費用殷廣。進位司空，改侍中。

[1]護：按，大德本、汲古閣本、殿本、百衲本同，中華本補作"師護"，其校勘記云："'師護'各本作'護'，下'汝與師護年時一輩'同。按古人雙字名無單稱一字者，據《册府元龜》一九六及《通鑑》補。"下"汝與護年時一輩"同，不另注。

[2]方物：指各方的物議。

[3]七尺五寸：約合今 184 釐米。南朝度制，一尺十寸，約合今 24.5 釐米。

二十七年，魏軍南侵，義宣慮寇至，欲奔上明。[1]及魏軍退，文帝詔之曰："善脩民務，不須營潛逃計也。"遷司徒、楊州刺史，侍中如故。

[1]上明：城名。在今湖北松滋市北。

元凶殺立，[1]以義宣爲中書監、太尉，領司徒。義宣聞之，即時起兵，徵聚甲卒，傳檄近遠。會孝武入討，義宣遣參軍徐遺寶率衆三千，[2]助爲前鋒。[3]孝武即位，以義宣爲中書監、都督楊豫二州、丞相、録尚書六條事、楊州刺史，加羽葆、鼓吹，給班劍四十人，改封南郡王。追謚義宣所生爲獻太妃，[4]封次子宜陽侯愷爲南譙王。義宣固辭内任及愷王爵。於是改授都督八州諸軍事、荆湘二州刺史，持節、侍中、丞相如故。降愷爲宜陽縣王，將佐以下，並加賞秩。

[1]殺：按，大德本、百衲本同，汲古閣本、殿本作"弒"。

[2]徐遺寶：初爲荆州參軍，爲前鋒討劉劭，以功遷兗州刺史。劉義宣謀反，起兵響應，兵敗被殺。事見《宋書》卷六八《南郡王義宣傳》。

[3]前鋒：按，大德本、汲古閣本、殿本、百衲本作"先鋒"。《宋書・南郡王義宣傳》亦作"前鋒"。

[4]所生：指親母。

義宣在鎮十年，兵彊財富。既首創大義，威名著天下，凡所求欲，無不必從。朝廷所下制度，意不同者，一不遵承。嘗孝武，[1]先自酌飲，封送所餘，其不識大體如此。

[1]嘗孝武：按，大德本、百衲本同，汲古閣本、殿本作"嘗獻孝武酒"。

初，藏質陰有異志，[1]以義宣凡弱，易可傾移，欲假手爲亂，以成其姦。自襄陽往江陵見義宣，便盡禮；及至江州，每密信説義宣，以爲"有大才，負大功，挾震主之威，自古尠有全者。[2]宜在人前早有處分，不爾，一旦受禍，悔無所及"。義宣陰納質言。而孝武閨庭無禮，與義宣諸女淫亂，義宣因此發怒，密治舟甲，剋孝建元年秋冬舉兵，報豫州刺史魯爽、兗州刺史徐遺寶使同。[3]爽狂酒失旨，其年正月便反。遣府户曹送版，以義宣補天子，并送天子羽儀。遣寶亦勒兵向彭城。義宣及質狼狽起兵，二月，加都督中外諸軍事，置左右長史、司馬，使僚佐悉稱名。遣傳奉表，以姦臣交亂，圖傾宗社，輒徵召甲卒，戮比凶醜。[4]詔答之。大傅江夏王義恭又與義宣書，[5]諭以禍福。

[1]臧質：按，大德本、汲古閣本、殿本、百衲本作“臧質”。上下文亦皆作“臧質”，底本誤刻，應據諸本改。

[2]尟（xiǎn）：同“鮮”。少。

[3]魯爽：小名女生，扶風郿（今陝西眉縣）人。本書卷四〇、《宋書》卷七四有傳。　兗州：州名。南朝宋移治瑕丘城，在今山東濟寧市兗州區。

[4]比：按，大德本、汲古閣本、殿本、百衲本作“此”。底本誤，應據諸本改。

[5]大傅：按，大德本、汲古閣本、殿本、百衲本作“太傅”。

義宣移檄諸州郡，遣參軍劉諶之、尹周之等率軍下就臧質。雍州刺史朱脩之起兵奉順。[1]義宣率衆十萬，發自江津，[2]舳艫數百里。是日大風，船垂覆没，僅得入中夏口。以第八子愷爲輔國將軍，留鎮江陵。遣魯秀、朱曇韶萬餘人北討朱脩之。[3]秀初至江陵見義宣，既出，拊膺曰：“阿兄誤人事，乃與癡人共作賊，[4]今年敗矣。”義宣至尋陽，與質俱下。質爲前鋒至鵲頭，[5]聞徐遺寶敗，魯爽於小峴授首，[6]相視失色。孝武使鎮北大將軍沈慶之送爽首於義宣并與書，義宣、質並駭懼。

[1]朱脩之：字恭祖，義陽平氏（今河南桐柏縣）人。宋孝武帝時爲雍州刺史，參與平定南郡王劉義宣反，以功封南昌縣侯，遷荆州刺史。本書卷一六、《宋書》卷七六有傳。

[2]江津：戍名。在今湖北荆州市南長江中。

[3]魯秀：魯爽弟，扶風郿（今陝西眉縣）人。事見本書卷四〇《魯爽傳》。

[4]作賊：指造反。作某云云爲當時習語（參見周一良《魏晋南北朝史札記》，第197頁）。

[5]鵲頭：戍名。在今安徽銅陵市義安區北長江中鵲頭山上。

[6]小峴：又名昭關山。在今安徽含山縣北。六朝常爲兵家必爭之地。

　　上先遣豫州刺史王玄謨舟師頓梁山洲内，[1]東西兩岸爲却月城，[2]營柵甚固。撫軍柳元景據姑熟爲大統，[3]偏師鄭琨、武念戍南浦。[4]質徑入梁山，去玄謨一里許結營。義宣屯蕪湖。[5]五月十九日，西南風猛，質乘風順流攻玄謨西壘，冗從僕射胡子友等戰失利，[6]棄壘度就玄謨。質又遣將龐法起數千兵趣南浦，仍使自後掩玄謨。與琨、念相遇。法起戰大敗，赴水死略盡。義宣至梁山，質上出軍東岸攻玄謨。玄謨分遣游擊將軍垣護之、竟陵太守薛安都等出壘奮擊，[7]大敗質軍，軍人一時投水。護之等因風縱火，焚其舟乘，風勢猛盛，煙燼覆江。[8]義宣時屯西岸，延火燒營殆盡。諸將乘風火之勢，縱兵攻之，衆一時奔潰。義宣與質相失，各單舸迸走。東人士庶並歸順，西人與義宣相隨者，舩舸猶有百餘。女先適臧質子，過尋陽，入城取女，載以西奔。至江夏，[9]聞巴陵有軍被抄斷，[10]回入逕口，[11]步向江陵。

衆散且盡，左右唯有十許人。脚痛不復能行，就民偏露車自載。無復食，緣道求告。至江陵郭外，竺超人具羽儀迎之，[12]時帶甲尚萬餘人。

[1]梁山洲：地名。在今安徽和縣西梁山一帶長江中。《資治通鑑》卷一二八《宋紀十》孝武帝孝建元年胡三省注："時梁山江中有洲，玄謨等舟師據之。"

[2]却月城：王玄謨所爲却月城實際上是却月陣，一種半月形的營壘。却月，半月形。

[3]姑熟：城名。在今安徽當塗縣。地當長江要津。

[4]南浦：亦稱大信港。在今安徽蕪湖市東梁山南。

[5]蕪湖：地名。原縣在東晋安帝義熙中廢，改爲襄垣。在今安徽蕪湖市。

[6]冗從僕射：官名。掌皇宫侍衛，與虎賁中郎將、羽林監合稱三將。宋五品。

[7]垣護之：字彦宗，略陽桓道（今甘肅隴西縣）人。本書卷二五、《宋書》卷五〇有傳。　薛安都：字休達，河東汾陰（今山西萬榮縣）人。宋明帝時舉兵響應晋安王劉子勛，兵敗降魏。本書卷四〇、《宋書》卷八八、《魏書》卷六一、《北史》卷三九有傳。

[8]爛：古同"焰"。

[9]江夏：郡名。治夏口城，在今湖北武漢市武昌區。

[10]巴陵：郡名。治巴陵縣，在今湖南岳陽市。

[11]逕口：地名。今地待考。

[12]竺超人：東莞（今山東莒縣）人，青州刺史竺夔之子。爲南郡王劉義宣司馬，義宣失敗回江陵，竺超人保全城府，得以不死。《宋書》卷六八《南郡王義宣傳》作"竺超民"，本書避唐太宗李世民諱作"竺超人"，或作"竺超"。

義宣既入城，仍出聽事見客。左右翟靈寶誠使撫慰衆賓，以"臧質違指授之宜，用致失利，今治兵繕甲，更爲後圖。昔漢高百敗，終成大業"。而義宣誤云"項羽千敗"。衆咸掩口而笑。魯秀、竺超人等猶爲之爪牙，欲收合餘燼，更圖一決。而義宣惛塾，[1]無復神守，入内不復出，左右腹心相率奔叛。魯秀北走，義宣不復自立，欲隨秀去。乃於内戎服，盛糧糗，帶背刀，攜息悜及所愛妾五人，皆著男子服相隨。城内擾亂，白刃交橫，義宣大懼落馬，仍便步地。超人送城外，更以馬與之。超人還守城。

[1]惛塾：迷惘昏亂。

義宣冀及秀，望諸將送北入魏。既失秀所在，未出郭，將士逃盡，唯餘悜及五妾兩黄門而已。夜還向城，入南郡空廨，無牀，蓆地至旦。[1]遣黄門報超人，超人遣故車一乘，載送刺姦。[2]義宣止獄户，[3]坐地歎曰："臧質老奴誤我。"始與五妾俱入獄，五妾尋被遣出。義宣號泣語獄吏曰："常日非苦，今日分別始是苦。"大司馬江夏王義恭諸公王八坐與荆州刺史朱脩之書，[4]言"義宣反道叛恩，便宜專行大戮"。[5]書未達，脩之已至江陵，於獄盡之。孝武聽還葬舊墓。

[1]蓆：按，大德本、汲古閣本、殿本、百衲本作"席"。
[2]刺姦：官名。掌監察司法。《資治通鑑》卷一二八《宋紀十》孝武帝孝建元年胡三省注："自漢以來，公府有刺姦掾。"

［3］獄戶：監獄。

［4］八坐：亦作八座。尚書省高級官員合稱。魏晉南朝以尚書令、左右僕射、五曹尚書爲八座。

［5］便宜：指斟酌情勢以自決行事之權。

長子恢年十一，拜南譙王世子。晉氏過江，不置城門校尉及衛尉官。孝武欲重城禁，故復置衛尉卿，以恢爲侍中，領衛尉。[1]衛尉之置，自恢始也。義宣反，錄付廷尉，[2]自殺。恢弟愷字景穆，生而養於宮中，寵均皇子。十歲封宜陽侯，孝武時進爲王。義宣反問至，愷於尚書寺内著婦人衣，乘問訊車投臨汝公孟詡，[3]詡於妻室内爲地窟藏之。事覺，并詡誅。其餘並爲脩之所殺。

［1］衛尉：官名。南朝宋孝武帝復置。專掌宮城門防衛。宋三品。

［2］廷尉：官名。掌刑獄。南朝又置建康三官，分掌刑法審判，廷尉職權較漢爲輕。宋三品。

［3］臨汝公孟詡：疑爲臨汝公孟靈休子。孟靈休，孟昶子。事見本書卷一五《徐湛之傳》。

衡陽文王義季，幼而夷簡，[1]無鄙近之累。文帝爲荆州，武帝使隨往，由是特爲文帝所愛。元嘉元年，封衡陽王。十六年，代臨川王義慶爲都督、荆州刺史。

［1］夷簡：平淡質樸。

先是義慶在任，遇巴、蜀擾亂，師旅應接，府庫空虛。義季畜財節用，數年還復充實。隊主續豐母老家貧，[1]無以充養，遂不食肉。義季哀其志，給豐每月粟二斛，[2]錢一千，并制豐啖肉。義季素拙書，上聽使人書啓事，唯自署名而已。

[1]隊主：官名。隊爲當時軍隊的基層組織，下設隊副，上屬軍主。所指揮的兵力自數十人至數百人不等。

[2]每：按，大德本、汲古閣本、殿本、百衲本作“母”。粟：按，大德本、汲古閣本、殿本、百衲本作“米”。

嘗大蒐於郢，[1]有野老帶苦而耕，[2]命左右斥之。老人擁耒對曰：“昔楚子盤游，受譏令尹，[3]今陽和扇氣，播厥之始，[4]一日不作，人失其時。大王馳騁爲樂，驅斥老夫，非勸農之意。”義季止馬曰：“此賢者也。”命賜之食。老人曰：“吁！願大王均其賜也。苟不奪人時，則一時皆享王賜，老人不偏其私矣。斯飯也弗敢當。”問其名，不言而退。義季素嗜酒，自彭城王義康廢後，遂爲長夜飲，略少醒日。文帝詰責曰：“此非唯傷事業，亦自損性，皆汝所諳。近長沙兄弟皆緣此致故，將軍蘇徵耽酒成疾，且多待盡。[5]一門無此醋法，[6]汝於何得之？”義季雖奉旨，醋縱不改成疾，以至於終。

[1]嘗大蒐於郢：中華本校勘記云：“‘郢’《太平御覽》八三一引《南史》、又八五〇引《宋書》並作‘郊’。按江陵，楚之郢都，作‘郢’可通，然作‘郊’義似更長。”大蒐，圍獵。

　　[2]苦：按，大德本、汲古閣本、殿本、百衲本作“苫”。底本誤，應據諸本改。苫，草墊子。

　　[3]昔楚子盤游，受譏令尹：楚子大概指楚莊王，令尹，春秋戰國時期楚國最高官職。楚莊王即位之初，“不出號令，日夜爲樂”，諫勸過他的有多人。

　　[4]播厥：播種。

　　[5]多：按，大德本、汲古閣本、殿本、百衲本作“夕”。底本誤，應據諸本改。

　　[6]酣法：按，《宋書》卷六一《衡陽文王義季傳》作“酣酒”。

　　二十一年，徵爲征北大將軍、開府儀同三司、南兗州刺史，[1]加都督。發州之日，帷帳哭服諸應隨刺史者，[2]悉留之，荆楚以爲美談。

　　[1]征北大將軍：官名。職如征北將軍，但高一級，多出鎮方面，都督數州軍事。宋二品。

　　[2]哭服：按，大德本、汲古閣本、殿本、百衲本作“器服”。底本誤，應據諸本改。

　　二十二年，遷徐州刺史。明年，魏攻邊，北州擾動。義季慮禍，不欲以功勤自業，無他經略，唯飲酒而已。文帝又詔責之。

　　二十四年，薨於彭城。太尉江夏王義恭表解職迎喪，不許。上遣東海王褘迎喪，[1]追贈司空。傳國至孫，齊受禪，國除。

[1]東海王禕：字休秀，宋文帝第八子。本書卷一四、《宋書》卷七九有傳。

論曰：自古帝王之興，雖係之于歷數，[1]至於經啓多難，莫不兼藉親賢。當於餘祚內侮，荀、桓交逼，[2]荊楚之勢，同于累卵。如使上略未盡，一筭或遺，則得喪之機，未可知也。烈武王擎群才，[3]揚盛策，一舉而埽勃寇，蓋亦人謀之致乎。長沙雖位列台鼎，不受本根之寄，[4]迹其行事，有以知武皇之則哲。[5]廬陵以帝子之重，兼高明之姿，釁迹未彰，禍生忌克，痛矣！夫天倫猶子，分形共氣，親愛之道，人理斯同；富貴之情，其義則舛。善乎龐公之言：[6]比之周公、管、蔡，若處茅屋之內，宜無放殺之酷。觀夫彭城、南郡，其然乎。江夏地居愛子，位當上相，大明之世，親禮冠朝，屈體降身，歸于卑下，得使兩朝暴主，永無猜色，歷載踰十，以尊戚自保。及在永光，幼主南面，公旦之重，屬有所歸，自謂踐冰之慮已除，太山之安可恃，曾未云幾，而磔體分肌。古人以隱微致誡，斯爲篤矣。衡陽晚存酒德，何先後之云殊，其將存覆車之鑒；不然，何以致於是也。

[1]歷數：指帝王繼承的次序。古代迷信説法，認爲帝位相承和天象運行次序相應。

[2]荀、桓交逼：荀指盧循部將荀林。桓指桓玄餘黨。

[3]擎：同"攬"。

[4]本根：按，大德本、殿本、百衲本同，汲古閣本作"根

本"。

〔5〕則哲:《尚書·皋陶謨》:"知人則哲,能官人。"後以"則哲"謂知人。

〔6〕龐公:龐統。字士元,東漢末襄陽(今湖北襄陽市)人。與諸葛亮齊名。《三國志》卷三七有傳。

南史　卷一四

列傳第四

宋宗室及諸王下

宋文帝諸子　孝武諸子　孝明諸子

　　文帝十九男：元皇后生元凶劭，潘淑妃生始興王濬，路淑媛生孝武帝，吳淑儀生南平穆王鑠，高脩儀生廬陵昭王紹，殷脩華生竟陵王誕，曹婕妤生建平宣簡王宏，[1]陳脩容生東海王禕，[2]謝容華生晉熙王昶，江脩容生武昌王渾，沈婕妤生明帝，楊美人生始安王休仁，[3]邢美人生山陽王休祐，[4]蔡美人生海陵王休茂，董美人生鄱陽哀王休業，顏美人生臨慶沖王休倩，陳美人生新野懷王夷父，荀美人生桂陽王休範，羅美人生巴陵哀王休若。紹出繼廬陵孝獻王義真。[5]

　　[1]宏：按，殿本、百衲本同，汲古閣本作“弘”。

　　[2]陳脩容生東海王褘：中華本校勘記云：“‘東海王’目録及本傳並作‘廬陵王’。《宋書》作‘廬江王’，而‘東海王’爲其始封。今改目録‘廬陵’爲‘廬江’。”

　　[3]楊美人生始安王休仁：中華本校勘記云：“‘始安王’目録同，本傳作‘建安王’。按‘始安王’爲其降封。”

　　[4]邢美人生山陽王休祐：中華本校勘記云：“‘山陽王’目録及本傳並作‘晋平王’。按‘山陽王’爲其始封。”

　　[5]廬陵孝獻王義真：劉義真。宋武帝第二子。本書卷一三、《宋書》卷六一有傳。

　　元凶劭字休遠，文帝長子也。帝即位後，諒闇中生劭，[1]故秘之。元嘉三年閏正月方云劭生。[2]自前代人君即位後，皇后生太子，唯殷帝乙踐祚，正妃生紂，至此又有劭焉。

　　[1]諒闇：指居喪。多用於皇帝。
　　[2]元嘉：南朝宋文帝劉義隆年號（424—453）。

　　始生三日，帝往視之，簪帽甚堅，無風而墜于劭側，上不悦。初命之曰劭，在文爲召刀，後惡焉，[1]改刀爲力。年六歲，拜爲皇太子，中庶子二率入直永福省，[2]爲更築宮，制度嚴麗。年十二，出居東宮，納黄門侍郎殷淳女爲妃。[3]十三加元服。好讀史傳，尤愛弓馬。及長，美鬚眉，大眼方口，長七尺四寸。親覽宮事，延賓客，意之所欲，上必從之。東宮置兵與羽林等。十七年，劭拜京陵，[4]大將軍彭城王義康、竟陵王誕、桂陽侯義融並從。[5]

　　[1]惡：按，汲古閣本、百衲本同，殿本作“患”。

　　[2]中庶子：官名。太子中庶子省稱。東宮屬官，侍從左右，獻納規諫。宋五品。　　二率：指太子二率，太子左衞率、太子右衞率的合稱。爲掌管東宮門衞的官員。　　永福省：南朝皇太子出居東宮前在皇宮中的住地。《資治通鑑》卷一二七《宋紀九》文帝元嘉三十年胡三省注：“永福省，太子所居也，在禁中。”

　　[3]黃門侍郎：官名。門下省次官，與侍中俱掌門下衆事，出入禁中，位頗重要。宋五品。　　殷淳：字粹遠，陳郡長平（今河南西華縣）人，殷景仁從祖弟。在秘書閣撰《四部書目》。本書卷二七有附傳，《宋書》卷五九有傳。

　　[4]京陵：南朝宋皇帝的祖塋。宋武帝劉裕父母死後葬於京口，後又名之興寧陵。在今江蘇鎮江市丹徒區。

　　[5]彭城王義康：劉義康。宋武帝第四子。本書卷一三、《宋書》卷六八有傳。　　桂陽侯義融：劉義融。長沙王劉道憐子。本書卷一三、《宋書》卷五一有附傳。

　　二十七年，上將北侵，劭與蕭思話固諫，[1]不從。魏太武帝至瓜步，[2]上登石頭城，[3]有憂色。劭曰：“不斬江湛、徐湛之，[4]無以謝天下。”上曰：“北伐自我意，不關二人；但湛等不異耳。”由是與江、徐不平。

　　[1]蕭思話：南蘭陵（今江蘇常州市武進區）人，宋孝懿蕭皇后侄。本書卷一八、《宋書》卷七八有傳。

　　[2]魏太武帝：拓跋燾。小字佛貍。北魏第三代君主，在位三十年（423—452）。廟號世祖。《魏書》卷四有紀。　　瓜步：山名。又作瓜埠山。在今江蘇南京市六合區東南。古時南臨大江，南北朝時爲軍事要地。

　　[3]石頭城：城名。在今江蘇南京市清涼山。六朝時，江流緊

迫山麓，城負山面江，南臨秦淮河口，當交通要衝，爲建康軍事重鎮。

[4]江湛：字徽淵，本書避唐高祖李淵諱改作"徽深"，濟陽考城（今河南民權縣）人。爲宋文帝起草廢太子劉劭詔書，被劉劭所殺。本書卷三六有附傳，《宋書》卷七一有傳。　徐湛之：字孝源，東海郯（今山東郯城縣）人，宋武帝外孫。以廢立事爲劉劭所害。本書卷一五有附傳，《宋書》卷七一有傳。

　　上時務本業，使宫内皆蠶，欲以諷勵天下。有女巫嚴道育夫爲劫，坐没入奚官。[1]劭姊東陽公主應閣婢王鸚鵡白公主道育通靈，主乃白上託云善蠶，求召入。道育云："所奉天神，當賜符應。"時主夕卧，見流光相隨，狀若螢火，遂入巾箱化爲雙珠，圓青可愛。於是主及劭並信惑之。始興王濬素佞事劭，並多過失，慮上知，使道育祈請，欲令過不上聞。歌儛呪詛，[2]不捨晝夜。道育輒云："自上天陳請，必不泄露。"劭等敬事，號曰天師。後遂爲巫蠱，[3]刻玉爲上形像，埋於含章殿前。

　　[1]奚官：官署名。掌管宫人疾病、罪罰、喪葬等事，管理使役從坐爲奴的罪犯家屬。長官爲令、丞。
　　[2]儛呪：按，汲古閣本作"舞呪"，殿本作"儛兒"。
　　[3]巫蠱（gǔ）：古代稱巫師使用邪術加害於人爲巫蠱。

　　初，東陽公主有奴陳天興，鸚鵡養以爲子而與之淫通。鸚鵡、天興及寧州所獻黄門慶國並與巫蠱事，[1]劭以天興補隊主。[2]東陽主薨，鸚鵡應出嫁，劭慮言語泄，與濬謀之，嫁與濬府佐吴興沈懷遠爲妾。不啓上，慮事泄，因臨賀公主微言之。上後知天興領隊，遣閹人奚承祖讓劭曰：“汝間用隊主副盡是奴邪？欲嫁者又嫁何處？”劭答：“南第昔屬天興求將吏驅使，視形容粗健，便兼隊副；下人欲嫁者猶未有處。”時鸚鵡已嫁懷遠矣。劭懼，書告濬，并使報臨賀主，上若問嫁處，當言未定。濬答書曰：“啓此事多日，今始來問，當是有感發之者。計臨賀故不應飜覆言語，自生寒熱也。此姥由來挾兩端，難可孤保，正爾自問臨賀冀得審實也。其若見問，當作依違答之。天興先署佞人府位，不審監上當無此簿領，可急宜撹之。[3]殿下已見王未？宜依此具令嚴自躬上啓聞。彼人若爲不已，政可促其餘命，或是大慶之漸。”凡劭、濬相與書類如此。所言皆爲名號，謂上爲“彼人”，或以爲“其”；[4]謂太尉江夏王義恭爲“佞人”；[4]東陽主第在西掖門外，故云“南第”。王即鸚鵡姓。“躬上啓聞”者，令道育上天白天神也。鸚鵡既適懷遠，慮與天興私通事泄，請劭殺之。劭密使人害天興。既而慶國謂往來唯有二人，天興既死，慮將見及，乃以白上。上驚惋，即收鸚鵡家，得劭、濬手書，皆呪詛巫蠱之言。得所埋上形像於宮内。道育叛亡，捕之不得。上詰責劭、濬，劭、濬唯陳謝而已。道育變服爲尼，逃匿東宮。濬往京口，[5]又以自隨，或出止人張旿家。上謂江夏王義恭曰：“常見典籍有此，謂之傳空言，[6]不意親覿。劭南面之日，非復我及汝事。汝兒子多，將來遇此不幸耳。”

[1]寧州：州名。治味縣，在今雲南曲靖市。
[2]隊主：官名。隊爲當時軍隊的基層組織，下設隊副，上屬

軍主。所指揮的兵力自數十人至數百人不等。

[3]撻：按，汲古閣本、殿本、百衲本同，中華本據《宋書》卷九九《元凶劭傳》改作"犍"。"犍"義謂閹割。

[4]江夏王義恭：劉義恭。宋武帝第五子。本書卷一三、《宋書》卷六一有傳。

[5]京口：城名。在今江蘇鎮江市。

[6]謂之傳空言：按，汲古閣本、殿本、百衲本同。《宋書·元凶劭傳》作"謂之書傳空言"。中華本據《宋書·元凶劭傳》改作"謂止書傳空言"。

先是二十八年，彗星起畢、昴，[1]入太微，[2]掃帝坐端門，[3]滅翼、軫。[4]二十九年，熒惑逆行守氐，[5]自十一月霖雨連雪，陽光罕曜。時道士范材脩練形術，是歲自言死期，如期而死。既殯，江夏王疑其仙也，使開棺視之，首如新刜，血流于背，上聞而惡焉。

[1]彗星起畢、昴：有彗星見於畢、昴。畢，星宿名。二十八宿之一，西方白虎七宿中的第五宿。昴，星宿名。二十八宿之一，西方白虎七宿中的第四宿。

[2]太微：星座名。三垣之一。位於北斗之南，軫、翼之北。太微被古人視爲天帝之廷。

[3]端門：太微垣南藩二星，東曰左執法，西曰右執法，左、右執法之間稱"端門"，爲太微垣的南門。

[4]滅翼、軫：遮蔽翼、軫。翼，星宿名。二十八宿之一，南方朱雀七宿中的第六宿。軫，星宿名。二十八宿之一，南方朱雀七宿中的第七宿。

[5]熒惑：星名。火星。熒惑主戰亂，被古人視爲凶星。　氐：星宿名。亦稱天根。二十八宿之一，東方蒼龍七宿中的第三宿。

　　三十年正月，大風飛霰且雷，上憂有竊發，[1]輒加劭兵，東宮實甲萬人。其年二月，濬自京口入朝，當鎮江陵，[2]復載道育還東宮，欲將西上。有告上云："京口人張旿家有一尼服食，出入征北內，[3]似是嚴道育。"上使掩得二婢，云："道育隨征北還都。"上惆悵惋駭，須撿覆，廢劭賜濬死。初，濬母卒，命潘淑妃養以爲子。[4]淑妃愛濬，濬心不附。妃被寵，上以謀告之。妃以告濬，[5]濬報劭，因有異謀。每夜饗將士，或親自行酒，密與腹心隊主陳叔兒、齋帥張超之、任建之謀之。[6]

　　[1]竊：按，殿本、百衲本同，汲古閣本作"禍"。

　　[2]江陵：縣名。治所在今湖北荆州市荆州區。亦爲荆州及南郡治所。

　　[3]征北：始興王濬爲征北將軍，故稱之。

　　[4]命潘淑妃養以爲子：錢大昕《廿二史考異》卷三五云："前文云潘淑妃生始興王濬，則濬實潘妃所生。《宋書·二凶傳》亦無養子之説，李延壽據它書增入，以致自相矛盾。"

　　[5]告濬：按，殿本、百衲本同，汲古閣本作"告之濬"。

　　[6]齋帥：官名。在皇帝、諸王及州郡長官左右擔任侍衞及灑掃鋪設等職。地位較低，多由寒人充任。

　　其月二十一日夜，詐作上詔，云："魯秀謀反，[1]汝可平明率衆入。"因使超之等集素所養士二千餘人皆被甲，云"有所討"。宿召前中庶子右軍長史蕭斌及左衞率袁淑、中舍人殷仲素、左積弩將軍王正見並入，[2]告以大事，自起拜斌等，因流涕。並驚愕。明旦，劭以朱服加戎服上，乘畫輪車，與蕭斌同載，衛從如常入朝儀，從萬春門入。[3]舊制，東宮隊不得入城，劭語門衛云："受詔有所收討。"令後速來，張超之等數十人馳入雲龍東中華門。及齋閤，拔刃徑上合殿。上其夜與尚書僕射徐湛之屏人語，[4]至旦燭猶未滅，門階户席並無侍衛。上以几自郭，超之行殺，[5]上五指俱落，并殺湛之。劭進至合殿中閤，文帝已崩。出坐東堂，蕭斌執刀侍直，呼中書舍人顧琁。[6]琁懼，不時出，及至，問曰："欲共見廢，何不早啓。"未及答，斬之。遣人於崇禮闥，[7]殺吏部尚書江湛。[8]文帝左細仗主卜天與攻劭於東堂，[9]見殺。又使人入殺潘淑妃，剖其心觀其邪正。使者阿旨，答曰："心邪。"劭曰："邪佞之心，故宜邪也。"又殺文帝親信左右數十人。急召始興王濬率衆屯中堂。[10]

[1]魯秀：小字天念，扶風郿（今陝西眉縣）人，魯爽弟。事見本書卷四〇《魯爽傳》。

[2]蕭斌：南蘭陵（今江蘇常州市武進區）人。宋文帝元嘉末，佐太子劉劭謀殺文帝。事見《宋書》卷七八《蕭思話傳》、卷九九《元凶劭傳》。　袁淑：字陽源，陳郡陽夏（今河南太康縣）人。歷任宣城太守、尚書吏部郎、御史中丞、太子左衛率。太子劉劭將殺文帝，不從被殺。本書卷二六有附傳，《宋書》卷七〇有傳。　中舍人：官名。太子中舍人。與中庶子共掌文翰，位在中庶子下，洗馬之上。宋六品。　左積弩將軍：官名。南朝宋置。爲東宮侍從武官，員十人。屬太子左、右衛率。

[3]萬春門：城門名。臺城（宮城）東門。

[4]尚書僕射：官名。尚書省次官，與尚書令同居宰相之任。若置二人，則爲左、右僕射；若單置，僅稱尚書僕射。若尚書令缺，則以左僕射爲尚書省長官；若左右僕射並缺，則置尚書僕射以掌左僕射之事。宋三品。

[5]殺：按，百衲本同，汲古閣本、殿本作“弑”。

[6]中書舍人：官名。中書省屬官。南朝諸帝引用寒門人士，入直禁中，掌出宣詔命，受理文書章奏。職權日重，架空了中書省長官。宋八品（參見周一良《魏晉南北朝史札記》，中華書局1985年版，第146頁）。　顧瑕：按，汲古閣本、殿本、百衲本同，中華本據《宋書·元凶劭傳》改作“顧䚅”。

[7]崇禮闥：指尚書省。

[8]吏部尚書：官名。掌官吏銓選、任免等事宜。東晉、南朝尚書中以吏部尚書爲最貴。《資治通鑑》卷一一九《宋紀一》少帝景平元年胡三省注：“自晋以來，謂吏部尚書爲大尚書，以其在諸曹之右，且其權任要重也。”宋三品。

[9]左細仗主：細仗應是皇帝身邊最親近的宿衛兵，以所領細仗而得名。　天與：按，殿本、百衲本同，汲古閣本作“天興”。

[10]中堂：又名南皇堂、中皇堂。東晉、南朝時在建康城宣陽門外，建康有警，多遣親貴出屯於此。

　　劭即僞位，百僚至者裁數十人，乃爲書曰：“徐湛之殺逆，吾勒兵入殿，已無所及。今罪人斯得，元凶剋殄，可大赦，改元爲太初。”素與道育所定也。蕭斌曰：“舊踰年改元。”劭以問侍中王僧綽，[1]僧綽曰：“晋惠帝即位便改年。”劭喜而從之。初使蕭斌作詔，斌以不文，[2]乃使王僧綽。始文帝未崩前一日甲夜，太史奏：“東方有急兵，其禍不測，宜列萬人兵於太極前殿，可以銷災。"上不從。及劭弑逆，聞而歎曰："幾誤我事。"
乃問太史令曰："我得幾年。"對曰："得十年。"退而語
人曰："十旬耳。"劭聞而怒，毆殺之。

[1] 侍中：官名。門下省長官。參預機密政務，掌規諫及賓贊
威儀，乃至封駁、平省尚書奏事等。宋三品。　　王僧綽：琅邪臨沂
（今山東臨沂市）人，王曇首子。本書卷二二有附傳，《宋書》卷
七一有傳。

[2] 斌以不文：按，汲古閣本、百衲本同，殿本、中華本作
"斌辭以不文"。

　　即位訖，便稱疾還入永福省，然後遷大行皇帝升太
極殿，以蕭斌爲尚書僕射，何尚之爲司空。[1]大行大斂，
劭辭疾不敢出。先給諸處兵仗，悉收還武庫。遣人謂魯
秀曰："徐湛之常欲相危，我已爲卿除之。"使秀與屯騎
校尉龐秀之對掌軍隊。[2]以侍中王僧達爲吏部尚書，[3]司
徒左長史何偃爲侍中。[4]

[1] 何尚之：字彥德，廬江灊（今安徽霍山縣）人。本書卷三
○、《宋書》卷六六有傳。　　司空：官名。三公之一，爲名譽宰相，
多爲重臣加官。宋一品。

[2] 屯騎校尉：官名。爲侍衛武官，隸中領軍（領軍將軍），
用以安置勳舊武臣。宋四品。　　龐秀之：以蕭斌故吏受太子劉劭信
任，後歸宋孝武帝，歷任徐州刺史、太子右衛率。事見《宋書》卷
六《孝武帝紀》、卷七八《蕭思話傳》。

[3] 王僧達：按，汲古閣本、殿本、百衲本同，中華本改作
"王僧綽"，其校勘記云："'王僧綽'各本譌'王僧達'。按《王僧

綽傳》：'劭立，轉僧綽吏部尚書。'今據改。"應從改。

　　[4]何偃：字仲弘，廬江灊（今安徽霍山縣）人，何尚之子。
本書卷三〇有附傳，《宋書》卷五九有傳。

　　成服日，劭登殿臨靈，號慟不自持。博訪公卿，詢
求政道，遣使分行四方。分浙江以東五郡爲會州，省揚
州，立司隸校尉，[1]以殷沖補之。[2]以大將軍江夏王義恭
爲太保，[3]司徒南譙王義宣爲太尉。[4]荊州刺史始興王濬
進號驃騎將軍，[5]王僧綽以先豫廢立見誅。長沙王瑾弟
揩、臨川王燁、桂陽侯覬、新渝侯玠，[6]並以宿恨死。
禮官希旨，謚文帝不敢盡美稱，謚曰中宗景皇帝。及聞
南譙王義宣、隨王誕等起義師，悉聚諸王於城內。移江
夏王義恭住尚書下舍，[7]分義恭諸子住侍中下省。[8]

　　[1]司隸校尉：官名。兩漢皆置，掌察舉京師百官及京師近郡
犯法者，並領京師所在之州。按，劉劭改揚州爲司隸校尉，模仿魏
晋洛陽舊制。

　　[2]殷沖：字希遠，陳郡長平（今河南西華縣）人，殷淳弟。
本書卷二七、《宋書》卷五九有附傳。

　　[3]太保：官名。南朝除蕭齊外皆置，位雖尊榮，無實權職事，
多用以安置元老勳舊。宋一品。

　　[4]太尉：官名。三公之一，魏晋南北朝爲名譽宰相。宋一品。

　　[5]驃騎將軍：官名。居諸名號將軍之首，僅作爲軍府名號，
加授大臣或重要州郡長官。宋二品。

　　[6]揩：按，汲古閣本、殿本、百衲本作"楷"。

　　[7]尚書下舍：又稱尚書下省。魏晋南北朝諸曹尚書辦公之署，
爲當時處理日常政務的主要場所。因設在宮禁中，故亦常令輔政大

臣入直。

　　[8]侍中下省：位於神虎門外。神虎門爲宮城（臺城）西門。

　　四月，立妻殷爲皇后。

　　孝武檄至，劭自謂素習武事，謂朝士曰："卿等助我理文書，勿厝意戎陣。若有寇難，吾當自出，唯恐賊虜不敢動耳。"中外戒嚴。防孝武世子於侍中省，南譙王義宣諸子於太倉空屋。劭使濬與孝武書，言"上親御六師，太保又執鉞臨統，吾與烏羊相尋即道。上聖恩每厚法師，令在殿内住，想弟欲知消息，故及"。烏羊者，南平王鑠，法師，孝武世子小名也。

　　劭欲殺三鎮士庶家口，江夏王義恭、何尚之説曰："凡舉大事，不顧家口；且多是驅逼。今忽誅其餘累，政足堅彼意耳。"[1]劭乃下書，一無所問。

　　[1]政：通"正"。衹，恰好。

　　濬及蕭斌勸劭勒水軍自上決戰，江夏王義恭慮義兵倉卒，船舫陋小，不宜水戰。乃進策以爲"宜以近侍之，[1]遠出則京師空弱，東軍乘虛，容能爲患。[2]不如養鋭待期"。劭善其議。蕭斌厲色曰："中郎二十年業不少能建如此大事，[3]豈復可量。"劭不納。疑朝廷舊臣不爲之用，厚撫王羅漢、魯秀，悉以兵事委之，多賜珍玩美色以悦其志。羅漢先爲南平王鑠右軍參軍，劭以其有將用，故以心膂委焉。或勸劭保石頭城者，劭曰："昔人所以固石頭，俟諸侯勤王耳。我若守此，誰當見救，唯應

力戰決之。”日日自出行軍，慰勞將士。使有司奏立子
偉之爲皇太子。

[1]侍：按，汲古閣本、殿本、百衲本作“待”。底本誤，應
據諸本改。

[2]容能爲患：或許爲患。容能，或許，也許。

[3]中郎二十年業不少能建如此大事：按，汲古閣本、百衲本
同，殿本、中華本作“南中郎二十年少業能建如此大事”。中華本
於“少”後點斷，其校勘記云：“百衲本、汲古閣本作‘中郎二十
年業不少，能建如此大事’。此據南、北監本及殿本、局本；《通
志》同，惟無‘業’字。”

及義軍至新亭，[1]劭登朱雀門躬自督戰。[2]將士懷劭
重賞，皆爲之力戰。將剋，而魯秀打退鼓，軍乃止，爲
柳元景等所乘，[3]故大敗。褚湛之攜二子與檀和之同歸
順，[4]劭懼，走還臺城。其夜，魯秀又南奔。二十五日，
江夏王義恭單馬南奔，劭遣潛殺義恭諸子，以輦迎蔣侯
神像於宮內，[5]乞恩，拜爲大司馬，封鍾山郡王，蘇侯
爲驃騎將軍。[6]使南平王鑠爲祝文，罪狀孝武。二十七
日，臨軒，拜子偉之爲皇太子，百官皆戎服，劭獨袞
衣，下書大赦，唯孝武、劉義恭、義宣、誕不在原例。

[1]新亭：地名。在今江蘇南京市西南。地近江濱，依山築城
壘，爲軍事及交通重地。

[2]朱雀門：一名大航門。六朝首都建康城南面城門。在今江
蘇南京市中華門內，秦淮河邊。

[3]柳元景：字孝仁，河東解（今山西臨猗縣）人。本書卷三

八、《宋書》卷七七有傳。

[4]褚湛之：字休玄，河南陽翟（今河南禹州市）人。本書卷二八、《宋書》卷五二有附傳。　檀和之：高平金鄉（今山東嘉祥縣）人。京口起兵舊人檀憑之子。爲交州刺史、南兗州刺史。事見《宋書》卷五《文帝紀》、卷七四《臧質傳》等。

[5]蔣侯神：東漢末，秣陵尉蔣子文討賊，戰死於鍾山。三國吳大帝爲立廟，成爲鍾山之神。事見東晋干寶《搜神記》卷五。

[6]蘇侯：蘇峻。東晋將領。《晋書》卷一〇〇有傳。按，本卷下文"蘇侯神"亦指蘇峻。

五月三日，魯秀等攻大航，[1]鉤得一舶。王羅漢昏酣作妓，聞官軍已度，驚放仗歸降。是夜，劭閉守六門，[2]於門內鑿塹立柵，以露車爲樓。城內沸亂，將吏並踰城出奔。[3]劭使詹叔兒燒輦及袞冕服。蕭斌聞大航不守，惶窘不知所爲，宣令所統皆使解甲，尋戴白幡來降，即於軍門伏誅。

[1]大航：浮橋名。亦稱朱雀航、朱雀橋、南桁等。建康南城門朱雀門外之浮橋，橫跨秦淮河上。爲連船而成，長九十步，廣六丈。在今江蘇南京市鎮淮橋東南。

[2]六門：南朝宮廷及中央官廨集中所在的臺城之門。《資治通鑑》卷一二七《宋紀九》文帝元嘉三十年胡三省注："臺城六門，大司馬門、東華門、西華門、萬春門、太陽門、承明門也。"

[3]吏：按，殿本、百衲本同，汲古閣本作"士"。

四日，劭腹心白直諸同逆先屯閶闔門外，[1]並走還入殿。程天祚與薛安都副譚金因而乘之，[2]即得俱入。

臧質從廣莫門入，[3]同會太極殿前。即斬太子左衞率王正見，建平、東海等七王並號哭俱出。劭穿西垣入武庫井中，副隊高禽執之。濬率左右數十人，與南平王鑠於西明門出，俱南奔，於越城遇江夏王義恭。[4]濬下馬，曰：“南中郎今何在？” 義恭曰：“已君臨萬國。” 又稱字曰：“虎頭來，得無晚乎？” 義恭曰：“恨晚。” 又曰：“故當不死？” 義恭曰：“可詣行闕請罪。” 又曰：“未審猶能得一職自效不？” 義恭又曰：“此未可量。” 勒與俱自歸，命於馬上斬首。

[1]閶闔門：汲古閣本、殿本、百衲本作“閶闔門”。底本誤，應據諸本改。

[2]程天祚：冀州廣平（今河北雞澤縣）人。宋文帝元嘉時爲殿中將軍，於汝陽督戰被北魏俘虜。因善針灸，受到魏太武帝賞識，封南安郡公。後歸宋任山陽太守。事見本書卷四〇《魯爽傳》等。　薛安都：字休達，河東汾陰（今山西萬榮縣）人。宋明帝時舉兵響應晉安王劉子勛，兵敗降魏。本書卷四〇、《宋書》卷八八有傳。　譚金：南朝宋將領。爲宋前廢帝心腹爪牙。明帝立，被誅。本書卷四〇、《宋書》卷八三有附傳。

[3]臧質：字含文，東莞莒（今山東莒縣）人，宋武帝臧皇后之侄。本書卷一八有附傳，《宋書》卷七四有傳。　廣莫門：城門名。建康都城的北門。

[4]越城：又稱范蠡城、越臺。相傳春秋越國范蠡築。在今江蘇南京市中華門外。

濬字休明，將産之夕，有鵬鳴於屋上，[1]聞者莫不惡之。元嘉十三年，八歲，封始興王。濬少好文籍，資質端妍，母潘淑妃有盛寵。時六宫無主，潘專總内政。濬人才既美，母又至愛，文帝甚所留心。與建平王宏、侍中王僧綽、中書郎蔡興宗等，[2]並以文義往復。

[1]鵩（fú）：一種不吉祥的鳥，形似貓頭鷹。

[2]中書郎：官名。中書侍郎省稱。爲中書監、令之副，助監、令掌尚書奏事。宋五品。　蔡興宗：濟陽考城（今河南民權縣）人，蔡廓子。士族出身。本書卷二九、《宋書》卷五七有附傳。

初元皇后性忌，以潘氏見幸，恚恨致崩。故劭深病潘氏及濬。濬慮將來受禍，乃曲意事劭，劭與之遂善。多有過失，屢爲上所讓，憂懼，乃與劭共爲巫蠱。後出鎮京口，乃因員外散騎侍郎徐爰求鎮江陵，[1]又求助於尚書僕射徐湛之。而尚書令何尚之等咸謂濬太子次弟，不應遠出。上以上流之重，宜有至親，故以濬爲衛將軍、開府儀同三司、荆州刺史，[2]加都督，[3]領護南蠻校尉。[4]濬入朝，遣還京口，爲行留處分。至京口數日而巫蠱事發，時二十九年七月也。上惋歎彌日，謂潘淑妃曰："太子圖富貴，更是一理，虎頭復如此，非復思慮所及。汝母子豈可一日無我邪？"明年荆州事方行。二月，濬還朝。十四日，臨軒受拜。其日，藏嚴道育事發，明旦濬入謝，上容色非常，其夕即加詰問。濬唯謝罪。潘淑妃抱濬泣曰："汝始呪詛事發，猶冀刻己思愆，何意忽藏嚴道育。今日用活何爲，可送藥來，吾當先自取盡，不忍見汝禍敗。"濬奮衣去，曰："天下事尋自判，[5]必不上累。"

[1]員外散騎侍郎：官名。爲閑散之職，常用以安置閑退官員、衰老人士。　徐爰：字長玉，南琅邪開陽（今江蘇常州市武進區）人。本書卷七七、《宋書》卷九四有傳。

[2]衛將軍：官名。多作爲軍府名號，以加大臣或重要州郡長官。宋二品。　開府儀同三司：官名。爲大臣加號，指禮制、待遇與三公相同，許開設府署，自辟僚屬。係給非三公官員以三公待遇。　荆州：州名。治江陵縣，在今湖北荆州市荆州區。

[3]都督：官名。地方軍政長官。魏晉以後，都督諸州軍事多兼任駐地州刺史，爲該地區的軍政長官。分使持節、持節、假節三種，職權各有不同。

[4]領：兼任。　護南蠻校尉：官名。立府於江陵，統兵。掌荆州及江州少數民族事務。宋四品。

[5]判：評定，裁決。

劭入弒之旦，[1]濬在西州。[2]府舍人朱法瑜曰："臺內叫喚，宮門皆閉，道上傳太子反，未測禍變所至。"濬陽驚曰："今當奈何。"濬未得劭信，不知事之濟不，騷擾不知所爲。將軍王慶曰："今宮內有變，未知主上安危，預在臣子，當投袂赴難。"濬不聽。俄而劭遣張超之馳馬召濬，濬問狀訖，即戎服乘馬而去。朱法瑜固止濬，濬不從。至中門，王慶又諫不宜從逆。濬曰："皇太子令，敢有復言者斬。"及入見劭，勸殺荀赤松等。[3]劭謂濬曰："潘淑妃遂爲亂兵所害。"濬曰："此是下情由來所願。"其悖逆如此。劭將敗，勸劭入海，輦珍寶繒帛下船。

[1]弒：按，汲古閣本、殿本同，百衲本作"殺"。

［2］西州：城名。東晉築，因位於臺城西南，故名。在今江蘇南京市朝天宫一帶。

［3］荀赤松：荀伯子之子。官至尚書左丞，以係徐湛之黨羽，爲劉劭所殺。事見本書卷三三《荀伯子傳》。

及劭入井，高禽於井出之。劭問天子何在，禽曰："至尊近在新亭。"將劭至殿前，臧質見之慟哭。劭曰："天地所不覆載，丈人何爲見哭。"[1] 質因辨其逆狀，[2] 答曰："先朝當見枉廢，不能作獄中囚。問計於蕭斌，斌見勸如此。"又語質曰："可得爲乞遠徙不？"質曰："主上近在航南，自當有處分。"縛劭馬上，防送軍門。及至牙下，據鞶顧望。太尉江夏王義恭與諸王共臨視之，義恭曰："我背逆歸順，有何大罪，頓殺十二兒。"劭曰："殺諸弟此一事負阿父。"江湛妻庾氏乘車罵之，龐秀之亦加誚讓。劭厲聲曰："汝輩復何煩爾。"先殺其四子，語南平王鑠曰："此何有哉。"乃斬于牙下。臨刑歎曰："不圖宋室一至於此。"劭、濬及其子並梟首大航，暴尸於市。劭妻殷氏賜死於廷尉，[3] 臨刑謂獄丞江恪曰："汝家骨肉相殘，何以枉殺天下無罪人。"恪曰："受拜皇后，非罪而何。"殷氏曰："此權時耳，當以鸚鵡爲后也。"濬妻褚氏，丹楊尹湛之之女。[4] 湛之南奔之始，即見離絶，故免於誅。其餘子女妾媵並於獄賜死。投劭、濬尸首於江，其餘同逆及王羅漢等皆伏誅。張超之聞兵入，遂至合殿故基，止於御床之所，爲亂兵所殺，剖腹刳心，臠割其肉，諸將生噉之。焚其頭骨。時不見傳國璽，問劭，云在嚴道育處。就取得之。道育、鸚鵡並都街鞭殺，[5]於石頭四望山焚其尸，[6]揚灰于江。毀劭東宮所住齋，汙瀦其處。封高禽新陽縣男。追贈潘淑妃爲長寧國夫人，[7]置守冢。僞司隸校尉殷沖、丹楊尹尹弘並賜死。沖爲劭草立符文，又妃叔父；弘爲劭簡配兵士，盡其心力故也。

[1]丈人：指臧質。其爲武敬臧皇后之侄，故劉劭呼爲丈人。

[2]辨：按，汲古閣本、百衲本同，殿本作"辯"。

[3]廷尉：官名。掌司法刑獄。南朝時政令仰承尚書省，職權漸輕。宋三品。

[4]丹楊尹：官名。京畿行政長官，屬於既機要又顯貴之職。宋三品。丹楊，郡名。即丹陽。治建康縣，在今江蘇南京市。

[5]都街：鬧市。

[6]四：按，殿本、百衲本同。汲古閣本作"回"，其下小字注云"一作四"。

[7]長寧國：汲古閣本、殿本、百衲本同，中華本據《宋書》卷九九《始興王濬傳》改作"長寧園"。按，長寧爲宋文帝陵名。

　　南平穆王鑠字休玄，文帝第四子也。元嘉十六年，年九歲，封南平王，少好學，有文才，未弱冠，擬古三十餘首，時人以爲亞迹陸機。[1]二十二年，爲南豫州刺史，加都督。時文帝方事外略，罷南豫州併壽陽，以鑠爲豫州刺史，[2]領安蠻校尉。[3]

[1]陸機：字士衡，吳郡（今江蘇蘇州市）人。西晉文學家。《晋書》卷五四有傳。按，《隋書·經籍志四》集部別集類著錄《宋南平王鑠集》五卷。

[2] 豫州：僑州名。東晉安帝義熙十二年（416）後常治壽春縣，在今安徽壽縣。

[3] 安蠻校尉：官名。南朝宋置。南平王劉鑠以豫州刺史領此，掌南北交界地區的少數民族事務。立府，設置僚佐。

　　二十六年，[1] 魏太武圍汝南懸瓠城，[2] 行汝南太守陳憲保城自固，魏作高樓施弩射城内，城内負户以汲。[3] 又毁佛圖，取金像以爲大鈎，施之衝車端以牽樓堞。城内有一沙門頗有機思，輒設奇以應之。魏人以蝦蟇車填塹，[4] 肉薄攻城，死者與城等，遂登尸以陵城。憲鋭氣愈奮，戰士無不一當百，殺傷萬計，汝水爲之不流。[5] 相拒四十餘日，鑠遣安蠻司馬劉康祖與寧朔將軍臧質救之，[6] 魏人燒攻具而退。

[1] 二十六年：此應爲“二十七年”（參見丁福林《南史考疑（十九）》，《江海學刊》2009年4期）。

[2] 懸瓠：城名。在今河南汝南縣。懸瓠城控帶潁洛，當時視爲淮泗屏蔽。南北朝爲南北軍事争奪要地。

[3] 負户以汲：背着門板（抵擋矢鏃）出來汲水。户，單扇門。

[4] 蝦蟇車：古代一種播種的車。後用以作戰。蝦蟇，即蛤蟆。

[5] 汝水：淮水支流。《漢書·地理志上》汝南郡定陵縣：“高陵山，汝水出，東南至新蔡入淮，過郡四，行千三百四十里。”

[6] 劉康祖：彭城吕（今江蘇徐州市銅山區）人。本書卷一七、《宋書》卷五〇有傳。

　　元凶殺立，以鑠爲侍中、録尚書事。[1] 劭迎蔣侯神於宮内，疏孝武年諱厭呪，祈請假授位號，使鑠造策文。及義軍入宮，鑠與濬俱歸孝武。濬即伏法。上迎鑠入宮，當時倉卒失國璽，事寧更鑄給之。進侍中、司空，[2]領兵置佐。以國哀未闋，讓侍中。

[1]録尚書事：官名。魏晋南北朝多以公卿權重者居之，總領尚書省政務，位在三公上。又有録尚書六條事、關尚書七條事等名義。

[2]司空：官名。三公之一，爲名譽宰相，多爲重臣加官。宋一品。

鑠既歸義最晚，常懷憂懼，每於眠中蹶起坐，與人語亦多謬僻。語家人云：“我自覺無復魂守。”鑠爲人負才狡競，每與兄弟計度藝能，與帝又不能和，食中遇毒，尋薨。贈司徒，加以楚穆之謚。[1]三子：敬猷、敬深、敬先。[2]

[1]加以楚穆之謚：楚世子商臣弑君父而自立，卒後謚曰穆。事見《史記》卷四〇《楚世家》。

[2]敬深：《宋書》卷七二《南平穆王鑠傳》作“敬淵”，本書避唐高祖李淵諱改。

敬深封南安縣侯，敬先繼廬陵王紹，前廢帝景和末，[1]召鑠妃江氏入宮，命左右於前逼之。江氏不受命，謂曰：“若不從，當殺汝三子。”江氏猶不從，於是遣使於第殺敬猷、敬深、敬先等，鞭江氏一百。其夕廢帝亦

殞。明帝即位，追贈敬猷侍中，謚曰懷。改封孝武帝第
十八子臨賀王子産字孝仁爲南平王，繼鑠後，未拜被
殺。泰始五年，[2]立晋平王休祐第七子宣曜爲南平王，
繼鑠。休祐死，宣曜被廢還本。後廢帝元徽元年，[3]立
衡陽恭王嶷第二子伯玉爲南平王，繼鑠後，昇明三年
被誅。[4]

[1]景和：南朝宋前廢帝劉子業年號（465）。
[2]泰始：南朝宋明帝劉彧年號（465—471）。
[3]元徽：南朝宋後廢帝劉昱年號（473—477）。
[4]昇明：南朝宋順帝劉準年號（477—479）。

　　竟陵王誕字休文，文帝第六子也。元嘉二十年，年
十一，封廣陵王。二十六年，爲雍州刺史，[1]加都督。
以廣陵凋弊，改封隋郡王。[2]上欲大舉侵魏，以襄陽外
接關河，欲廣其資力，乃罷江州軍府，文武悉配雍州，
湘州入臺租税雜物，悉給襄陽。[3]及大舉北侵，命諸藩
並出師，皆奔敗，唯誕遣中兵參軍柳元景剋弘農、關、
陝。[4]元凶立，以揚州浙江西屬司隷校尉，浙江東五郡
立會州，以誕爲刺史。

[1]雍州：州名。治襄陽縣，在今湖北襄陽市。
[2]隋：按，汲古閣本、殿本、百衲本作“隨”。底本誤，應
據諸本改。
[3]“上欲大舉侵魏”至“悉給襄陽”：上，指文帝。高敏
《南北史掇瑣》以爲：“雍州之强，襄陽之成爲重鎮，自此始也。後

來蕭道成與蕭衍等人之先後以襄陽爲根據地，未嘗與此無關。又軍府之制，於此可見其一斑。"（中州古籍出版社 2003 年版，第 82 頁）

[4]中兵參軍：官名。南朝爲王公軍府僚屬，掌本府中兵曹事務，兼備參謀咨詢。其品位隨府主地位高低不等。　弘農：郡名。治弘農縣，在今河南靈寶市北。　關：潼關。在今陝西潼關縣北，渭河入黃河處南岸。　陝：縣名。陝城。治所在今河南三門峽市西陝縣老城。

　　孝武入討，遣寧朔將軍顧彬之受誕節度，誕遣參軍劉季之舉兵與彬之并。遇劭將華欽、庾遵於曲阿之奔牛塘，[1]大敗之。事平，以誕爲荆州刺史，加都督、衛將軍、開府儀同三司。誕以位號正與濬同，惡之，請求回改，乃進號驃騎將軍，加班劍二十人。[2]南譙王義宣不肯就徵，以誕爲侍中、驃騎大將軍、楊州刺史，[3]開府如故。改封竟陵王。誕性恭和，得士庶之心，頗有勇略。

[1]曲阿：縣名。治所在今江蘇丹陽市。　奔牛塘：地名。在今江蘇常州市新北區奔牛鎮。
[2]班劍：飾有花紋的木劍。漢制，朝服帶劍。至晋代之以木，謂之班劍，虎賁持之，用作儀仗，是皇帝對王公大臣的一種恩賜。
[3]楊州刺史：官名。東晋、南朝時，揚州刺史往往由宰相兼領，其職權甚至重於尚書令和尚書僕射。

　　明年義宣反，有荆、江、兗、豫四州之力，[1]勢震天下。上即位日淺，朝野大懼。上欲奉乘輿法物以迎義宣，誕固執不可，曰："奈何持此座與人。"帝加誕節，仗士五十人出入六門。上流平定，誕之力也。誕初討元凶，豫同舉兵，有奔牛之捷，至是又有殊勳。上性多猜，頗相疑憚。而誕造立第舍，窮極工巧，園池之美，冠於一時。多聚材力之士實之。[2]第内精甲利器，莫非上品。上意愈不平。

[1]江：州名。治柴桑縣，在今江西九江市西南。　兖：州名。南朝宋移治瑕丘城，在今山東濟寧市兖州區。

[2]材：按，殿本、百衲本同，汲古閣本作"才"。

孝建二年，[1]以司空太子太傅出爲都督南徐州刺史。[2]上以京口去都密邇，猶疑之。

[1]孝建：南朝宋孝武帝劉駿年號（454—456）。

[2]南徐州：州名。治京口城，在今江蘇鎮江市。

大明元年秋，[1]又出爲南兖州刺史，[2]加都督。誕知見猜，亦潛爲之備。至廣陵，因魏侵邊，脩城隍，聚糧練甲。嫌隙既著，道路常云誕反。

[1]大明：南朝宋孝武帝劉駿年號（457—464）。

[2]南兖州：州名。東晋僑立兖州，宋時改爲南兖州，初治京口，在今江蘇鎮江市。宋文帝元嘉八年（431）移治廣陵縣，在今江蘇揚州市西北蜀岡上。

三年，建康人陳文詔訴父饒爲誕府史，[1]恒使入山圖畫道路，不聽歸家。誕大怒，使人殺饒。吳郡人劉成又訴稱息道就伏事誕，[2]見誕在石頭城内脩乘輿法物，習唱警蹕，向伴侣言之。誕知，密捕殺道就。豫章人談之又上書稱弟詠之在誕左右，見誕與左右莊慶、傅元禮等潛圖姦逆，常疏陛下年紀姓諱，往巫鄭師憐家呪詛。詠之與建康右尉黄達往來，誕疑其宣漏，誣以罪被殺。

[1]陳文詔：按，汲古閣本、殿本、百衲本同，中華本據《宋書》卷七九《竟陵王誕傳》改作"陳文紹"。

[2]道就：按，汲古閣本、百衲本同，殿本、中華本作"道龍"。本卷下同。

其年四月，上使有司奏誕罪惡，宜絶屬籍，[1]削爵土，收付法獄。上不許。有司又固請，乃貶爵爲侯，遣令之國。

[1]屬籍：指宗室譜籍。

上將謀誕，以義興太守桓閎爲兗州刺史，[1]配以羽林禁兵。遣給事中戴明寶隨閎襲誕，[2]使閎以之鎮爲名。閎至廣陵，誕未悟也。明寶夜報誕典籤蔣成使爲内應，[3]成以告府舍人許宗之，[4]宗之告誕。誕驚起，召録事參軍王玠之曰：[5]"我何罪於天，以至此。"斬蔣成，勒兵自衛。遣腹心率壯士擊明寶等破之，閎即遇害，明

959

寶逃自海陵界還。[6]

[1]桓閭：按，汲古閣本、殿本、百衲本同，中華本據《宋書》卷七九《竟陵王誕傳》改作“垣閭”，其校勘記云：“張森楷《南史校勘記》云：‘據《垣護之傳》附載垣閭事，則是“垣”非“桓”也。’按《宋書》作‘垣閭’，今據改。”

[2]給事中：官名。南朝隸集書省，掌侍從皇帝左右，收發文書。宋五品。　戴明寶：南東海丹徒（今江蘇鎮江市丹徒區）人。爲宋孝武帝掌内外雜務，收賄受賂，家財累千金。本書卷七七、《宋書》卷九四有傳。

[3]典籤：官名。本爲掌管文書的小吏。南朝時爲監視出任方鎮的諸王和各州刺史，皇帝委派親信擔任此職，品階不高，實權在長史之上。

[4]府舍人：官名。王公軍府僚屬，掌文檄之事。

[5]録事參軍：西晉置。初爲公府官，後州刺史亦設。掌管各曹文書及糾察等事。

[6]海陵：郡名。治建陵縣，在今江蘇泰州市東北。

上遣車騎大將軍沈慶之討誕，[1]誕奉表投之城外，自申於國無負，并言帝宫闈之醜。孝武忿誕深切，凡誕左右腹心同籍朞親並誅之，死者千數。車駕出頓宣武堂，内外纂嚴。誕見衆軍大集，欲棄城北走，行十餘里，衆並不欲去，請誕乃還城。

[1]沈慶之：字弘先，吴興武康（今浙江德清縣）人。本書卷三七、《宋書》卷七七有傳。

五月十九日夜，有流星長十餘丈從西北來墜城內，是謂天狗。占曰：“天狗所下，[1]有伏尸流血。”廣陵城舊不開南門，云“開南門者其主王”。[2]誕乃開焉。彭城邵領宗在城內陰結死士欲襲誕，先欲布誠於慶之，乃説誕求爲間構，見許。領宗既出致誠畢，復還城內。事泄，誕鞭二百，考問不伏，遂支解之。

[1]所下：按，汲古閣本、百衲本同，殿本作“所墜下”。
[2]其主王：按，汲古閣本、百衲本同，殿本作“不利其主”，中華本據《宋書》卷七九《竟陵王誕傳》改作“不利其主”。

上遣送章二紐：其一曰“竟陵縣開國侯，食邑千户”，募賞禽誕。其二曰“建興縣開國男，食邑三百户”，募賞先登。若剋外城舉一烽，剋內城舉二烽，禽誕舉三烽。

七月二日，慶之進軍，剋其外城，乘勝又剋小城。誕聞軍入，走趣後園墜水，引出殺之，傳首建鄴，因葬廣陵，貶姓留氏。帝命城中無大小悉斬，慶之執諫，自五尺以下全之，於是同黨悉伏誅。城內女口爲軍賞，男丁殺爲京觀，[1]死者尚數千人，每風晨雨夜有號哭之聲。誕母殷、妻徐並自殺。追贈殷長寧國淑妃。[2]

[1]京觀：堆積敵人尸首，封土成高冢，以炫耀戰功，謂之京觀。
[2]長寧國：汲古閣本、殿本、百衲本同，中華本據《宋書》卷七九《竟陵王誕傳》改作“長寧園”。按，長寧園爲宋文帝

陵園。

　　初，誕爲南徐州刺史，在京口，夜大風飛落屋瓦，城門鹿㹠倒覆，誕心惡之。及遷鎮廣陵，將入城，衝風暴起，揚塵，晝晦。又嘗中夜閑坐，有赤光照室，見者莫不駭愕。誕左右侍直，眠中夢人告之曰：“官須髮爲稍耳。”[1]既覺已失髻矣，如此者數十人。誕甚怪懼。大明二年，發人築廣陵城，誕循行，有人干輿，揚聲大罵曰：“大兵尋至，何以辛苦百姓。”誕使執之，問其本末。[2]答曰：“姓夷名孫，家在海陵。天公與道佛先議，欲燒除此間人。道佛苦諫，强得至今。大禍將至，何不立六慎門。”誕問：“六慎門云何？”答曰：“古有言，禍不過六慎門。”誕以其言狂勃，[3]殺之。又五音士忽狂易見鬼，[4]驚怖啼哭曰：“外軍圍城，城上張白布帆。”誕執錄二十餘日乃殺。[5]城陷之日，雲霧晦冥，白虹臨北門，亘屬城内。[6]

　　[1]耳（ěr）：以鳥羽或獸毛做成的裝飾物，常用以飾頭盔、兵器。
　　[2]問其本末：按，殿本、百衲本同，汲古閣本無“其”字。
　　[3]勃：按，百衲本同，汲古閣本、殿本、中華本作“悖”。
　　[4]五音士：指宮廷樂工。
　　[5]執錄：扣押。
　　[6]屬：按，殿本、百衲本同，汲古閣本作“入”。

　　八年，前廢帝即位，義陽王昶爲徐州刺史，[1]道經廣陵，至墓盡哀，表請改葬誕。詔葬誕及妻子並以庶人禮。明帝泰始四年，又改葬，祭以少牢。[2]

[1]徐州：州名。治彭城縣，在今江蘇徐州市。

[2]少牢：祭祀時祇用羊、豕二牲，此二牲即稱爲少牢。

王璵之，琅邪人，有才局。[1]其五子悉在建鄴。璵之嘗乘城，慶之縛其五子，示而招之，許以富貴。璵之曰："吾受主王厚恩，不可以二心。三十之年，未獲死所耳，安可以私親誘之。"五子號叫於外，呼其父。及城平，慶之悉撲殺之。

[1]局：按，殿本、百衲本同，汲古閣本作"學"。

建平宣簡王宏字休度，文帝第七子也。早喪母。元嘉二十一年，年十一，封建平王。宏少而閑素，[1]篤好文籍，文帝寵愛殊常，爲立第於鷄籠山，[2]盡山水之美。建平國職高他國一階，歷位中護軍，[3]中書令。[4]

[1]閑素：清靜純樸。

[2]鷄籠山：山名。即今江蘇南京市玄武湖鷄鳴山。其山狀如鷄籠，故名。

[3]中護軍：官名。禁衛軍長官，略低於領軍將軍。資歷深者爲護軍將軍，資歷淺者爲中護軍。宋三品。

[4]中書令：官名。中書省長官之一。典尚書奏事，掌朝政機密，出納詔命。南朝時多用作重臣加官。宋三品。

元凶弑立，孝武入討，劫録宏殿内，自拔莫由。孝武先嘗以一手板與宏，宏遣左右親信周法道齎手板詣孝武。事平，以爲尚書左僕射，[1] 使迎太后。還加中軍將軍、中書監。[2] 爲人謙儉周慎，禮賢接士，明達政事，上甚信仗之。轉尚書令。[3] 宏少多病，求解尚書令。本號開府儀同三司，[4] 未拜薨。追贈司徒。上痛悼甚至，每朔望出臨靈，自爲墓誌銘并誄。五年，益諸弟國各千户，薨者不在其例，唯宏追益。子景素嗣。

[1] 尚書左僕射：官名。尚書省次官，令不在，則代理其職。左僕射位在右僕射上。輔助尚書令執行政務，參議大政，諫諍得失，監察糾彈百官，還可封還詔旨，常受命主管官吏選舉。宋三品。

[2] 中軍將軍：官名。南朝置爲重號將軍，宋位比四鎮將軍。宋三品。　中書監：官名。與中書令共爲中書省長官，唯入朝時班次略高於令。典尚書奏事，掌朝政機密，草擬及發布詔令。南朝多用作重臣加官。宋三品。

[3] 尚書令：官名。南朝爲尚書省長官，綜理全國政務，參議大政。宋三品。

[4] 本號開府儀同三司：按，汲古閣本、殿本、百衲本同，中華本據《宋書》卷七二《建平宣簡王宏傳》改作“以本號開府儀同三司”。

景素少有父風，位南徐州刺史，加都督。桂陽王休範爲逆，景素雖纂集兵衆以赴朝廷爲名，而陰懷兩端。及事平，進號鎮北將軍。

景素好文章書籍，招集才義之士，以收名譽，由是朝野屬意。而後廢帝狂凶失道，內外皆謂景素宜當神器；唯廢帝所生陳氏親慼疾忌之，而楊運長、阮佃夫並明帝舊隸，[1]貪幼主以久其權，慮景素立，不見容於長主，深相忌憚。

[1]楊運長：宣城懷安（今安徽寧國市）人。善射，初爲宣城郡吏。與阮佃夫等並執權柄。本書卷七七、《宋書》卷九四有傳。

阮佃夫：會稽諸暨（今浙江諸暨市）人。臺小史出身。本書卷七七、《宋書》卷九四有傳。

元徽三年，景素防閤將軍王季符恨景素，[1]因奔告之。運長等便欲遣軍討之。齊高帝及衛將軍袁粲以下並保持之，[2]景素亦馳遣世子延齡還都，具自申理。運長等乃徙季符於梁州，[3]又奪景素征北將軍、開府儀同三司。[4]自是廢帝狂悖日甚，朝野並屬心景素。陳氏及運長等彌相猜疑。景素因此稍爲自防之計，多以金帛結材力之士。時大臣誅夷，孝武諸子孫或殺或廢，無復在朝者。且景素在蕃甚得人心，而謗聲日積，深懷憂懼。嘗與故吏劉璡獨處曲臺，有鵲集於承塵上，[5]飛鳴相追。景素泫然曰：“若斯鳥者，遊則參于風煙之上，止則隱于林木之下，飢則啄，渴則飲，形體無累于物，得失不關於心，一何樂哉。”

[1]防閤將軍：官名。負責防衛。南北朝時諸王有防閤將軍，以保護王和王府的安全。

[2]齊高帝：蕭道成。南蘭陵（今江蘇常州市武進區）人。南

朝齊開國君主。乘宋皇族自相殘殺，執掌軍政大權。本書卷四，《南齊書》卷一、卷二有紀。　袁粲：又名愍孫，字景倩，陳郡陽夏（今河南太康縣）人。宋明帝死，爲顧命大臣。順帝時，遷至中書監、司徒。時執政蕭道成欲代宋自立，與荊州刺史沈攸之等謀起兵誅蕭道成，事泄被殺。本書卷二六有附傳，《宋書》卷八九有傳。

[3]梁州：州名。治南鄭縣，在今陝西漢中市東。

[4]征北將軍：按，汲古閣本、殿本、百衲本同，中華本改作"鎮北將軍"，其校勘記云："'鎮北'各本作"征北"。按上云'進號鎮北將軍'，《通鑑》胡注亦云'征北'當作'鎮北'，今改正。"

[5]承塵：承接塵土的小帳幕。

　　時廢帝單馬獨出，游走郊野。輔國將軍曹欣之等謀候廢帝出行，[1]因聚眾作難，事剋，奉景素。景素每禁之，未欲忽忽舉動。運長密遣傖人周天賜僞投景素勸爲異計，[2]景素知即斬之，送首還臺。

[1]輔國將軍：官名。宋明帝改名輔師將軍，後廢帝復舊。宋三品。　曹欣之：新野（今河南新野縣）人。以平桂陽王劉休範功，封新市縣子。後任徐州刺史、散騎常侍等。《宋書》卷八三有附傳。

[2]傖人：東晉、南朝時，南人對北人或南渡北人的蔑稱。

　　四年七月，羽林監桓祗祖奔景素，[1]言臺城已潰。景素信之，即舉兵。運長等常疑景素有異志，即纂嚴。景素本乏威略，不知所爲，竟爲臺軍破，斬之。即葬京口。

[1]羽林監：官名。掌宿衛送從。南朝多以文官領此職。宋五品。　桓祗祖：按，汲古閣本、殿本、百衲本同，中華本改作"垣祗祖"，其校勘記云："'垣'各本作'桓'，據《宋書》《通鑑》改，《南齊書》作'袁祗'。"

景素性甚仁孝，事獻太妃，朝夕不違侍養。太妃有不安，景素傍行蓬髮。與人言呴呴，[1]常恐傷其情。又甚儉素，爲荆州時，州有高齋刻楹柏構，景素竟不處。朝廷欲賜以甲第，辭而不當。兩宮所遺珍玩，塵於笥篋。食常不過一肉，器用瓦素。時有獻鏤玉器，景素顧主簿何昌寓曰：[2]"我持此安所用哉。"乃謝而反之。及敗後，昌寓與故記室王摛等上書訟其冤。齊受禪，景素故秀才劉璡又上書述其德美，陳冤，並不見省。至齊武帝即位，下詔曰："宋建平王劉景素，名父之子，雖末路失圖，而原心有本。可聽以禮葬舊塋。"

[1]呴呴：溫和貌。
[2]主簿：官名。負責文書簿籍，掌管印鑒等事。亦參與機要。
何昌寓：字儼望，廬江灊（今安徽霍山縣）人，何尚之侄。本書卷三○有附傳，《南齊書》卷四三有傳。

廬陵王禕字休秀，[1]文帝第八子也。元嘉二十二年，年十一，封東海王。大明七年，進位司空。明帝踐祚，進太尉，封廬陵王。初，廢帝目禕似驢，上以廢帝之言類，故改封焉。

[1]廬陵王：按，汲古閣本、殿本、百衲本同，中華本改作"廬江王"，其校勘記云："'廬江王'各本'廬陵王'。按《宋宗室及諸王傳》，'廬陵王'爲武帝子義真封號，《宋書》作'廬江王'，是，今改正。"

　　文帝諸子，褘尤凡劣，諸兄弟並蚩鄙之。南平王鑠薨，子敬深婚，褘視之，白孝武借伎。孝武答曰："婚禮既不舉樂，且敬深孤苦，伎非宜也。"至是明帝與建安王休仁詔曰："人既不比數西方公，[1]汝便爲諸王之長。"時褘住西，[2]故謂之西方公。泰始五年，河東柳欣慰謀反，欲立褘，褘與相酬和。欣慰結征北諮議參軍杜幼文，[3]幼文具奏其事。上暴其罪惡，黜爲南豫州刺史、車騎將軍、開府儀同三司。[4]上遣腹心楊運長領兵防衛。明年，又令有司奏褘怨懟，[5]逼令自殺，葬宣城。[6]

　　[1]比數：猶重視，意如今言數得上。
　　[2]西：按，汲古閣本、殿本、百衲本同，中華本據《宋書》卷七九《廬江王褘傳》改作"西州"。
　　[3]杜幼文：京兆杜陵（今陝西西安市長安區）人，杜驥第五子。本書卷七〇有附傳。
　　[4]南豫州：州名。治歷陽縣，在今安徽和縣。
　　[5]懟：按，殿本、百衲本同，汲古閣本作"慰"。
　　[6]宣城：郡名。治宛陵縣，在今安徽宣城市宣州區。

　　晋熙王昶字休道，文帝第九子也。元嘉二十二年，年十歲，封義陽王。大明中，位中書令、中軍將軍、開府儀同三司。廢帝即位，爲徐州刺史，加都督。昶輕誂褊急，不能事孝武，大明中常被嫌責，人間常言昶當有異志。

廢帝既誅群公，彌縱狂惑，常語左右曰："我即大位來，遂未戒嚴，使人邑邑。"江夏王義恭誅後，昶表求入朝，遣典籤蘧法生銜使。帝謂法生："義陽與太宰謀反，我政欲討之，今知求還，甚善。"又問法生："義陽謀反，何不啓?"法生懼，走還彭城，帝因此北討。法生至，昶即起兵，統內諸郡並不受命。昶知事不捷，乃夜開門奔魏，棄母妻，唯攜妾一人，作丈夫服騎馬自隨。在道慷慨爲斷句曰："白雲滿鄣來，黃塵半天起。關山四面絕，故鄉幾千里。"因把姬手南望慟哭，左右莫不哀哽。每節悲慟，遙拜其母。

昶家還都，二妾各生一子，明帝即位，名長者曰思遠，小者曰懷遠，尋並卒。帝以金千兩贖昶于魏不獲，乃以第六皇子燮字仲綏繼昶，封爲晉熙王。明帝既以燮繼昶，乃詔曰："晉熙國太妃謝氏，沈刻無親，物理罕比，骨肉至親，尚相棄蔑，況以義合，免苦爲難。可還其本家，削絕蕃秩。"

先是，改射氏爲謝氏。[1]元徽元年，燮年四歲，以爲郢州刺史。[2]明年，復昶所生射氏爲晉熙國太妃。[3]齊受禪，燮降封安陰縣公，[4]謀反賜死。

[1]改射氏爲謝氏：按，汲古閣本、百衲本同，殿本、中華本作"改謝氏爲射氏"。

[2]郢州：州名。治夏口城，在今湖北武漢市武昌區。

[3]射：按，汲古閣本、百衲本同，殿本、中華本作"謝"。

[4]安陰：按，汲古閣本、殿本、百衲本同，中華本改作“陰安”，其校勘記云：“‘陰安’各本作‘安陰’，按陰安爲南豫州晉熙郡屬縣，見《宋》《齊書·州郡志》，今乙正。”應從改。

武昌王渾字休深，[1]文帝第十子也。元嘉二十四年，年九歲，封汝陰王。後徙武昌。

[1]休深：按，《宋書》卷七九《武昌王渾傳》“深”作“淵”，本書避唐高祖李淵諱改。

渾少而凶戾，嘗忿左右，拔防身刀斫之。元凶殺立，以爲中書令。山陵夕，裸身露頭往散騎省戲，[1]因彎弓射通直郎周朗中枕，[2]以爲笑樂。

[1]散騎省：官署名。東晉爲門下三省之一，南朝改名集書省，職任驟降，亦常作爲集書省的代稱。
[2]周朗：字義利，汝南安成（今河南汝南縣）人。本書卷三四、《宋書》卷八二有傳。

孝建元年，爲雍州刺史，監雍梁南北秦四州荊州之竟陵隨二郡諸軍事、寧蠻校尉。[1]至鎮，與左右人作文檄，自稱楚王，號年爲元光，備置百官以爲戲笑。長史王翼之得其手迹，[2]封呈孝武。上使有司奏免爲庶人，下太常絶屬籍，使付始安郡，[3]逼令自殺。即葬襄陽。大明四年，聽還葬母江太妃墓次。明帝即位，追封武昌縣侯。

[1]監：官名。地方軍政長官。東晋、南朝以監某州諸軍事爲該地區軍政長官，位在都督某州諸軍事之下。　寧蠻校尉：官名。掌管雍州（今湖北襄陽市）的少數民族事務。領兵，設府於襄陽，稱小府。多由刺史兼任。宋四品。

[2]長史：官名。爲所在官署掾屬之長，故有元僚之稱。　王翼之：字季弼，琅邪臨沂（今山東臨沂市）人。官至御史中丞、廣州刺史。事見《宋書》卷七九《武昌王渾傳》。

[3]始安：郡名。治始安縣，在今廣西桂林市。

建安王休仁，文帝第十二子也。元嘉二十九年，年十歲，立爲建安王。前廢帝景和元年，累遷護軍將軍。時帝狂悖無道，誅害群公，忌憚諸父，並聚之殿内，毆捶陵曳，無復人理。休仁及明帝、山陽王休祐形體並肥壯，帝乃以籠盛稱之，以明帝尤肥，號爲豬王。號休仁爲殺王，休祐爲賊王。以三王年長，尤所畏憚，故常録以自近，不離左右。東海王禕凡劣，號之驢王。桂陽王休範、巴陵王休若年少，故並得從容。嘗以木槽盛飯，内諸雜食，攪令和合，掘地爲阬穽，實之以泥水。裸明帝内坑中，以槽食置前，令以口就槽中食之，用爲歡笑。欲害明帝及休仁、休祐，前後以十數。休仁多計數，每以笑調佞諛誷悦之，故得推遷。常於休仁前，使左右淫逼休仁所生楊太妃。左右並不得已順命，至右衛將軍劉道隆，[1]道隆歡以奉旨，盡諸醜狀。時廷尉劉蒙姜孕臨月，帝迎入後宮，冀其生男，欲立爲太子。明帝嘗忤旨，帝怒，乃裸之，縛其手脚，以杖貫手脚内，使擔付太官，[2]即日屠豬。休仁笑謂帝曰：“未應死。”帝問其故，休仁曰："待皇太子生，殺豬取肝肺。" 帝意解，曰："且付廷尉。" 一宿出之。

[1]右衛將軍：官名。掌宮禁宿衛營兵，位在左衛將軍下。宋四品。 劉道隆：彭城（今江蘇徐州市）人，劉懷慎侄。本書卷一七、《宋書》卷四五有附傳。

[2]太官：官名。亦爲官署名。掌宮廷膳食，由令、丞主之。

帝將南游荆、湘二州，明旦欲殺諸父便發，其夕被殺於華林園。[1]休仁即日便執臣禮於明帝。時南平王敬猷、廬陵王敬先兄弟被害，猶未殯斂，休仁、休祐同載臨之，開帷歡笑，鼓吹往反，時人咸非焉。

[1]華林園：宮苑名。前身是三國吳宮苑，東晉仿洛陽園名，改爲華林園。南朝宋文帝元嘉間進行了大規模的擴建。在今江蘇南京市雞鳴寺南古臺城内。

明帝以休仁爲侍中、司徒、尚書令、揚州刺史，[1]給三望車。[2]時劉道隆爲護軍，休仁求解職，曰："臣不得與此人同朝。" 上乃賜道隆死。尋諸方逆命，休仁都督征討諸軍事，增班劍爲三十人，出據獸檻，[3]進赭圻。[4]尋領太子太傅，[5]總統諸軍。中流平定，休仁之力也。明帝初與蘇侯神結爲兄弟，以祈福助。及事平，與休仁書曰："此段殊得蘇兄神力。"

[1]司徒：官名。三公之一，爲名譽宰相。魏晋以降，多爲大

官之榮銜或加銜。宋一品。

　　[2]三望車：六朝時王公大臣所乘之車，有窗可望，分四望、三望、夾望等級。

　　[3]獸檻：洲名。即虎檻，本書避唐高祖李淵祖父李虎諱改。在今安徽蕪湖市繁昌區東北長江中。《資治通鑑》卷一三一《宋紀十三》明帝泰始二年胡三省注："虎檻，洲名，在赭圻東北江中，蕪湖之西南也。"

　　[4]赭圻：城名。在今安徽蕪湖市繁昌區西北赭圻嶺。東晉桓溫所築，爲江防重鎮。

　　[5]太子太傅：官名。與太子少傅並稱太子二傅。掌輔佐太子。南朝皆置詹事，二傅不領官屬庶務。宋三品。

　　休仁年與明帝相亞，俱好文籍，素相愛。及廢帝世，同經艱危，明帝又資其權譎之力。泰始初，四方逆命，休仁親當矢石，大勳克建，任總百揆，親寄甚隆，四方輻湊。上甚不悅。休仁悟其旨，表解揚州，見許。進位太尉，領司徒，固讓。又加漆輪車，劍履升殿。受漆輪，[1]固辭劍履。

　　[1]漆輪：按，汲古閣本、殿本、百衲本同，中華本作"漆輪車"。

　　明帝末年多忌，休仁轉不自安。及殺晉平王休祐，[1]其年上疾篤，與楊運長爲身後計。運長等又慮帝晏駕後，[2]休仁一旦居周公之地，其輩不得執權，彌贊成上使害諸王。及上疾暴甚，內外皆屬意休仁。主書以下皆往東府詣休仁所親信，[3]豫自結納。其或直不得出者皆懼。上與運長等定謀，召休仁入宿尚書下省，其夜遣人齎藥賜休仁死，休仁對使者罵曰："上有天下，誰之功也。孝武以誅子孫而至于滅，今復遵覆車，[4]枉殺兄弟，奈何忠臣抱此冤濫！我大宋之業，其能久乎。"上疾久，慮人情同異，自力乘輿出端門，休仁死後乃入。詔稱其自殺，宥其二子，并全封爵。有司奏請降休仁爲庶人，絶屬籍，兒息悉徙遠郡。詔休仁特降爲始安縣王，并停子伯融等流徙，聽襲封爵。及帝疾甚，見休仁爲祟，叫曰："司徒小寬我。"尋崩。伯融，妃殷氏所生。殷氏，吳興太守沖女也。范陽祖飜有醫術，姿貌又美，殷氏有疾，飜入視脉，悦之，遂與姦。事泄，遣還家賜死。

[1]及殺晉平王休祐：按，《宋書》卷七二《始安王休仁傳》此下有"憂懼彌切"四字。

[2]晏駕：古代用作皇帝死亡的諱辭。

[3]主書：官名。主書令史省稱。晋置，掌管文書。南朝尚書、中書、秘書等省皆置。　東府：城名。在今江蘇南京市通濟門附近，南臨秦淮河。爲宰相兼揚州刺史的府第。每建康有事，必置兵鎮守。

[4]覆車：車翻倒。比喻事情敗壞。

晋平剌王休祐，文帝第十三子也。孝建二年，年十一，封山陽王。明帝即位，以山陽荒弊，改封晋平王，位驃騎大將軍、開府儀同三司、荆州刺史。

休祐素無才能，强梁自用。大明之世，未得自專，[1]至是貪淫好財色，在荆州多營財貨。以短錢一百賦人，[2]田登就求白米一斛，米粒皆令徹白；若碎折者悉不受。人間糴此米一斗一百。至時又不受米，評米責錢，凡諸求利皆如此。百姓嗷然，不復堪命。徵爲南徐州刺史，加都督。[3]上以休祐貪虐，不可莅人，留之都下，遣上佐行府州事。[4]

[1]未得：按，殿本同，汲古閣本、百衲本作"不得"。

[2]短錢：古錢本以一百爲陌，是爲足陌。晋以後有以八十、七十爲陌者，此類陌錢稱爲短錢或短陌（參見顧炎武《日知録》卷一一《短陌》）。

[3]加都督：中華本校勘記云："《宋書》作'加侍中'。張森楷《南史校勘記》：'按休祐自初單爲東揚州、湘州刺史，後凡再爲徐州、荆州，無不都督者，非此除乃特加也。侍中非外任時應得，故云加，與都督不同。'"

[4]上佐：即州府長史、司馬等。 行府州事：即行事。由於當時多以年幼皇子爲將軍、刺史出鎮諸州，以其長史爲行事，實際負責軍府和州府的軍政事務，權力很大。

休祐很戾，[1]前後忤上非一。在荆州時，左右范景達善彈棋，[2]上召之，休祐留不遣。上怒詰責之，且慮休祐將來難制，方便除之。[3]七年二月，車駕於巖山射雉，[4]有一雉不肯入場，日暮將反，留休祐射之，令不得雉勿歸。休祐時從在黃麾内，左右從者並在部伍後。休祐便馳去，上遣左右數人隨之。上既還，前驅清道，休祐人從悉散，不復相得。上遣壽寂之等諸壯士追之，日已欲闇，與休祐相及，蹴令墜馬。休祐素勇壯，有氣力，奮拳左右排擊，莫得近。有一人自後引陰，因頓地，即共拉殺之。遣人馳白上，行唱驃騎落馬，上聞驚曰："驃騎體大，落馬殊不易。"即遣御醫上藥相係至，頃之休祐左右人至，久已絕矣。輿以還第，贈司空。時巴陵王休若在江陵，其日即馳信報休若曰："吾與驃騎南山射雉，驃騎馬驚，與直閣夏文秀馬相蹋，文秀墮地，驃騎失控，馬重驚，觸松樹墜地落硎中，時頓悶，故馳報弟。"其年五月，追免休祐爲庶人，十三子並徙晉平。[5]

[1]佷戾：按，殿本同，汲古閣本、百衲本作"很戾"。佷，通"很"。

[2]彈棋：古代博戲之一。

[3]方便：隨機乘便。按，汲古閣本同，殿本、中華本"方便"前有"欲"字。

[4]巖山：山名。又稱龍山。在今江蘇南京市西南牛首山東北。
射雉：射獵野雞。魏晉以來上層常以射雉爲戲，射雉有射雉場（參見周一良《魏晉南北朝史札記》，第220頁）。

[5]晉平：郡名。宋明帝泰始四年（468）改晉安郡置。治候官縣，在今福建福州市。泰始七年，復名晉安郡。

明帝尋病，見休祐爲祟，使使至晉平撫其諸子。帝尋崩。廢帝元徽元年，聽諸子還都。順帝昇明三年，稱謀反，並賜死。

海陵王休茂，文帝第十四子也。孝建二年，年十一，封海陵王。大明二年，爲雍州刺史，加都督、北中郎將、寧蠻校尉。時司馬庾深之行府州事，[1]休茂性急欲自專，深之及主帥每禁之，[2]常懷忿。因左右張伯超至所親愛，[3]多罪過，主帥常加訶責。伯超懼罪，謂休茂曰：“主帥密疏官罪，欲以啓聞。”休茂曰：“今爲何計？”伯超曰：“唯殺行事及主帥，[4]舉兵自衛，縱不成，不失入虜中爲王。”休茂從之，夜使伯超等殺司馬庾深之，集兵建牙馳檄。休茂出城行營，諮議參軍沈暢之等閉門拒之。[5]城陷，斬暢之。其日，參軍尹玄度起兵攻休茂，[6]禽之，斬首。母妻皆自殺，同黨悉伏誅。有司奏絕休茂屬籍，貶姓爲留，不許。即葬襄陽。

[1]庾深之：字彥靜，新野（今河南新野縣）人。以善政聞。荆州刺史劉義宣反，起兵抗拒。轉爲雍州刺史海陵王劉休茂司馬，爲休茂所殺。事見《宋書》卷七九《海陵王休茂傳》。

[2]主帥：南朝時典籤的異稱。參見《宋書》卷八四《鄧琬傳》。

[3]常懷忿。因左右張伯超至所親愛：按，《宋書·海陵王休茂傳》作“常懷忿怒。左右張伯超至所親愛”。

[4]主：按，殿本、百衲本同，汲古閣本作“王”。

[5]諮議參軍：官名。掌顧問諫議。其位在列曹參軍上，州所置者常帶大郡太守。

[6]尹玄度：按，《宋書·海陵王休茂傳》作“尹玄慶”。

鄱陽哀王休業，文帝第十五子也。孝建二年，年十一，封鄱陽王。三年薨，以山陽王休祐次子士弘嗣，被廢國除。

臨慶沖王休倩，文帝第十六子也。孝建元年，年九歲，疾篤，封東平王，未拜，薨。大明七年，立第二十七皇子子嗣爲東平王，紹休倩。泰始三年還本，遂絕。六年，以第五皇子智井爲東平王，[1]繼休倩，未拜，薨。其年，追改休倩爲臨慶王。休倩爲文帝所愛，故前後屢加紹嗣。

[1]井：按，殿本、百衲本同，汲古閣本作"并"。

新野懷王夷父，文帝第十七子也。元嘉二十九年薨，明帝泰始五年，追加封謚。

桂陽王休範，文帝第十八子也。孝建三年，年九歲，封順陽王。大明元年，改封桂陽。泰始六年，累遷驃騎大將軍、江州刺史，加都督。遺詔進位司空、侍中，加班劍三十人。休範素凡訥，少知解，不爲諸兄齒遇。明帝常指左右人謂王景文曰：[1]"休範人才不及此，以我故，[2]生便富貴。釋氏願生王家，良有以也。"及明帝晚年，晉平王休祐以狠戾致禍，建安王休仁以權逼不容，巴陵王休若素得人情，以此見害；唯休範謹澀無才，不爲物情所向，故得自保而常憂懼。

[1]王景文：王彧。字景文，琅邪臨沂（今山東臨沂市）人。本書卷二三、《宋書》卷八五有傳。

[2]以我故：按，汲古閣本、殿本、百衲本同，中華本據《宋書》卷七九《桂陽王休範傳》改作"以我弟故"。

及明帝晏駕，主幼時艱，休範自謂宗戚莫二，應居

宰輔。事既不至，怨憤彌結。招引勇士，繕脩器械。行
人經過尋陽者，[1]莫不降意折節，於是至者如歸。朝廷
知之，密相防禦。母荀太妃薨，即葬廬山，以示不還之
志。時夏口闕鎮，[2]朝議以居尋陽上流，欲樹置腹心，
重其兵力。元徽元年，乃以第五皇弟晉熙王燮爲郢州刺
史，長史王奐行府州事，[3]配以實力，出鎮夏口。慮爲
休範所撥留，自太子洑去，[4]不過尋陽。休範怒，欲舉
兵，乃上表脩城壘。其年進位太尉，明年五月遂反。發
自尋陽，晝夜取道。大雷戍主杜道欣馳下告變。[5]道欣
至一宿，休範已至新林，[6]朝廷震動。

[1]尋陽：郡名。治柴桑縣，在今江西九江市西南。

[2]夏口：又稱沔口、魯口、漢口。即今漢江入長江之口，在
今湖北武漢市。

[3]王奐：字道明，小字彦孫，琅邪臨沂（今山東臨沂市）
人。本書卷二三有附傳，《南齊書》卷四九有傳。

[4]太子洑：地名。在今湖北黃梅縣南小池鎮。

[5]大雷：戍名。爲東晉、南朝重要軍事據點。在今安徽望
江縣。

[6]新林：又名新林浦、新林港。在今江蘇南京市西南。

齊高帝出次新亭壘。[1]時事起倉卒，朝廷兵力甚弱，
及開武庫，隨將士意取。休範於新林步上攻新亭壘。屯
騎校尉黃回乃僞往降，[2]并宣齊高帝意。休範大悦，置
之左右。休範壯士李恒、鍾爽進諫不宜親之，休範曰：
“不欺人以信。”時休範日飲醇酒，以二子德宣、德嗣付

與齊高帝爲質，至即斬之。回與越騎校尉張苟兒直前斬休範首持還，[3]左右並散。

[1]新亭壘：當是在新亭附近修建的軍事設施。

[2]黃回：竟陵郡（今湖北鍾祥市）人。軍户出身。蕭道成以回終不附己，殺之。本書卷四〇、《宋書》卷八三有傳。

[3]越騎校尉：官名。南朝爲侍衛武官，不領兵，仍隸中領軍（領軍將軍），用以安置勳舊武臣。宋四品。　張苟兒：即張敬兒。本名苟兒，宋明帝嫌名鄙，改爲敬兒。南陽冠軍（今河南鄧州市）人。後以功高位重，被齊武帝所殺。本書卷四五、《南齊書》卷二五有傳。

初，休範自新林分遣同黨杜墨蠡、丁文豪等直向朱雀門。休範雖死，墨蠡等不知。王道隆率羽林兵在朱雀門内，[1]聞賊至，急召劉勔，[2]勔自石頭來赴戰，死之。墨蠡等乘勝直入朱雀門，道隆爲亂兵所殺。墨蠡等唱云"太尉至"。休範之死也，齊高帝遣隊主陳靈寶齎首還臺，逢賊，[3]埋首道側，挺身得達。[4]雖唱云已平，而無以爲據，衆愈疑惑。墨蠡徑至杜母宅，[5]宮省恇擾，無復固志。撫軍長史褚澄以東府納賊。[6]賊擁安成王據東府，稱休範教曰："安成王吾子也，勿得侵。"賊勢方逼，衆莫能振。尋而丁文豪之衆知休範已死，稍欲退散。文豪勇氣殊壯，厲聲曰："我獨不能定天下邪。"休範首至，又羽林監陳顯達率所領於杜母宅破墨蠡等，[7]諸賊一時奔散。斬墨蠡、文豪等。晉熙王燮自夏口遣軍平尋陽。

　[1]王道隆：吳興烏程（今浙江湖州市）人。宋明帝時爲中書通事舍人，與阮佃夫、楊運長並執權柄。本書卷七七有附傳，《宋書》卷九四有傳。

　[2]劉勔：字伯猷，彭城（今江蘇徐州市）人。本書卷三九、《宋書》卷八六有傳。

　[3]逢：按，殿本、百衲本同，汲古閣本作“遇”。

　[4]挺身：猶空身，指不帶任何隨身之物和人。《方言》卷三：“物空盡者曰鋌。”“挺”與“鋌”通。

　[5]杜母宅：《宋書》卷七九《桂陽王休範傳》、《資治通鑑》卷一三三《宋紀十五》並作“杜姥宅”。杜姥宅，在六朝臺城南掖門外，在今江蘇南京市乾河沿南。東晉成帝杜皇后母裴氏於此建宅，故名。

　[6]褚澄：字彥道，河南陽翟（今河南禹州市）人，褚淵弟。本書卷二八、《南齊書》卷二三有附傳。

　[7]陳顯達：南彭城彭城（今江蘇鎮江市）人。本書卷四五、《南齊書》卷二六有傳。

　巴陵哀王休若，文帝第十九子也。孝建三年，年九歲，封巴陵王。明帝即位，出爲會稽太守，加都督。二年，遷都督、雍州刺史、寧蠻校尉。前在會稽録事參軍陳郡謝沈以謟側事休若，[1]多受財賂。時內外戒嚴並袴褶，[2]沈居母喪被起，聲樂酣飲，不異吉人。衣冠既無殊異，並不知沈居喪。沈嘗自稱孤子，衆乃駭愕。休若坐與沈褻黷，降號鎮西將軍。典籤夏寶期事休若無禮，啓明帝殺之。慮不許，啓未報，於獄行刑。信反令鎖送，而寶期已死。上怒敕之曰：“孝建之世，汝何敢爾。”使其母羅加杖三百。

[1]會稽：郡名。治山陰縣，在今浙江紹興市。

[2]時内外戒嚴並袴褶：《宋書》卷七二《巴陵哀王休若傳》作"時内外戒嚴普著袴褶"。袴褶，服裝名。上穿褶，下着褲，不用穿長衣裘裳，便於騎乘行動。魏晉以後，袴褶被稱爲戎服。

四年，改行湘州刺史。[1]六年，爲荆州刺史，加都督、征西大將軍、開府儀同三司。七年，晉平王休祐被殺，建安王休仁見疑，都下訛言休若有至貴之表，明帝以此言報之。休若甚憂，嘗衆賓滿坐，有一異鳥集席隅，哀鳴墜地死。又聽事上有二大白蛇長丈餘，[2]唅唅有聲。[3]休若甚惡之。

[1]湘州：州名。治臨湘縣，在今湖南長沙市。

[2]聽事：官府治理政事的大堂。

[3]唅唅：張口作聲。

會被徵爲南徐州刺史，加都督、征北大將軍，開府如故。休若腹心將佐咸謂還朝必有大禍，中兵參軍京兆王敬先勸割據荆楚。休若執録，馳使白明帝，敬先坐誅。休若至京口，上以休若善能諧緝物情，慮將來傾幼主，欲遣使殺之，慮不奉詔。徵入朝，又恐猜駭。乃僞授爲江州刺史，至，即於第賜死，贈侍中、司空。子沖始襲封。

孝武帝二十八男。文穆皇后生廢帝子業、豫章王子尚。陳淑媛生晉安王子勛。阮容華生安陸王子綏。徐昭容生皇子子深。何淑儀生松滋侯子房。史昭華生臨海王子項。殷貴妃生始平孝敬王子鸞。次永嘉王子仁與皇子子深同生。[1]何婕妤生皇子子鳳。謝昭容生始安王子真。江婕妤生皇子子玄。史昭儀生邵陵王子元。次齊敬王子羽與始平孝敬王子鸞同生。江美人生皇子子衡。楊婕妤生淮南王子孟。次皇子子泥與皇子子玄同生;[2]次南平王子産與永嘉王子仁同生;次晋陵孝王子雲、次皇子子文並與始平孝敬王子鸞同生;次盧陵王子興與淮南王子孟同生;次南海哀王子師與始平孝敬王子鸞同生;次淮陽思王子霄與皇子子玄同生;次皇子子雍與始安王子真同生;次皇子子趨與皇子子鳳同生;次皇子子期與皇子子衡同生;次東平王子嗣與始安王子真同生。張容華生皇子子悦。安陸王子綏、南平王子産、盧陵王子興並出繼。[3]皇子子深、子鳳、子玄、子衡、子泥、子文、子雍未封早夭。子趨、子期、子悦未封,爲明帝所殺。

[1]同生:同母所生。

[2]泥:按,汲古閣本、百衲本同,殿本、中華本作"況"。

[3]安陸王子綏、南平王子産、盧陵王子興並出繼:錢大昕《廿二史考異》卷三五云:"按:子産繼南平王鑠,子綏繼江夏王義恭,子興繼盧陵王義真,俱爲明帝所害。史於《鑠傳》附書子興事,而義恭、義真二《傳》不及子綏、子興,亦爲疏漏。"

豫章王子尚字孝師,孝武第二子也。孝建三年,[1]年六歲,封西陽王。大明三年,分浙江西立王畿;以浙江東爲揚州,以子尚爲刺史,加都督。六年,改封豫章王,[2]領會稽太守。七年,進號車騎大將軍、開府儀同三司。時東土大旱，鄞縣多畽田，[3]孝武使子尚表至鄞縣勸農，[4]又立左學，召生徒，置儒林祭酒一人，[5]學生師敬，位比州中從事。文學祭酒一人，比州西曹。勸學從事二人，比祭酒從事。

[1]三年：按，汲古閣本、百衲本同，殿本作"二年"。

[2]六年，改封豫章王：按，汲古閣本、殿本、百衲本同，中華本據《南史》卷二《宋孝武帝紀》及《册府元龜》卷二六四改"六年"作"五年"。《宋書》卷八〇《豫章王子尚傳》亦作"五年，改封豫章王"。應據改。

[3]鄞縣：縣名。治所在今浙江寧波市奉化區東北。　畽田：水灌田。

[4]表：按，《宋書·豫章王子尚傳》作"上表"。

[5]儒林祭酒：官名。掌講授儒經。

前廢帝即位，罷王畿復舊，徵子尚都督揚、南徐二州諸軍事，領尚書令。初，孝建中，孝武以子尚太子母弟，甚留心；後新安王子鸞以母幸見愛，子尚寵衰。及長凶戾，有廢帝之風。明帝既殞廢帝，乃稱太皇太后令曰："子尚頑凶，楚玉淫亂，並於第賜盡。"楚玉，廢帝姊山陰公主也。[1]廢帝改封會稽郡長公主，[2]給鼓吹一部，加班劍二十人，未拜受而廢敗。[3]

[1]山陰公主：劉楚玉。嫁何戢。性淫恣，自請宋前廢帝爲置面首三十人。事見本書卷二《宋前廢帝紀》、《宋書》卷七《前廢帝紀》。

[2]長公主：皇帝的女兒封公主，姐妹封爲長公主。長公主的

儀服同於藩王。

[3]廢：按，汲古閣本、殿本、百衲本同，中華本據《宋書》
卷八〇《豫章王子尚傳》改作"廢帝"。

晋安王子勛，字孝德，孝武第三子也。眼患風，不
爲孝武所愛。大明四年，年五歲，封晋安王。七年，爲
江州刺史，加都督。八年，改授雍州，未拜而孝武崩，
還爲江州。

時廢帝狂凶，多所誅害。前撫軍諮議參軍何邁謀因
帝出爲變，[1]迎立子勛。事泄，帝誅邁，使八坐奏子勛
與邁通謀，[2]遣左右朱景送藥賜子勛死。景至盆口，[3]遣
報長史鄧琬。[4]琬等奉子勛起兵，以廢立爲名。明帝定
亂，進子勛車騎將軍、開府儀同三司。琬等不受命。

[1]何邁：廬江灊（今安徽霍山縣）人。本書卷一一有附傳。

[2]八坐：亦作八座。尚書省高級官員合稱。魏晋南朝稱尚書
令、左右僕射、五曹尚書爲八座。

[3]盆口：即湓口。湓水入長江之處，爲沿江軍事要地。在今
江西九江市。

[4]鄧琬：字元琰（《宋書》作"元琬"），豫章南昌（今江
西南昌市）人。時任晋安王劉子勛鎮軍長史、行江州事，奉子勛即
位。發兵攻建康，兵敗被殺。本書卷四〇、《宋書》卷八四有傳。

泰始二年正月七日，奏子勛爲帝，[1]即僞位於尋陽，
年號義嘉，[2]備置百官，四方響應。是歲四方貢計，並詣
尋陽。及軍敗，子勛見殺，時年十一。即葬尋陽廬山。

[1]奏：按，汲古閣本、殿本、百衲本作"奉"。底本誤，應據諸本改。

[2]義嘉：公元 466 年正月，晉安王子勛即帝位於尋陽，改元義嘉。八月，兵敗被殺。

松滋侯子房字孝良，孝武第六子也。大明四年，年五歲，封尋陽王。前廢帝景和元年，爲會稽太守，加都督。明帝即位，徵爲撫軍，領太常。[1]長史孔覬不受命，[2]舉兵應晉安王子勛。土虞令王晏殺覬，[3]送子房還建鄴。上宥之，貶爲松滋縣侯。[4]司徒建安王休仁以子房兄弟終爲禍難，勸上除之。廢徙遠郡見殺，年十一。

[1]太常：官名。南朝禮儀郊廟制度由尚書八座及儀曹裁定，太常位尊職閑。宋三品。

[2]孔覬：字思遠，會稽山陰（今浙江紹興市）人。晉安王劉子勛與宋明帝爭帝位，乃起兵助子勛，兵敗被殺。本書卷二七有附傳，《宋書》卷八四有傳。

[3]土虞：按，汲古閣本、殿本、百衲本作"上虞"。底本誤，應據諸本改。上虞，縣名。治所在今浙江紹興市上虞區百官街道。

[4]松滋縣侯：封爵名。松滋，縣名。治所在今湖北松滋市西北。

臨海王子頊字孝烈，孝武第七子也。初封歷陽王，後改封臨海，位荊州刺史。明帝即位，進督雍州，長史孔道存不受命，[1]應晉安王子勛。事敗賜死，年十一。

[1]孔道存：會稽山陰（今浙江紹興市）人，孔覬弟。事見本

書卷二七《孔覬傳》。

　　始平孝敬王子鸞字孝羽，孝武第八子也。大明四年，封襄陽王，尋改封新安。五年，爲北中郎將、南徐州刺史，領南琅邪太守。[1]母殷淑儀寵傾後宮，子鸞愛冠諸子，凡爲上眄遇者莫不入子鸞府國。爲南徐州，又割吳郡屬之。[2]六年，丁母憂。前廢帝素疾子鸞有寵，及即位，既誅群臣，乃遣使賜子鸞死，時年十歲。子鸞臨死謂左右曰："願後身不復生王家。"同生弟妹並死。明帝即位，改封始平王，以建平王景素子延年嗣。

　　[1]南琅邪：郡名。南朝宋武帝永初二年（421）改琅邪郡置，治金城，在今江蘇句容市西北。齊武帝永明元年（483）移治白下城，在今江蘇南京市北金川門外幕府山南麓。
　　[2]吳郡：郡名。治吳縣，在今江蘇蘇州市。

　　永嘉王子仁字孝餘，[1]孝武第九子也。大明五年，封永嘉王。明帝即位，以爲湘州刺史。帝尋從司徒建安王休仁計，未拜賜死，時年十歲。

　　[1]餘：按，汲古閣本、百衲本同，殿本作"穌"。

　　始安王子真字孝貞，孝武第十一子也。
　　邵陵王子元字孝善，孝武第十三子也。並被明帝賜死。
　　齊敬王子羽字孝英，孝武第十四子也。生二歲而薨，追加封謚。

淮南王子孟字孝光，孝武第十六子也。初封淮南王，明帝改封安成王，未拜賜死。

晋陵孝王子雲字孝舉，孝武第十九子也。大明六年封，未拜而亡。

南海哀王子師字孝友，孝武第二十二子也。大明七年封，未拜，爲前廢帝所害。明帝即位追謚。

淮陽思王子霄字孝雲，孝武第二十三子也。早薨，追加封謚。

東平王子嗣字孝叔，孝武帝第二十七子也，明帝賜死。

武陵王贊字仲敷，小字智隨，明帝第九子也。明帝既誅孝武諸子，詔以智隨奉孝武爲子，封武陵郡王。順帝昇明二年薨，國除。

明帝十二男：陳貴妃生後廢帝。謝脩儀生皇子法良。陳昭華生順帝。徐婕妤生第四皇子。鄭脩容生皇子智井。次晉熙王燮與皇子法良同生。泉美人生邵陵殤王友；次江夏王躋與第四皇子同生。徐良人生武陵王贊。杜脩華生隨陽王翽。次新興王嵩與武陵王贊同生。又泉美人生始建王禧。智井、燮、躋、贊並出繼。法良未封。第四皇子未有名，早夭。

邵陵殤王友字仲賢，明帝第七子也。年五歲，出爲南中郎將、江州刺史，封邵陵王。後廢帝元徽二年，桂陽王休範誅後，王室微弱，友府州文案及臣吏不諱"有無"君之心。[1]順帝昇明二年，徙南豫州刺史，薨。無子國除。

［1］“有無”君之心：按，汲古閣本、殿本、百衲本同，中華本據《宋書》卷九〇《邵陵殤王友傳》改作“有無之有”。

隨陽王翽字仲儀，明帝第十子也。初封南陽王，昇明二年，改封隨陽。齊受禪，封舞陰縣公。

新興王嵩字仲岳，明帝第十一子也。齊受禪，降封定襄縣公。

始建王禧字仲安，明帝第十二子也。齊受禪，降封荔浦縣公，尋並云謀反賜死。

論曰：[1]甚矣哉，元嘉之遇禍也。殺逆之釁，事起肌膚，因心之重，[2]遂亡天性。雖鳴鏑之酷，[3]未極於斯，其不至覆亡，亦爲幸也。明皇統運，疑隙内構，尋斧所加，先自王戚。晋剌以獷暴摧軀，巴哀由和良酖體，保身之路，未知攸適。昔之戒子，慎勿爲善，詳求其旨，將遠有以乎。《詩》云：“不自我先，不自我後。”[4]蓋古人之畏亂也。孝武諸子，提挈以成釁亂，遂至宇内沸騰，王室如燬，而帝之諸胤莫不殲焉。强不如弱，義在於此。明帝負螟之慶，[5]事非己出，枝葉不茂，豈能庇其本乎。

［1］曰：按，汲古閣本、百衲本同，殿本作“云”。

［2］重：按，汲古閣本、殿本、百衲本、中華本作“童”。

［3］鳴鏑：借指戰亂。《晋書》卷三二《后妃傳》：“中原陷於鳴鏑，其兆彰於此焉。”

[4]不自我先，不自我後：語出《詩·小雅·正月》。指動亂不先不後正發生在我的時代。

[5]負螟：以他人之子作爲嗣子。按，宋後廢帝母陳氏，李道兒妾。

南史　卷一五

列傳第五

劉穆之 曾孫祥 從子秀之

徐羨之 從孫湛之 湛之孫孝嗣 嗣孫君蒨[1]

傅亮 族兄隆　檀道濟 兄韶 韶孫珪[2] 韶弟祗

　[1]嗣孫君蒨：按，大德本、百衲本同，汲古閣本、殿本作
"孝嗣孫君蒨"。

　[2]珪：按，大德本、殿本、百衲本同，汲古閣本作"圭"。

　　劉穆之字道和，小字道人，[1]東莞莒人也，[2]世居京
口。[3]初爲琅邪府主簿，[4]嘗夢與宋武帝汎海遇大風，[5]
驚俯視船下，見二白龍挾船。[6]既而至一山，山峰聳秀，
意甚悦。

　[1]道人：按，《宋書》卷四二《劉穆之傳》作"道民"，本書
避唐太宗李世民諱改。

　[2]東莞：郡名。治莒縣，在今山東莒縣。　莒：縣名。治所
在今山東莒縣。

　[3]京口：城名。在今江蘇鎮江市。

　　[4]府主簿：官名。典領文書簿籍，經辦事務。魏晉以後，漸成統兵開府大臣之幕僚，參與機要，頗爲重要。其品位秩級隨府署長官地位高下而異。

　　[5]宋武帝：劉裕。字德輿，小名寄奴，彭城（今江蘇徐州市）人。南朝宋建立者。仕晉官至相國，封宋王。晉恭帝元熙二年（420）代晉稱帝。本書卷一、《宋書》卷一至卷三有紀。

　　[6]見二白龍挾船：按，大德本、中華本同，汲古閣本、百衲本作“見一白攏挾船”，殿本作“見二白龍夾船”。《宋書·劉穆之傳》作“見有二白龍夾舫”。

　　及武帝剋京城，[1]從何無忌求府主簿，[2]無忌進穆之。帝曰：“吾亦識之。”即馳召焉。時穆之聞京城有叫聲，[3]晨出陌頭，屬與信會，直視不言者久之，反室壞布裳爲袴往見帝，帝謂曰：“我始舉大義，須一軍吏甚急，誰堪其選？”穆之曰：“無見踰者。”帝笑曰：“卿能自屈，吾事濟矣。”即於坐受署。從平建鄴，[4]諸大處分，皆倉卒立定，並穆之所建，遂動見諮詢。穆之亦竭節盡誠，無所遺隱。

　　[1]京城：即京口。東漢末、三國吳時稱爲京城，後稱京口。

　　[2]何無忌：東海郯（今山東郯城縣）人。北府兵將領。《晉書》卷八五有傳。

　　[3]叫聲：按，《宋書》卷四二《劉穆之傳》作“叫譟之聲”。

　　[4]建鄴：東晉、南朝都城，又稱建業、建康，在今江蘇南京市。東漢獻帝建安十六年（211），孫權徙治丹陽郡秣陵縣，次年改名建業。吳大帝黃龍元年（229），正式定都於建業。西晉滅吳，恢復秣陵舊名。晉武帝太康三年（282），以秦淮水爲界兩分秣陵縣

境，以南爲秣陵，以北爲建業，並改名建鄴。建興元年（313）因避愍帝司馬鄴諱，改名建康。其後宋、齊、梁、陳沿用爲都城，故稱六朝古都。《太平寰宇記》卷九○《江南東道二·昇州》引《金陵記》云："梁都之時，城中二十八萬餘户。西至石頭城，東至倪塘，南至石子岡，北過蔣山，東西南北各四十里。"城市西界至石頭城，位於今江蘇南京市水西門以北至清凉山；東界爲倪塘，在今南京市江寧區上坊街道泥塘社區附近；南界石子岡，是包含今雨花臺在内的城南東西走向的一系列岡阜；北界逾過蔣山，也就是鍾山，今稱紫金山（參見張學鋒《南朝建康的都城空間與葬地》，《中華文史論叢》2019 年第 3 期）。

時晋網寬弛，[1]威禁不行，盛族豪家，負勢陵縱；重以司馬元顯政令違舛，[2]桓玄科條繁密。[3]穆之斟酌時宜，隨方矯正，不盈旬日，風俗頓改。

[1]時晋網寬弛：按，大德本、汲古閣本、殿本、百衲本同。中華本據《宋書》卷四二《劉穆之傳》改"網"作"綱"。

[2]司馬元顯：司馬道子嫡長子。《晋書》卷六四有附傳。

[3]桓玄：字敬道，一名靈寶，譙國龍亢（今安徽懷遠縣）人，桓温之子。晋安帝元興二年（403），篡晋自立，建國楚，改元永始。後劉裕、劉毅等起兵征討，玄兵敗，逃至益州，爲益州督護馮遷所殺。《晋書》卷九九有傳。

遷尚書祠部郎，[1]復爲府主簿，記室、録事參軍，[2]領堂邑太守。[3]以平桓玄功，封西華縣五等子。[4]及揚州刺史王謐薨，[5]帝次應入輔。劉毅等不欲帝入，[6]議以中領軍謝混爲揚州，[7]或欲令帝於丹徒領州，[8]以内事付僕射孟昶。[9]遣尚書右丞皮沈以二議諮帝。[10]沈先與穆之言，穆之僞如廁，即密疏白帝，言沈語不可從。帝既見沈，且令出外，呼穆之問焉。穆之曰："公今日豈得居謙，[11]遂爲守蕃將邪？[12]劉、孟諸公俱起布衣，[13]共立大義，事乃一時相推，非宿定臣主分也。力敵勢均，終相吞咀。揚州根本所係，不可假人。前授王謐，事出權道，今若復佗授，便應受制於人。一失於權，[14]無由可得。公功高勳重，不可直置疑畏，便可入朝共盡同異。公至京邑，彼必不敢越公更授餘人。"帝從其言，由是入輔。

[1]尚書祠部郎：官名。尚書省祠部曹長官。掌管祭祀。晋、宋六品。

[2]記室：官名。亦稱記室參軍、記室參軍事。王公軍府屬官，掌書記。　錄事參軍：官名。初爲公府官，後州刺史亦設。掌管各曹文書及糾察等事。

[3]領：官制術語。魏晋南北朝時多爲暫攝之意。　堂邑：郡名。治堂邑縣，在今江蘇南京市六合區。東晋安帝時改爲秦郡。

[4]西華縣五等子：所謂五等，非指公侯伯子男之五等級。此制之行，祇在東晋末劉裕執政時及南朝宋初年。錢大昕說五等之封但假虛號，未有食邑，蓋出一時權宜之制（參見周一良《魏晋南北朝史札記》，中華書局1985年版，第157頁）。西華，縣名。治所在今河南西華縣南。

[5]揚州刺史：官名。東晋、南朝時，往往由宰相兼領，其職權甚至重於尚書令和尚書僕射。揚州，州名。治建康縣，在今江蘇南京市。　王謐：字稚遠，琅邪臨沂（今山東臨沂市）人，王導孫。《晋書》卷六五有附傳。

[6]劉毅：字希樂，彭城沛（今江蘇沛縣）人。京口起兵推翻桓玄後，名位僅次於劉裕。《晋書》卷八五有傳。

[7]中領軍：官名。典禁兵。資深者稱領軍將軍，資淺者爲中領軍。晋三品。　謝混：字叔源，小字益壽，陳郡陽夏（今河南太康縣）人，謝安孫，東晋孝武帝婿。因黨附劉毅被殺。《晋書》卷七九有附傳。

[8]丹徒：縣名。治所在今江蘇鎮江市丹徒區。

[9]僕射：官名。即尚書僕射。魏晋時爲尚書省次官，或單置，或並置左、右。左僕射位於右僕射上。輔助尚書令執行政務，參議大政，諫諍得失，監察糾彈百官，可封還詔旨，常受命主管官吏選舉。晋三品。　孟昶：字彥達，城陽平昌（今山東諸城市）人。桓玄稱帝，與劉裕起兵征討，盡散家財以供軍糧。拜丹陽尹，累遷吏部尚書、尚書右僕射。晋安帝義熙六年（410）盧循起事，晋軍累敗，遂自殺。事見《晋書》卷一〇《安帝紀》、《宋書》卷一《武帝紀上》等。

[10]尚書右丞：官名。尚書省佐官，位次尚書，居尚書左丞下，與左丞共掌尚書省庶務。凡兵士百工名籍、内外庫藏穀帛、刑獄訴訟、軍械、田地、州郡租布、户籍等文書奏事皆屬之。晋六品。

[11]公今日豈得居謙：按，《宋書》卷四二《劉穆之傳》作"公今日形勢，豈得居謙自弱"，文意更爲清晰完整。馬宗霍《南史校證》以爲"形勢"二字似不可省（湖南教育出版社 2008 年版，第 273 頁）。

[12]蕃：通"藩"。

[13]劉、孟諸公俱起布衣：按，《宋書·劉穆之傳》作"劉、孟諸公，與公俱起布衣"，馬宗霍《南史校證》以爲"與公"二字，"尤不可省，《南史》亦删之，非是。《通鑑》卷一一四與《宋書》同"（第 273 頁）。

[14]一失於權：按，大德本、百衲本同，汲古閣本、殿本、中

華本"於權"作"權柄"。

從廣固還拒盧循，[1]常居幕中畫策。劉毅等疾之，每從容言其權重，帝愈信仗之。穆之外所聞見，大小必白，雖閭里言謔，[2]皆一二以聞。帝每得人間委密消息以示聰明，皆由穆之。又愛賓游，坐客恒滿，布耳目以爲視聽，故朝野同異，穆之莫不必知。雖親昵短長，皆陳奏無隱。人或譏之，穆之曰："我蒙公恩，義無隱諱，此張遼所以告關羽欲叛也。"[3]

[1]從廣固還拒盧循：按，《宋書》卷四二《劉穆之傳》作"從征廣固，還拒盧循"。"征"字不宜省。廣固，城名。時爲南燕都城。在今山東青州市西北。盧循，字于先，小名元龍，范陽涿（今河北涿州市）人，孫恩妹夫。《晋書》卷一〇〇有傳。

[2]閭里言謔：按，《宋書·劉穆之傳》此句下有"塗陌細事"。馬宗霍《南史校證》云："'言謔'下有'塗陌細事'四字，謂一言一事皆以聞也，《南史》刪之，非是。"（第273頁）

[3]此張遼所以告關羽欲叛也：指張遼告知曹操關羽終欲離開曹操之事。據《三國志》卷三六《蜀書·關羽傳》載："曹公壯羽爲人，而察其心神無久留之意，謂張遼曰：'卿試以情問之。'既而張遼以問羽，羽歎曰：'吾極知曹公待我厚，然吾受劉將軍厚恩，誓以共死，不可背。吾終不留，吾要當立效以報曹公乃去。'遼以羽言報曹公，曹公義之。"裴松之注引《傅子》云："遼欲白太祖，恐太祖殺羽，不白，非事君之道，乃歎曰：'公，君父也；羽，兄弟耳。'遂白之。"張遼，字文遠，雁門馬邑（今山西朔州市朔城區）人。《三國志》卷一七有傳。關羽，字雲長，本字長生，河東解（今山西臨猗縣）人。《三國志》卷三六有傳。

帝舉止施爲，穆之皆下節度，帝書素拙，穆之曰：
"此雖小事，然宣布四遠，願公小復留意。"帝既不能留
意，又稟分有在，穆之乃曰："公但縱筆爲大字，一字徑
尺無嫌。大既足有所包，其勢亦美。"[1]帝從之，一紙不
過六七字便滿。

[1]美：按，大德本、汲古閣本、百衲本同，殿本作"偉"。

穆之凡所薦達，不納不止。常云："我雖不及荀令君
之舉善，[1]然不舉不善。"穆之與朱齡石並便尺牘，[2]嘗
於武帝坐與齡石並答書，自旦至日中，穆之得百函，齡
石得八十函，而穆之應對無廢。

[1]荀令君：荀彧。字文若，潁川潁陰（今河南許昌市）人。
《三國志》卷一〇有傳。
[2]朱齡石：字伯兒，沛郡沛（今江蘇沛縣）人。本書卷一
六、《宋書》卷四八有傳。

遷中軍、太尉司馬，[1]加丹楊尹。[2]帝西討劉毅，以
諸葛長人監留府，[3]疑其難獨任，留穆之輔之。加建威
將軍，[4]置佐吏，配給實力。長人果有異謀，而猶豫不
能發，屏人謂穆之曰："悠悠之言，云太尉與我不平，何
以至此？"穆之曰："公泝流遠伐，以老母弱子委節下，
若一豪不盡，豈容若此。"長人意乃小安，穆之亦厚爲
之備。謂所親曰：[5]"貧賤常思富貴，富貴必踐機危。[6]
今日思爲丹徒布衣，不可得也。"帝還，長人伏誅。進

前將軍。[7]

[1]中軍、太尉司馬：官名。即中軍將軍、太尉府司馬。按，大德本、汲古閣本、百衲本及《宋書》卷四二《劉穆之傳》同，殿本“太尉”作“護軍”。中軍，中軍將軍省稱。西漢武帝置，爲雜號將軍，後省。晉武帝泰始元年（265）復置，以羊祜任之，統左右衛、前、後、左、右、驍騎等宿衛七營禁軍，主管京師及宮廷警衛。泰始四年罷，置北軍中候代其職。後復置，作爲將軍名號，不再領兵宿衛，也可出任持節都督，鎮守一方。太尉，與司徒、司空並稱三公。名譽宰相，亦可參録朝政，然僅掌事務，政務歸尚書。如加録尚書事銜，得爲真宰相。晉一品。司馬，諸公軍府屬官，掌參贊軍務。

[2]丹楊尹：官名。京畿行政長官，屬於既機要又顯貴之職。丹楊，郡名。即丹陽。治建康縣，在今江蘇南京市。

[3]諸葛長人：琅邪陽都（今山東沂南縣）人。京口起兵舊人。《晉書》卷八五有傳。按，《宋書》《晉書》“長人”作“長民”，本書避唐太宗李世民諱改。　留府：官署名。奉命留守京師之官及其機構。

[4]建威將軍：官名。雜號將軍。晉四品。

[5]謂所親曰：按，大德本、汲古閣本、殿本、百衲本同，中華本據《宋書》卷二《武帝紀中》、《晉書·諸葛長民傳》、《資治通鑑》卷一一六《晉紀三十八》於“謂”字前補“長人”二字。此爲諸葛長民語，應補。

[6]機危：按，大德本、汲古閣本、殿本、百衲本同，中華本作“危機”。

[7]前將軍：官名。東晉、南朝時用作加官，成爲軍府名號。晉三品。

帝西伐司馬休之，[1]中軍將軍道憐知留任，[2]而事無大小，一決穆之。遷尚書左僕射，[3]領選，將軍、尹如故。帝北伐，留世子爲中軍將軍、監太尉留府。[4]轉穆之左僕射，領監軍、中軍二府軍司，將軍、尹、領選如故，甲仗五十人入殿，入居東城。[5]

[1]司馬休之：字季預。東晉宗室。時爲荆州刺史。劉裕疑其有異志，攻之，休之不敵，投奔後秦。《晉書》卷三七有附傳。

[2]道憐：劉道憐。劉裕中弟。本書卷一三、《宋書》卷五一有傳。

[3]尚書左僕射：官名。尚書省次官。左僕射位於右僕射上。輔助尚書令執行政務，參議大政，諫諍得失，監察糾彈百官，可封還詔旨，常受命主管官吏選舉。晉三品。大德本、汲古閣本、殿本、百衲本同，中華本據《宋書》卷四二《劉穆之傳》改作"尚書右僕射"。據下文"轉穆之左僕射"，此當爲"尚書右僕射"。

[4]世子：帝王和諸侯的嫡長子。此指劉裕長子劉義符。

[5]東城：城名。即東府城。在今江蘇南京市通濟門附近，南臨秦淮河。每建康有事，必置兵鎮守。

穆之內總朝政，外供軍旅，決斷如流，事無擁滯。[1]賓客輻湊，求訴百端，內外諮稟，盈階滿室。目覽詞訟，手答牋書，耳行聽受，口並酬應，不相參涉，皆悉贍舉。又言談賞笑，彌日亘時，未嘗倦苦。裁有閑暇，手自寫書，尋覽篇章，校定墳籍。[2]性奢豪，食必方丈，[3]旦輒爲十人饌，未嘗餐。[4]每至食時，客止十人以還，帳下依常下食，以此爲常。嘗白帝曰："穆之家貧賤，[5]贍生多闕，叨忝以來，雖每存約省，[6]而朝夕所須，微爲過豐，此外無一豪負公。"

[1]擁滯：按，大德本、汲古閣本、百衲本同，殿本作"壅滯"。

[2]墳籍：典籍。古有《三墳》《五典》之説，《後漢書》卷四五《周興傳》"《三墳》之篇，《五典》之策"句李賢注云："伏羲、神農、黄帝之書曰《三墳》；少昊、顓頊、高辛、唐、虞之書曰《五典》也。"後常用"墳籍""墳典"等稱古代典籍。

[3]食必方丈：謂食物之豐盛。《孟子·盡心下》云："食前方丈，侍妾數百人，我得志弗爲也。"趙岐注云："極五味之饌食列於前，方一丈。"

[4]未嘗餐：按，大德本、汲古閣本、殿本、百衲本作"未嘗獨餐"。據文意應補"獨"字。

[5]家貧賤：按，大德本、汲古閣本、殿本、百衲本作"家本貧賤"。據文意應補"本"字。

[6]約省：按，大德本、汲古閣本、殿本、百衲本作"約損"。

義熙十三年卒。[1]帝在長安，[2]本欲頓駕關中，經略趙、魏，[3]聞問驚慟，哀悁者數日。以根本虚，乃馳還彭城。[4]以司馬徐羨之代管留臺，[5]而朝廷大事常決於穆之者，並悉北諮。穆之前軍府文武二萬人，以三千配羨之建威府，餘悉配世子中軍府。追贈穆之開府儀同三司。[6]

[1]義熙十三年卒：按，據《宋書》卷四二《劉穆之傳》，卒於晉安帝義熙十三年十一月，時年五十八。義熙，東晉安帝司馬德宗年號（405—418）。

[2]長安：地名。在今陝西西安市。

[3]趙：指以今河北邯鄲市爲中心的原戰國時期趙國轄區。魏：指以鄴城（今河北臨漳縣西南）和安陽（今河南安陽市）爲中心的原魏郡轄區。

[4]彭城：郡名。治彭城縣，在今江蘇徐州市。

[5]留臺：猶留府。

[6]開府儀同三司：官名。爲大臣加號，指禮制、待遇與三公相同，許開設府署，自辟僚屬。係給非三公官員以三公待遇。

　　帝又表天子曰："臣聞崇賢旌善，王教所先，念功簡勞，義深追遠。故司勳執策，[1]在勤必記，德之休明，没而彌著。故尚書左僕射、前將軍臣穆之，爰自布衣，協佐義始，内竭謀猷，外勤庶政，密勿軍國，[2]心力俱盡。及登庸朝右，[3]尹司京畿，敷讚百揆，[4]翼新大猷。頃戎車遠役，居中作捍，撫寧之勳，實洽朝野，識量局致，棟幹之器也。方宣讚盛化，緝隆聖世，忠績未究，遠邇悼心。皇恩褒述，班同三事，[5]榮哀既備，寵靈已泰。臣伏思尋，自義熙草創，艱患未弭，外虞既殷，内難亦荐，時屯世故，靡有寧歲。臣以寡乏，負荷國重，實賴穆之匡翼之勳。[6]豈唯讜言嘉謀，溢于人聽，若乃忠規密謨，潛慮帷幕，造膝詭辭，[7]莫見其際。事隔於皇朝，功隱於視聽者，不可勝紀。所以陳力一紀，遂克有成，出征入輔，幸不辱命。微夫人之左右，未有寧濟其事者矣。履謙居寡，守之彌固，每議及封爵，輒深自抑絶。所以勳高當年，而茅土弗及，撫事永念，胡寧可昧。謂宜加贈正司，[8]追甄土宇。[9]俾忠貞之烈，不泯於身後，大賚所及，永旌於善人。臣契闊屯夷，[10]旋觀終始，[11]金蘭之分，[12]義深情感，是以獻共乃懷，[13]布之朝聽。"於是重贈侍中、司徒，[14]封南昌縣侯。[15]

[1]司勳：古官名。掌封賞之事。《周禮·夏官·司勳》職云："掌六鄉賞地之灋，以等其功。"

[2]密勿：勤勉努力。

[3]朝右：位列朝班之右。指朝廷大官。

[4]百揆：指各種政務。

[5]三事：指三公。

[6]匡翼之勳：按，大德本、汲古閣本、殿本、百衲本同，中華本據《宋書》卷四二《劉穆之傳》改作"匡翼之益"。《文選》卷三八傅季友《爲宋公求加贈劉前軍表》同本書。

[7]造膝詭辭：促膝而談，不以談論實情告人。語出《春秋穀梁傳》文公六年："故士造辟而言，詭辭而出。"范甯注云："辟，君也。詭辭而出，不以實告人。"王引之《經義述聞》以爲，"辟"當爲"膝"，隸字"膝""辟"之左右旁皆相似，故"膝"誤爲"辟"。漢、魏、六朝、唐人文言"造膝"，言"造膝詭辭"者，皆用此傳語，蓋舊本多作"造膝"，范本傳寫誤耳。

[8]正司：正職長官。指後重贈司徒。

[9]追甄土宇：謂整修昭顯墳墓。

[10]契闊：勤苦。錢大昕《廿二史考異》卷二四云："按：'契闊'字見於《詩·擊鼓》篇。毛傳云：'契闊，勤苦也。'六朝人好用此二字，如《王弘傳》'綢繆先眷，契闊屯夷'，《范泰傳》'契闊戎陣，顛狽艱危'，《王僧達傳》'契闊歷朝，綢繆眷遇'，《顏師伯傳》'契闊大難，宜蒙殊報'，《劉延孫傳》'契闊唯舊，幾將二紀'，《南齊書·褚淵傳》'契闊屯夷，綢繆終始'，《王儉傳》'契闊艱運，義重常懷'，皆取勤苦之義。"　屯夷：艱危與平定。

[11]旋觀：回顧。

[12]金蘭：指深厚的友情。語本《易・繫辭上》："二人同心，其利斷金；同心之言，其臭如蘭。"

[13]共：按，大德本、汲古閣本、殿本、百衲本作"其"。底本誤，應據諸本改。

[14]侍中：官名。門下侍中省長官。掌奏事，直侍左右，應對獻替。法駕出，則正直一人負璽陪乘。殿內門下衆事皆掌之。晋三品。　司徒：官名。與太尉、司空並稱三公。名譽宰相，亦可參録朝政，然僅掌事務，政務歸尚書。如加録尚書事銜，得爲真宰相。晋一品。

[15]南昌縣侯：封爵名。據《宋書・劉穆之傳》，食邑千五百户。南昌，縣名。治所在今江西南昌市。

及帝受禪，每歎憶之，曰："穆之不死，當助我理天下。可謂'人之云亡，邦國殄瘁'。"[1]光禄大夫范泰對曰：[2]"聖主在上，英彦滿朝，穆之雖功著艱難，未容便關興毁。"帝笑曰："卿不聞驥騄乎，[3]貴日致千里耳。"帝後復曰："穆之死，人輕易我。"其見思如此。以佐命元勳，追封南康郡公，[4]謚曰文宣。

[1]人之云亡，邦國殄瘁：語本《詩・大雅・瞻卬》。鄭玄箋云："賢人皆言奔亡，則天下邦國將盡困窮。"

[2]光禄大夫：官名。作爲在朝顯職的加官，無具體職掌。宋三品。　范泰：字伯倫，順陽（今河南淅川縣）人。本書卷三三、《宋書》卷六〇有傳。

[3]驥騄：指良馬。《史記》卷五《秦本紀》云："造父以善御幸於周繆王，得驥、温驪、驊駵、騄耳之駟，西巡狩，樂而忘歸。"

[4]南康郡公：封爵名。據《宋書》卷四二《劉穆之傳》，食

邑三千户。南康，郡名。治贛縣，在今江西贛州市東北。

　　穆之少時，家貧誕節，嗜酒食，不脩拘檢。好往妻兄家乞食，多見辱，不以爲恥。其妻江嗣女，甚明識，每禁不令往江氏。後有慶會，屬令勿來。穆之猶往，食畢求梽榔。[1]江氏兄弟戲之曰：“梽榔消食，君乃常飢，何忽須此？”妻復截髮市殽饌，[2]爲其兄弟以餉穆之，自此不對穆之梳沐。及穆之爲丹楊尹，將召妻兄弟，妻泣而稽顙以致謝。[3]穆之曰：“本不匿怨，無所致憂。”及至醉，[4]穆之乃令厨人以金柈貯梽榔一斛以進之。[5]

　　[1]梽：同“檳”。按，大德本同，汲古閣本、殿本、百衲本作“檳”。
　　[2]殽：通“肴”。按，大德本、殿本同，汲古閣本、百衲本作“肴”。
　　[3]稽顙：一種跪拜禮，以額觸地。
　　[4]及至醉：按，大德本、汲古閣本、殿本、百衲本同，中華本據《通志》卷一三一補作“及至醉飽”。
　　[5]柈：同“盤”。

　　元嘉二十五年，[1]車駕幸江寧，[2]經穆之墓，詔致祭墓所。

　　[1]元嘉：南朝宋文帝劉義隆年號（424—453）。
　　[2]江寧：縣名。治所在今江蘇南京市江寧區江寧街道。

　　長子慮之嗣，卒。子邕嗣。先是郡縣爲封國者，內史、相並於國主稱臣，^[1]去任便止。孝建中始革此制，^[2]爲下官致敬。河東王歆之嘗爲南康相，^[3]素輕邕。後歆之與邕俱豫元會，^[4]並坐，邕嗜酒，謂歆之曰：“卿昔見臣，今能見勸一盃酒不？”歆之因斅孫皓歌答曰：^[5]“昔爲汝作臣，今與汝比肩，既不勸汝酒，亦不願汝年。”邕性嗜食瘡痂，以爲味似鰒魚。^[6]嘗詣孟靈休，^[7]靈休先患灸瘡，痂落在牀，邕取食之。靈休大驚，痂未落者，悉褫取飴邕。邕去，靈休與何勖書曰：^[8]“劉邕向顧見噉，遂舉體流血。”南康國吏二百許人，不問有罪無罪，遞與鞭，瘡痂常以給膳。^[9]

[1]内史：官名。王國行政長官，掌治民，職如太守。　相：官名。侯國的行政長官，職如縣令。

[2]孝建：南朝宋孝武帝劉駿年號（454—456）。

[3]河東：郡名。治安邑縣，在今山西夏縣西北。　王歆之：字叔道。本書卷七〇、《宋書》卷九二有附傳。

[4]元會：皇帝於陰曆元旦朝會群臣。

[5]斅（xiào）：效法。　孫皓：字元宗，一名彭祖，字晧宗。孫權孫，孫和子。三國吳末帝。《三國志》卷四八有傳。

[6]鰒魚：鮑魚的別名。

[7]孟靈休：孟昶子。事見本卷《徐湛之傳》。

[8]何勖：何無忌子。事見本卷《徐湛之傳》。

[9]遞與鞭，瘡痂常以給膳：按，《宋書》卷四二《劉邕傳》作“遞互與鞭，鞭瘡痂常以給膳”。馬宗霍《南史校證》以爲“互”“鞭”二字似皆不可省（第277頁）。

邕卒，子彤嗣，坐刀斫妻奪爵，以弟彪紹。齊建元初，[1]降封南康縣侯、虎賁中郎將。[2]坐廟墓不脩，削爵，爲羽林監。[3]又坐與亡弟母楊別居，楊死不殯葬，崇聖寺尼慧首剃頭爲尼，以五百錢爲買棺，以泥洹轝送葬，[4]爲有司奏，事寢不出。

[1]建元：南朝齊高帝蕭道成年號（479—482）。
[2]虎賁中郎將：官名。魏晉南朝時與羽林監、冗從僕射合稱三將。掌宿衛。西晉時領營兵，東晉後無營兵。齊官品不詳。
[3]羽林監：官名。掌宿衛送從。南朝多以文官領此職。齊官品不詳。
[4]泥洹：佛教語。涅槃的舊譯。意爲滅、寂滅、圓寂等。
轝：同“輿”。按，大德本、殿本、百衲本同，汲古閣本作“輿”。

穆之中子式之字延叔，爲宣城、淮南二郡太守，[1]犯贓貨，楊州刺史王弘遣從事檢校之。[2]式之召從事謂曰：“還白使君，劉式之於國粗有微分，偷數百萬錢何有，況不偷邪。”從事還白弘，由此得停。從征關、洛有功，封德陽縣五等侯。[3]卒，謚曰恭。

[1]宣城、淮南：雙頭郡名。治于湖縣，在今安徽當塗縣東南。
[2]王弘：字休元，琅邪臨沂（今山東臨沂市）人，王導曾孫。本書卷二一、《宋書》卷四二有傳。　從事：官名。亦稱從事史。州部屬吏。爲州部長官自辟。
[3]德陽縣五等侯：封爵名。德陽，縣名。治所在今四川遂寧市東南。

子瑀字茂琳，始興王濬爲南徐州，[1]以瑀爲別駕。[2]

瑀性陵物護前,[3]時濬征北府行參軍吳郡顧邁輕薄有才能,[4]濬待之厚。瑀乃折節事邁。以瑀與之款盡,[5]濬所言密事,悉以語瑀。瑀與邁共進射堂下,[6]忽顧左右索單衣幘,邁問其故,瑀曰:"公以家人待卿,言無不盡,卿外宣泄。我是公吏,何得不啓。"白之。濬大怒,啓文帝徙邁廣州。[7]

[1]始興王濬:劉濬。字休明,宋文帝子。文帝元嘉十三年(436),封始興王。十六年,爲後將軍。本書卷一四、《宋書》卷九九有傳。始興,郡名。治曲江縣,在今廣東韶關市東南。 南徐州:州名。治京口城,在今江蘇鎮江市。

[2]別駕:官名。亦稱別駕從事。州刺史佐官。

[3]護前:指護短。《三國志》卷五六《吳書·朱桓傳》云:"桓性護前,恥爲人下。"

[4]征北府行參軍:官名。征北將軍府屬官。參掌府事。征北,征北將軍省稱。與征東、征西、征南將軍合稱四征將軍。多授予出鎮方面的持節都督,地位顯要。宋三品,若爲持節都督則進爲二品。行參軍,諸公軍府屬官,參掌府曹事,位在正參軍之下。晋初制度,中央除拜者爲參軍,諸府自辟者爲行參軍。晋末以後行參軍亦可除拜,唯品階例低於參軍。 吳郡:郡名。治吳縣,在今江蘇蘇州市。

[5]以瑀與之款盡:按,大德本、汲古閣本、百衲本同,殿本、中華本作"邁以瑀與之款盡"。《宋書》卷四二《劉瑀傳》亦作"邁以瑀與之款盡",本書於此處叙事多所删節。

[6]射堂:習射的場所。

[7]文帝:南朝宋文帝劉義隆。小字車兒,宋武帝第三子。本書卷二、《宋書》卷五有紀。 廣州:州名。治番禺縣,在今廣東廣州市。

瑀性使氣尚人，後爲御史中丞，[1]甚得志。彈蕭惠開云：[2]"非才非望，非勳非德。"彈王僧達云：[3]"蔭藉高華，[4]人品冗末。"[5]朝士莫不畏其筆端。

[1]御史中丞：官名。御史臺長官，職掌監察、執法。南朝亦稱南司，其職雖重，世族名士多不樂爲之。宋四品。

[2]蕭惠開：南蘭陵（今江蘇常州市武進區）人，蕭思話子。本書卷一八有附傳，《宋書》卷八七有傳。

[3]王僧達：琅邪臨沂（今山東臨沂市）人，王弘少子。本書卷二一有附傳，《宋書》卷七五有傳。

[4]蔭藉：因先輩功勳而得到官籍。　高華：高貴顯要。

[5]冗末：庸劣。

轉右衛將軍。[1]年位本在何偃前，[2]孝武初，[3]偃爲吏部尚書，[4]瑀圖侍中不得。與偃同從郊祀，時偃乘車在前，瑀策駟居後，相去數十步，瑀蹋馬及之，謂偃曰："君駕何疾？"偃曰："牛駿馭精，所以疾耳。"偃曰："君馬何遲？"曰"騏驥羅於羈絆，所以居後"。偃曰："何不着鞭使致千里？"答曰："蹙自造青雲，[5]何至與駑馬爭路。"然甚不得意，謂所親曰："人仕宦，不出當入，不入當出，安能長居戶限上？"[6]因求益州。[7]及行，甚不得意，至江陵，[8]與顏竣書曰：[9]"朱脩之三世叛兵，[10]一日居荆州，[11]青油幕下，作謝宣明面見向，[12]使齋帥以長刀引吾下席，[13]於吾何有，政恐匈奴輕漢耳。"坐奪人妻爲妾免官。

[1]右衞將軍：官名。掌宫廷宿衞營兵，位在左衞將軍下。宋四品。

[2]何偃：字仲弘，廬江灊（今安徽霍山縣）人，何尚之之子。本書卷三〇有附傳，《宋書》卷五九有傳。

[3]孝武：宋孝武帝劉駿。字休龍，小字道民，宋文帝第三子。本書卷二、《宋書》卷六有紀。

[4]吏部尚書：官名。尚書省吏部長官。掌官吏銓選、任免等事宜。東晉、南朝尚書中以吏部爲最貴。宋三品。《資治通鑑》卷一一九《宋紀一》少帝景平元年胡三省注云：“自晉以來，謂吏部尚書爲大尚書，以其在諸曹之右，且其權任要重也。”

[5]蹙：通“蹴”。舉足。常用以比喻事情輕而易舉。按，大德本、汲古閣本、殿本、百衲本作“一蹙”。應據諸本補“一”字。

[6]户限：門檻。

[7]益州：州名。治成都縣，在今四川成都市。

[8]江陵：縣名。治所在今湖北荆州市荆州區。亦爲荆州及南郡治所。

[9]顔竣：字士遜，琅邪臨沂（今山東臨沂市）人。本書卷三四有附傳，《宋書》卷七五有傳。

[10]朱脩之：字恭祖，義陽平氏（今河南桐柏縣）人。本書卷一六、《宋書》卷七六有傳。

[11]荆州：州名。治江陵縣，在今湖北荆州市荆州區。

[12]作謝宣明面見向：按，大德本同，汲古閣本、殿本、百衲本“面見向”作“面目向”。《宋書》卷四二《劉瑀傳》與底本同。中華本作“作謝宣明面目見向”，其校勘記云：“各本脱‘見’字，據《宋書》補。《初學記》二五引此作‘作謝宣明面孔向人’。”謝宣明，謝晦。字宣明，陳郡陽夏（今河南太康縣）人。本書卷一九、《宋書》卷四四有傳。錢大昕《廿二史考異》卷三五云：“按：瑀爲益州刺史在孝建三年，其時朱修之爲荆州刺史，都督梁、益諸

州，瑀以統府之禮參謁，故有此言也。修之祖序，爲苻堅所執，修之又嘗仕魏，故云三世叛兵。宋世常以諸王鎮荆州，庶姓惟謝晦與修之二人。朱門望遠出謝下，瑀心尤不能平也。”

[13]齋帥：官名。南北朝時多置。在皇帝、諸王及州郡長官左右擔任侍衛及灑掃鋪設等職。地位較低，多由寒人充任。

　　後爲吴興太守，[1]侍中何偃當案之云：[2]“參伍時望。”[3]瑀大怒曰：“我於時望何參伍之有。”遂與偃絶。族叔秀之爲丹楊，瑀又與親故書曰：“吾家黑面阿秀遂居劉安衆處，[4]朝廷不爲多士。”

[1]吴興：郡名。治烏程縣，在今浙江湖州市。
[2]當：按，大德本、汲古閣本、殿本、百衲本同，中華本據《宋書》卷四二《劉瑀傳》改作“嘗”。應作“嘗”。
[3]參伍：或三或五，指變化不定。參，三。伍，五。
[4]劉安衆：指劉湛。字弘仁，小字班虎，南陽涅陽（今河南鄧州市）人。襲封安衆縣五等男。本書卷三五、《宋書》卷六九有傳。

　　其年疽發背，何偃亦發背癰。瑀疾已篤，聞偃亡，懽躍叫呼，於是亦卒。謚曰剛。[1]

[1]謚曰剛：《宋書》卷四二《劉瑀傳》作“謚曰剛子”。

　　祥字顯徵，式之孫也。父歃，太宰從事中郎。[1]祥少好文學，性韻剛疏，輕言肆行，不避高下。齊建元中，爲正員郎。[2]司徒褚彦回入朝，[3]以腰扇鄣日，祥從側過，曰："作如此舉止，羞面見人，扇障何益。"彥回曰："寒士不遜。"祥曰："不能殺袁、劉，[4]安得免寒士。"

[1]太宰：官名。晋初依《周禮》，置三公，太師居首，後爲避司馬師諱，改太師爲太宰。南朝沿置。與太傅、太保並稱三上公。無實際職掌，多用作贈官，安置元老舊臣。宋一品。齊官品不詳。　從事中郎：官名。東晋、南朝公府置。其職依時依府而異，或主吏，或分掌諸曹，或掌機密，或參謀議，地位較高，僅次於長史、司馬。宋六品。齊官品不詳。

[2]正員郎：官名。魏晋南北朝編制以内的散騎侍郎，係與員外散騎侍郎相對而言。散騎侍郎屬集書省，掌文學侍從，收納章奏，勸諫糾劾。齊官品不詳。

[3]司徒：官名。與太尉、司空並稱三公。無實際職掌，多爲大臣加官，爲名譽宰相。齊官品不詳。　褚彥回：褚淵。字彥回，本書避唐高祖李淵諱以字行，河南陽翟（今河南禹州市）人。後助蕭道成代宋，仕齊官至尚書令。本書卷二八有附傳，《南齊書》卷二三有傳。

[4]袁：指袁粲。字景倩，陳郡陽夏（今河南太康縣）人。本書卷二六有附傳，《宋書》卷八九有傳。　劉：指劉秉。字彥節。宋宗室。與袁粲共謀殺蕭道成，事泄被殺。本書卷一三、《宋書》卷五一有附傳。

永明初，[1]撰《宋書》，[2]譏斥禪代，尚書令王儉密以啓聞，[3]上銜而不問。爲臨川王驃騎從事中郎。[4]祥兄整爲廣州，卒官，祥就整妻求還資，[5]事聞朝廷。又於朝士多所貶忽。王奐爲尚書僕射，[6]祥與奐子融同載，行至中堂，[7]見路人驅驢，祥曰：“驢，汝好爲之，如汝人才，皆已令僕。”著《連珠》十五首，[8]以寄其懷。其譏議者云：“希世之寶，違時必賤，偉俗之器，無聖則淪。是以明玉黜於楚岫，章甫窮於越人。”有以祥《連珠》啓上，上令御史中丞任遐奏其過惡，[9]付廷尉。[10]上別遣敕祥曰：“我當原卿性命，令卿萬里思愆。卿若能改革，當令卿得還。”乃徙廣州。不得意，終日縱酒，少時卒。[11]

[1]永明：南朝齊武帝蕭賾年號（483—493）。

[2]撰《宋書》：《隋書·經籍志》未見著録。

[3]尚書令：官名。兩晉、南朝爲尚書省長官，綜理全國政務，參議大政。齊官品不詳。　王儉：字仲寶，琅邪臨沂（今山東臨沂市）人。本書卷二二有附傳，《南齊書》卷二三有傳。

[4]臨川王：蕭映。字宣光，齊高帝第三子。本書卷四三、《南齊書》卷三五有傳。　驃騎：官名。驃騎將軍省稱。居諸名號將軍之首。多加授重臣，無具體職掌。齊官品不詳。

[5]還資：官員離任或卒官，地方吏民斂錢相送的資財。

[6]王奐：字道明，小字彦孫，琅邪臨沂（今山東臨沂市）人。本書卷二三有附傳，《南齊書》卷四九有傳。

[7]中堂：地名。又名南皇堂、中皇堂。東晉、南朝時在建康城宣陽門外。在今江蘇南京市。

[8]《連珠》十五首：《南齊書》卷三六《劉祥傳》載其辭。連珠爲文體名。借譬喻委婉表達其意，文辭華麗，歷歷如貫珠，易看而可悦，故名。

[9]任遐：任昉伯父。事見本書卷五九《任昉傳》。

[10]廷尉：官名。掌刑獄。南朝又置建康三官，分掌刑法審

判，廷尉職權較漢爲輕。齊官品不詳。

[11]少時卒：按，據《南齊書・劉祥傳》，卒年三十九。

秀之字道寶，穆之從父兄子也。祖爽，山陰令。[1]
父仲道，餘姚令。[2]秀之少孤貧，十歲時與諸兒戲前渚，
忽有大蛇來，勢甚猛，莫不顛沛驚呼，秀之獨不動，衆
並異之。東海何承天雅相知器，[3]以女妻之。兄欽之爲
朱齡石右軍參軍，[4]隨齡石敗没，秀之哀感不歡宴者
十年。

[1]山陰：縣名。治所在今浙江紹興市。
[2]餘姚：縣名。治所在今浙江餘姚市。
[3]東海：郡名。治郯縣，在今山東郯城縣。 何承天：東海
郯（今山東郯城縣）人。本書卷三三、《宋書》卷六四有傳。
[4]右軍參軍：官名。即右軍將軍府參軍。右軍，右軍將軍省
稱。掌宮禁宿衛，與前軍、後軍、左軍將軍合稱四軍將軍。權任很
重，多由皇帝親信擔任。宋四品。

宋景平二年，[1]除駙馬都尉。[2]元嘉中，再爲建康
令，[3]政績有聲。孝武鎮襄陽，[4]以爲撫軍錄事參軍、襄
陽令。[5]襄陽有六門堰，[6]良田數千頃，堰久決壞，公私
廢業。孝武遣秀之脩復，雍部由是大豐。

[1]景平：南朝宋少帝劉義符年號（423—424）。
[2]駙馬都尉：官名。魏晉多用作宗室、外戚、功臣子、貴族、
親近之臣的加官，或亦加於尚公主者。南朝隸集書省，無定員，無
實職，尚公主者多加此號。至梁、陳漸成定制，專加尚公主者。宋

六品。

[3]建康：縣名。治所在今江蘇南京市。按，建康爲京邑二縣之一。所轄秦淮河北岸一帶。

[4]孝武：南朝宋孝武帝劉駿。時任雍州刺史。　襄陽：郡名。治襄陽縣，在今湖北襄陽市。

[5]撫軍：官名。撫軍將軍省稱。與中軍將軍、鎮軍將軍位比四鎮將軍。主要爲中央軍職，亦可出任地方，並領刺史兼理民政。宋三品。　録事參軍：官名。公府、將軍府、州刺史開軍府者皆置，爲録事曹長官，掌總録衆曹文簿，舉彈善惡，位在列曹參軍上。

[6]六門堰：又稱六門陂。在今河南鄧州市西。

後除西戎校尉、梁南秦二州刺史，[1]加都督。[2]漢川饑饉，秀之躬自儉約。先是漢川悉以絹爲貨，秀之限令用錢，百姓利之。

[1]西戎校尉：官名。東晉、南朝沿置，並兼梁州刺史。宋四品。　梁南秦：雙頭州名。治南鄭縣，在今陝西漢中市東。

[2]都督：官名。地方軍政長官。魏晉以後，都督諸州軍事多兼任駐地州刺史，爲該地區的軍政長官。分使持節、持節、假節三種，職權各有不同。

二十七年，大舉北侵，遣輔國將軍楊文德、巴西梓潼二郡太守劉弘宗受秀之節度，[1]震蕩汧隴。[2]

[1]輔國將軍：官名。將軍名號。宋三品。　巴西梓潼：雙頭郡名。治涪縣，在今四川綿陽市東。

[2]汧（qiān）隴：指汧水、隴山地帶。

元凶弒逆，[1]秀之即日起兵，求赴襄陽，司空南譙王義宣不許。[2]事寧，遷益州刺史，折留奉禄二百八十萬付梁州鎮庫，此外蕭然。梁、益豐富，前後刺史莫不大營聚畜，多者致萬金。所攜賓僚並都下貧子，[3]出爲郡縣，皆以苟得自資。秀之爲政整肅，遠近悦焉。

[1]元凶：指劉劭。字休遠，宋文帝長子。因其弒父奪位故有此惡名。本書卷一四、《宋書》卷九九有傳。

[2]司空：官名。與太尉、司徒並稱三公。無實際職掌，爲名譽宰相。宋一品。　南譙王義宣：劉義宣。宋武帝之子。文帝元嘉元年（424），封竟陵王。十年，改封南譙王。劉劭弒立，發兵助孝武帝入討。孝武帝即位，改封南郡王。孝武帝孝建元年（454），在臧質誘説下謀反，兵敗被殺。本書卷一三、《宋書》卷六八有傳。南譙，郡名。治山桑縣，在今安徽巢湖市東南。

[3]都下：京城。

南譙王義宣據荆州爲逆，遣徵兵於秀之，秀之斬其使。以起義功，封康樂縣侯，[1]徙丹楊尹。先是秀之從叔穆之爲丹楊，與子弟聽事上宴，聽事柱有一穿，穆之謂子弟及秀之，汝等試以栗遥擲柱，入穿者後必得此郡。唯秀之獨入焉，其言遂驗。時賒買百姓物不還錢，秀之以爲非宜，陳之甚切。雖納其言，竟不用。

[1]康樂縣侯：封爵名。康樂，縣名。治所在今江西萬載縣東北。縣侯，開國縣侯省稱。食邑爲縣，爵前常冠以所封縣名。

遷尚書右僕射。[1]時定制令，隸人殺長吏科，[2]議者謂會赦宜以徙論。秀之以爲“律文雖不顯人殺官長之旨，若遇赦但止徙論，便與悠悠殺人曾無一異。人敬官長比之父母，行害之身雖遇赦，謂宜長付尚方，[3]窮其天命，家口補兵”。從之。

[1]尚書右僕射：官名。位在左僕射下，與左僕射共掌尚書省日常政務，並聯署諸曹奏事，參議大政，諫諍得失，兼領祠部（一般與祠部不並置）、儀曹二曹。宋三品。

[2]隸人：按，大德本、汲古閣本、殿本、百衲本同，中華本改作“疑人”，其校勘記云：“‘疑人’各本作‘隸人’，《宋書》作‘疑民’。錢大昕《廿二史考異》：‘隸’當依《宋書》改‘疑’。人殺長吏，謂部民殺官長也。南、北《史》避‘民’字，今從改。”

[3]尚方：官署名。隸少府。設令、丞，掌製造宮廷所用器物。多以役徒服勞作，亦爲繫罪囚之所。

後爲寧蠻校尉、雍州刺史，[1]加都督。將徵爲左僕射，會卒。贈司空，謚忠成公。

[1]寧蠻校尉：官名。掌管雍州少數民族事務。領兵，設府於襄陽，稱小府。宋四品。　雍州：僑州名。治襄陽縣，在今湖北襄陽市。

秀之野率無風采，而心力堅正。上以其蒞官清潔，家無餘財，賜錢二十萬，布三百疋。傳封至孫，齊受禪，國除。

　　徐羡之字宗文，東海郯人也。[1]祖寧，[2]尚書吏部郎。[3]父祚之，上虞令。[4]羡之爲桓循撫軍中兵參軍，[5]與宋武帝同府，深相親結。武帝北伐，稍遷太尉左司馬，[6]掌留任，副貳劉穆之。

　　[1]郯：縣名。治所在今山東郯城縣。
　　[2]寧：徐寧。《晉書》卷七四有附傳。
　　[3]尚書吏部郎：官名。尚書省吏部曹長官通稱。屬吏部尚書，主管官吏選任、銓叙、調動之事。對五品以下官吏有任免建議權。職位高於尚書省諸曹郎。晋六品。
　　[4]上虞：縣名。治所在今浙江紹興市上虞區百官街道。
　　[5]桓循：按，大德本、汲古閣本、百衲本同，殿本作“桓修”，中華本作“桓脩”。疑此應作“桓脩”，“循”“脩”古籍中常混淆。桓脩，桓沖子。《晉書》卷七四有附傳。　　中兵參軍：官名。王公軍府僚屬。掌本府中兵曹事務，兼備參謀咨詢。其品位隨府主地位高低不等。
　　[6]太尉左司馬：官名。太尉府僚屬。左司馬，王公軍府幕僚。掌參贊軍務，管理府內武職，與長史共參府務。

　　帝議北伐，朝士多諫，唯羡之默然。或問何獨不言，羡之曰：“今二方已平，拓地萬里，唯有小羌未定。[1]公寢食不安，何可輕豫其議。”

　　[1]小羌：指羌人姚氏建立的後秦政權。

　　穆之卒，帝欲用王弘代之。謝晦曰：“休元輕易，不若徐羡之。”乃以羡之爲丹楊尹，總知留任，甲仗二十人出入，加尚書僕射。[1]

[1]尚書僕射：官名。尚書省次官，與尚書令同居宰相之任。若置二人，則爲左右僕射；若不置二人，僅稱尚書僕射。若尚書令缺，則以左僕射爲尚書省長官；若左、右僕射並缺，則置尚書僕射以掌左僕射之事。晋、宋三品。

義熙十四年，軍人朱興妻周生子道扶，年三歲，先得癇病。[1]周因其病，發掘地生埋之，爲道扶姑雙女所告，周棄市。[2]羨之議曰："自然之愛，豺狼猶仁，周之凶忍，宜加顯戮。臣以爲法律之外，尚弘通理，母之即刑，由子明法。爲子之道，焉有自容之地。愚謂可特申之遐裔。"從之。

[1]癇（xián）病：癲癇。通稱羊癲瘋或羊角風。
[2]周棄市：按，《宋書》卷四三《徐羨之傳》作"正周棄市刑"。馬宗霍《南史校證》云："正猶定也，罪雖定尚未執行也。《南史》刪去'正''刑'二字，是周已棄市矣。若已棄市，則與下文從羨之申之遐裔之議不相應。"（第281頁）

及武帝即位，封南昌縣公，位司空、録尚書事、揚州刺史。[1]羨之起自布衣，又無術學，直以局度，[2]一旦居廊廟，朝野推服，咸謂有宰臣之望。[3]沈密寡言，不以憂喜見色。頗工弈棋，觀戲常若未解，當世倍以此推之。傅亮、蔡廓嘗言徐公曉萬事，[4]安異同。嘗與傅亮、謝晦宴聚，亮、晦才學辯博，羨之風度詳整，時然後言。鄭鮮之歎曰：[5]“觀徐、傅言論，不復學問爲長。”[6]

[1]録尚書事：官名。魏晋南北朝多以公卿權重者居之，總領尚書省政務，位在三公上。又有録尚書六條事、關尚書七條事等。

[2]局度：猶才幹氣度。《資治通鑑》卷一二六《宋紀八》文帝元嘉二十八年胡三省注：“有局則能處事，有度則能容物。”

[3]宰臣：按，大德本、汲古閣本、百衲本及《宋書》卷四三《徐羨之傳》同，殿本作“宰相”。

[4]蔡廓：字子度，濟陽考城（今河南民權縣）人。本書卷二九、《宋書》卷五七有傳。

[5]鄭鮮之：字道子，滎陽開封（今河南開封市）人。本書卷三三、《宋書》卷六四有傳。

[6]不復學問爲長：按，大德本、汲古閣本、殿本、百衲本同，中華本據《通志》卷一三一補作“不復以學問爲長”。

武帝不豫，加班劍三十人。[1]宮車晏駕，[2]與中書令傅亮、領軍將軍謝晦、鎮北將軍檀道濟同被顧命。[3]少帝詔羨之、亮率衆宮内月一決獄。[4]

[1]班劍：飾有花紋的木劍。漢制，朝服帶劍。至晋代之以木，謂之班劍，虎賁持之，用作儀仗，是皇帝對王公大臣的一種恩賜。

[2]宮車晏駕：對帝王去世的諱辭。

[3]中書令：官名。中書省長官之一，掌納奏、擬詔、出令，後權歸中書舍人，遂成爲秩高位尊的閑職，多用作重臣的加官。宋三品。　領軍將軍：官名。禁軍統帥，掌禁軍及京師諸軍。宋三品。　鎮北將軍：官名。與鎮東、鎮西、鎮南將軍合稱四鎮將軍，多爲持節都督，出鎮方面。宋三品，如爲持節都督則進爲二品。顧命：皇帝臨死時之詔命。

[4]少帝：南朝宋少帝劉義符。小字車兵，宋武帝長子。後被廢，幽禁於吳郡，徐羨之等使人將其殺害。本書卷一、《宋書》卷四有紀。　率衆宮內月一決獄：按，大德本、汲古閣本、殿本、百衲本同，中華本校勘記云："'官'各本作'宮'，據《宋書》改。《宋書》無'內'字，疑此字衍文。"

帝後失德，羨之等將謀廢立，而盧陵王義真多過，[1]不任四海。乃先廢義真，然後廢帝。時謝晦爲領軍，以府舍內屋敗應脩理，悉移家人出宅，聚將士於府內。檀道濟以先朝舊將，威服殿省，且有兵衆，召入朝告之謀。既廢帝，侍中程道惠勸立皇子義恭，[2]羨之不許。及文帝即位，改封南平郡公，[3]固讓加封。有司奏車駕依舊臨華林園聽訟，[4]詔如先二公權訊。

[1]盧陵王義真：劉義真。宋武帝之子。武帝永初元年（420），封盧陵王。本書卷一三、《宋書》卷六一有傳。盧陵，郡名。治石陽縣，在今江西吉水縣東北。

[2]程道惠：字文和，武昌（今湖北武漢市）人。世奉五斗米道，後改宗佛教。歷官侍中、廷尉、廣州刺史。宋文帝元嘉六年（429）卒。　義恭：劉義恭。宋武帝之子。諸子之中，最受寵愛。文帝元嘉元年，封江夏王。本書卷一三、《宋書》卷六一有傳。

[3]南平：郡名。治江安縣，在今湖北公安縣西北。

[4]華林園：宮苑名。前身是三國吳宮苑，東晉仿洛陽園名，改爲華林園。南朝宋文帝元嘉間進行了大規模的擴建。在今江蘇南京市雞鳴寺南古臺城內。

元嘉二年，羨之與傅亮歸政，三奏乃見許。羨之仍遜位，退還私第。兄子佩之及程道惠、吳興太守王韶之等，[1]並謂非宜，敦勸甚苦。復奉詔攝任。

[1]王韶之：字休泰，琅邪臨沂（今山東臨沂市）人。本書卷二四、《宋書》卷六〇有傳。

三年正月，帝以羨之、亮、晦旬月間再肆醜毒，[1]下詔暴其罪，誅之。爾日，詔召羨之至西門外，[2]時謝晦弟矚爲黃門郎，[3]正直，報亮云：“殿中有異處分。”亮馳報羨之，羨之乘內人問訊車出郭，步走至新林，[4]入陶竈中自縊而死，年六十三。羨之初不應召，上遣領軍到彥之、右衛將軍王華追討。[5]及死，野人以告，載尸付廷尉。

[1]旬月間再肆醜毒：按，大德本、汲古閣本、殿本、百衲本同，中華本據《宋書》卷四三《徐羨之傳》改“醜”作“酖”，以爲形近而訛。

[2]西門：城門名。按，大德本、汲古閣本、殿本、百衲本同，中華本據《宋書·徐羨之傳》補作“西明門”。建康都城的西門。

[3]矚：謝矚。字宣鏡，陳郡陽夏（今河南太康縣）人。本書卷一九、《宋書》卷五六有附傳。　黃門郎：官名。給事黃門郎、黃門侍郎的省稱。爲門下省次官，與侍中俱掌門下衆事。職在平省尚書奏事，可出入禁中。宋五品。

[4]新林：浦名。又名新林港。在今江蘇南京市西南。

[5]到彥之：字道豫，彭城武原（今江蘇邳州市）人。本書卷二五有傳。　王華：字子陵，琅邪臨沂（今山東臨沂市）人，王弘從兄弟。本書卷二三、《宋書》卷六三有傳。

初，羨之年少時，嘗有一人來謂曰："我是汝祖。"羨之拜。此人曰："汝有貴相而有大厄，宜以錢二十八文埋宅四角，可以免災。過此可位極人臣。"後羨之隨親之縣，住在縣內。嘗暫出，而賊自後破縣，縣內人無免者，雞犬亦盡，唯羨之在外獲全。又隨從兄履之爲臨海樂安縣，[1]嘗行經山中，見黑龍長丈餘，頭有角，前兩足皆具，無後足，曳尾而行。及拜司空，守關將入，彗星辰見危南。[2]又當拜時，雙鶴集太極殿東鴟尾鳴唤，[3]竟以凶終。

[1]臨海：郡名。治章安縣，在今浙江台州市椒江區章安街道。樂安：縣名。治所在今浙江仙居縣。

[2]辰：古同"晨"。清早。 危：星宿名。二十八宿之一，北方玄武七宿中的第五宿。

[3]雙鶴：按，大德本、汲古閣本、殿本、百衲本同，中華本據《宋書·五行志三》改作"雙鸛"，其校勘記云："鶴非不祥之物。" 太極殿：宮殿名。建康宮城主殿，在今江蘇南京市古臺城遺址內。 鴟尾：亦作鴟尾、蚩尾等。古代宮殿屋脊正脊兩端的瓦製獸形裝飾性構件。

羨之兄欽之位秘書監。[1]欽之子佩之輕薄好利，武帝以其姻戚，累加寵任，爲丹楊尹。景平初，以羨之知權，頗豫政事，與王韶之、程道惠、中書舍人邢安泰、潘盛爲黨。時謝晦久病連灸，不堪見客，佩之等疑其託疾有異圖，與韶之、道惠同載詣傅亮，稱羨之意，欲令作詔誅之。亮曰："己等三人同受顧命，豈可自相殘戮。"

佩之等乃止。羨之既誅，文帝特宥佩之，免官而已。其冬佩之謀反事發被誅。

[1]秘書監：官名。秘書省長官，掌圖書經籍之事，領著作省。宋三品。

佩之弟遠之尚武帝長女會稽宣公主，[1]爲彭城、沛二郡太守。[2]武帝諸子並幼，以遠之姻戚，將大任之，欲先令立功。反討司馬休之，[3]使統軍爲前鋒，待尅當即授荆州，於陣見害。追贈中書侍郎。[4]子湛之。

[1]會稽宣公主：劉興弟。其母爲宋武帝臧皇后。事見本書卷一一《武敬臧皇后傳》。

[2]彭城、沛：雙頭郡名。二郡同治一地，設置一名太守。治所在今江蘇常州市武進區。

[3]反：按，大德本同，汲古閣本、殿本、百衲本作“及”。作“及”是。

[4]中書侍郎：官名。爲中書監、令之副，助監、令掌尚書奏事。宋五品。

湛之字孝源，幼孤，爲武帝所愛。常與江夏王義恭寢食不離帝側。[1]永初三年，[2]詔以公主一門嫡長，且湛之致節之胤，封枝江縣侯。[3]數歲與弟淳之共車行，牛奔車壞，左右人馳來赴之。湛之先令取弟，衆咸歎其幼而有識。及長頗涉文義，善自位待，事祖母及母以孝聞。

[1]江夏王：封爵名。江夏，郡名。治夏口城，在今湖北武漢市武昌區。

[2]永初：南朝宋武帝劉裕年號（420—422）。

[3]枝江：縣名。治所在今湖北枝江市西南。

元嘉中，以爲黃門侍郎。祖母年老，辭以朝直不拜。後拜秘書監。會稽公主身居長嫡，爲文帝所禮，家事大小必諮而後行。西征謝晦，使公主留止臺内，總攝六宫，每有不得意，輒號哭，上甚憚之。

初，武帝微時，貧陋過甚，嘗自新洲伐荻，[1]有納布衣襖等，皆是敬皇后手自作。[2]武帝既貴，以此衣付公主曰："後世若有驕奢不節者，可以此衣示之。"湛之爲大將軍彭城王義康所愛，[3]與劉湛等頗相附。及得罪，事連湛之。文帝大怒，將致大辟。湛之憂懼無計，以告公主。公主即日入宫，及見文帝，因號哭下牀，不復施臣妾之禮。以錦囊盛武帝納衣，擲地以示上曰："汝家本賤貧，此是我母爲汝父作此納衣。今日有一頓飽食，便欲殘害我兒子。"上亦號哭，湛之由此得全。

[1]嘗自新洲伐荻：按，大德本、汲古閣本、殿本、百衲本同，中華本據《太平御覽》卷一五三引補作"嘗自往新洲伐荻"。新洲，一名薛家洲，在今江蘇南京市北大江中。

[2]敬皇后：宋武帝皇后。劉興弟生母臧愛親。本書卷一一、《宋書》卷四一有傳。

[3]彭城王義康：劉義康。小字車子，宋武帝之子。武帝永初元年（420），封彭城王。本書卷一三、《宋書》卷六八有傳。彭城，郡名。治彭城縣，在今江蘇徐州市。

再遷太子詹事,[1]尋加侍中。湛之善尺牘,音辭流暢;貴戚豪强,産業甚厚,室宇園池,貴游莫及,伎樂之妙,冠絶一時。門生千餘,[2]皆三吴富人子,姿質端美,衣服鮮麗。每出入行游,塗巷盈滿。泥雨日,悉以後車載之。文帝每嫌其侈縱。時安成公何勖,無忌之子,臨汝公孟靈休,昶之子也,並名奢豪,與湛之以肴膳器服車馬相尚,都下爲之語曰:"安成食,臨汝飾。"湛之美兼何、孟。勖官至侍中,追謚荒公。靈休善彈棋,[3]官至秘書監。

[1]太子詹事:官名。總領東宫官屬、庶務,爲太子官屬之長。兩晋南北朝東宫位重,置官擬於朝廷,時號宫朝。常設重兵,故權任甚重,或參預朝政。宋三品。

[2]門生:投靠世族之門客,其地位高於一般僕隸,亦可以入仕。

[3]彈棋:古代博戲之一。今失傳。

湛之後遷丹楊尹,加散騎常侍,[1]以公主憂不拜。過葬,復授前職。二十二年,[2]范曄等謀反,[3]湛之始與之同,後發其事,所陳多不盡,爲曄等款辭所連。有司以湛之關豫逆黨,事起積歲,末乃歸聞,多有蔽匿,請免官削爵,付廷尉。上不許。湛之詣闕上疏請罪,以爲"初通其謀,爲誘引之辭,曄等並見怨咎,規相禍陷。又昔義康南出之始,敕臣入相伴慰,慇懃異意,[4]頗形言旨。遺臣利刃,期以際會。臣苦相諫譬,深加拒塞,以爲怨憤所至,不足爲虞,便以關啓,懼成虚妄。非爲納受，曲相蔽匿。又令申情范曄，釋中間之憾，致懷蕭思話，[5]恨婚意未申。謂此僥倖，亦不宣達。陛下敦惜天倫，彰於四海，蕃禁優簡，親理咸通。又昔蒙眷顧，不容自絶，音翰信命，時相往來。或言少意多，旨深文淺，辭色之間，往往難測。臣顧惟心無邪悖，故不稍以自嫌，慺慺丹實，具如此啓。臣雖駑下，情匪木石，豈不知醜點難嬰，伏劍爲易，而靦然視息，忍此餘生，實非苟吝微命，假延漏刻。誠以負戾灰滅，貽耻方來，貪及視息，少自披訴。[6]乞蒙隨放，[7]伏待鈇鑕”。上優詔不許。

[1]散騎常侍：官名。東晋時參掌機密，選望甚重，職任比於侍中。南朝以後隸屬集書省，掌管圖書文翰。地位驟降，用人漸輕。宋三品。

[2]二十二：按，大德本、汲古閣本、百衲本及《宋書》卷七一《徐湛之傳》同，殿本作“二十三”。

[3]范曄：字蔚宗，順陽（今河南淅川縣）人，范泰子。本書卷三三有附傳，《宋書》卷六九有傳。

[4]慇懃：同“殷勤”。

[5]蕭思話：南蘭陵（今江蘇常州市武進區）人，宋孝懿皇后之侄。本書卷一八、《宋書》卷七八有傳。

[6]披訴：按，大德本、殿本、百衲本及《宋書·徐湛之傳》同，汲古閣本作“披所”。

[7]隨放：按，《宋書·徐湛之傳》作“隳放”。

二十四年，服闋，[1]轉中書令、太子詹事，出爲南兖州刺史。[2]善政俱肅，威惠並行。廣陵舊有高樓，[3]湛之更脩整之，南望鍾山。[4]城北有陂澤，水物豐盛，湛之更起風亭、月觀、吹臺、琴室，果竹繁茂，花藥成行。招集文士，盡游玩之適。時有沙門釋惠休善屬文，湛之與之甚厚。孝武命使還俗。本姓湯，位至揚州從事史。

　　[1]服闋：服喪期滿。

　　[2]南兗州：州名。東晉僑立兗州，宋時改爲南兗州，初治京口，在今江蘇鎮江市。宋文帝元嘉八年（431）移治廣陵縣，在今江蘇揚州市西北蜀岡上。

　　[3]廣陵：郡名。治廣陵縣，在今江蘇揚州市西北蜀岡上。

　　[4]鍾山：山名。又名紫金山。在今江蘇南京市中山門外。

　　二十六年，湛之入爲丹楊尹、領太子詹事。二十七年，魏太武帝至瓜步，[1]湛之與皇太子分守石頭。[2]二十八年，魯爽兄弟率部曲來奔，[3]爽等軌子也，[4]湛之以爲廟筭特所獎納，不敢苟申私怨，乞屏田里。不許。

　　[1]魏太武帝：拓跋燾。《魏書》卷四、《北史》卷二有紀。瓜步：山名。在今江蘇南京市六合區東南。古時南臨大江。南北朝時爲軍事爭奪要地。

　　[2]石頭：城名。在今江蘇南京市清凉山。六朝時，江流緊迫山麓，城負山面江，南臨秦淮河口，當交通要衝，爲建康軍事重鎮。

　　[3]魯爽：小名女生，扶風郿（今陝西眉縣）人。本書卷四〇、《宋書》卷七四有傳。按，徐湛之父徐逵之爲魯軌所殺。

　　[4]軌：魯軌。事見《宋書·魯爽傳》。

　　轉尚書僕射，領護軍將軍。[1]時尚書令何尚之以湛之國戚，[2]任遇隆重，欲以朝政推之。湛之以令事無不總，又以事歸尚之。互相推委，御史中丞袁淑奏並免官。[3]詔乃使湛之與尚之並受辭訴。尚之雖爲令，而以朝事悉歸湛之。

　　[1]護軍將軍：官名。禁衛軍長官，略低於領軍將軍。資歷深者爲護軍將軍，資歷淺者爲中護軍。南朝宋護軍將軍（中護軍）較多的由尚書省長官以及光禄大夫兼任，顯示其在宫外任職，且比較閑散。宋三品。
　　[2]何尚之：字彦德，廬江灊（今安徽霍山縣）人。本書卷三〇、《宋書》卷六六有傳。
　　[3]袁淑：字陽源，陳郡陽夏（今河南太康縣）人。本書卷二六有附傳，《宋書》卷七〇有傳。

　　初，劉湛伏誅，殷景仁卒，[1]文帝任沈演之、庾仲文、范曄等，[2]後又有江湛、何瑀之。[3]自曄誅，仲文免，演之、瑀之並卒，至是江湛爲吏部尚書，與湛之並居權要，世謂之江、徐。上每疾，湛之輒侍醫藥。

　　[1]殷景仁：小字鐵，陳郡長平（今河南西華縣）人。本書卷二七、《宋書》卷六三有傳。
　　[2]沈演之：字臺真，吴興武康（今浙江德清縣）人。本書卷三六、《宋書》卷六三有傳。　庾仲文：庾炳之。字仲文，本書避唐高祖李淵父李昞諱以字行，潁川鄢陵（今河南鄢陵縣）人。本書卷三五、《宋書》卷五三有附傳。
　　[3]江湛：字徽淵，本書避唐高祖李淵諱作“徽深”，濟陽考

城（今河南民權縣）人。歷任左衛將軍、吏部尚書，爲劉劭所殺。本書卷三六有附傳，《宋書》卷七一有傳。　何瑀之：《資治通鑑》卷一二六《宋紀》文帝元嘉二十八年胡三省注云"何瑀之"恐當作"何尚之"。《宋書》卷七一《徐湛之傳》中華本校勘記云："本書《前廢帝何皇后傳》：'父瑀字穉玉。'此作何瑀之，蓋六朝人名後之'之'字，有時可省去。又《通鑑》宋文帝元嘉二十八年胡三省注曰：'何瑀之恐當作何尚之。'蓋以何瑀雖官歷清顯，未嘗管機密，不如何尚之之當要任。"

　　二凶巫蠱事發，[1]上欲廢劭，賜濬死，而孝武無寵，故累出外藩，不得停都下。南平王鑠、建平王宏並被愛，[2]而鑠妃即湛之妹，湛之勸上立之，[3]徵鑠自壽陽入朝。[4]至又失旨，欲立宏，嫌其非次，議又不決。[5]與湛之議，或連日累夕。每夜，使湛之自執燭繞壁檢行，慮有竊聽者。劭入弒之旦，其夕上與湛之屏人語，至曉猶未滅燭。湛之驚起趣北户，未及開，見害，時年四十四。孝武即位，追贈司空，謚曰忠烈公。子聿之爲元凶所殺。聿之子孝嗣。

　　[1]二凶巫蠱事發：太子劭、始興王濬與女巫嚴道育共爲巫蠱，詛咒宋文帝，元嘉二十九年（452）七月事發。事見本書卷一四《宋宗室及諸王傳》、《宋書》卷九九《二凶傳》。

　　[2]南平王鑠：劉鑠。字休玄，宋文帝第四子。文帝元嘉十六年封南平王。本書卷一四、《宋書》卷七二有傳。　建平王宏：劉宏。字休度，宋文帝第七子。文帝元嘉二十一年封建平王。本書卷一四、《宋書》卷七二有傳。建平，郡名。治巫縣，在今重慶巫山縣。

[3]而鑠妃即湛之妹，湛之勸上立之：按，大德本、汲古閣本、殿本、百衲本同，中華本刪"湛之"爲"湛"，其校勘記云："'湛'各本作'湛之'。按湛謂江湛；《南平穆王鑠傳》：'鑠妃江氏'，則鑠妃非徐湛之妹，據《宋書》刪。"其説是，應據刪。

[4]壽陽：縣名。治所在今安徽壽縣。南朝宋孝武帝大明六年（462）復改壽春縣。

[5]議又不決：按，大德本、汲古閣本、殿本、百衲本同，中華本改"又"作"久"，其校勘記云："'久'各本作'又'。按《宋書‧江湛傳》：'徐湛之欲立隨王誕，江湛欲立南平王鑠，文帝欲立建平王宏，議久不決。誕妃即湛之女，鑠妃，湛妹也。'今據改。"其説是，應據改。

　　孝嗣字始昌。父被害，孝嗣在孕，母年少，欲更行，不願有子，自牀投地者無筭，又以擣衣杵舂其腰，并服墮胎藥，胎更堅。及生，故小字遺奴。

　　幼而挺立。八歲襲爵枝江縣公，[1]見宋孝武，升階流涕，迄于就席。帝甚愛之，尚康樂公主，[2]拜駙馬都尉。泰始中，[3]以登殿不著韈，[4]爲書侍御史蔡準所奏，[5]罰金二兩。

[1]八歲襲爵枝江縣公：錢大昕《廿二史考異》卷三五云："湛之封枝江縣侯，身後亦未見加封之文，其子何以得襲公爵？又考《宋書‧州郡志》，枝江止云侯相，不云公相，疑此誤也。"

[2]康樂公主：劉脩明。宋孝武帝王皇后所生。事見本書卷一一、《宋書》卷四一《孝武文穆王皇后傳》。

[3]泰始：南朝宋明帝劉彧年號（465—471）。

[4]韈：古同"襪"。

[5]書侍御史：官名。即治書侍御史。本書避唐高宗李治諱，省"治"字。爲御史中丞佐貳，御史臺要職。南朝時不爲世族所重。宋六品。

孝嗣姑適東莞劉舍，舍兄藏爲尚書左丞，[1]孝嗣往詣之。藏退謂舍曰："徐郎是令僕人，三十餘可知，汝宜善自結。"昇明中，[2]爲齊高帝驃騎從事中郎，帶南彭城太守，[3]轉太尉諮議參軍。[4]齊建元初，[5]累遷長史兼侍中。[6]善趨步，閑容止，與太宰褚彦回相埒。尚書令王儉謂人曰："徐孝嗣將來必爲宰相。"轉御史中丞。武帝問儉曰："誰可繼卿？"儉曰："臣東都之日，[7]其在徐孝嗣乎。"

[1]尚書左丞：官名。尚書省佐官，居尚書右丞上。輔助令、僕射總理臺事，並職掌糾察彈劾。宋六品。

[2]昇明：南朝宋順帝劉準年號（477—479）。

[3]南彭城：僑郡名。東晉僑置於晋陵郡界，治所在今江蘇常州市武進區西。隋廢。

[4]諮議參軍：官名。王公軍府屬官，掌顧問諫議。其位在列曹參軍上，品位依府主地位高低不等。

[5]建元：南朝齊高帝蕭道成年號（479—482）。

[6]累遷長史兼侍中：按，大德本、汲古閣本、殿本、百衲本同，中華本刪"史"字，其校勘記云："'長'各本作'長史'。按《南齊書·百官志》：三公府、公督府皆得置長史。此長史而不繫府名，其'史'字顯爲後人誤增，當作'長兼侍中'。長兼者，非正授之稱。錢大昕《廿二史考異》於此辨之甚析。今刪正。"其説是，應據刪。按，長兼爲一種任官形式。秩位低於正員，可由此升

爲正員，亦可由正員降此。自太尉、侍中、御史中尉至行參軍皆可設。

[7]東都：謂致仕。漢代疏廣與侄疏受同時退隱，滿朝百官祖餞於東都門外。事見《漢書》卷七一《疏廣傳》。

出爲吳興太守，儉贈孝嗣四言詩曰："方軌叔茂,[1]追清彥輔,[2]柔亦不茹，剛亦不吐。"[3]時人以比蔡子尼之行狀也。[4]在郡有能名。

[1]叔茂：王暢。字叔茂，山陽高平（今山東鄒城市）人。《後漢書》卷五六有傳。

[2]彥輔：樂廣。字彥輔，南陽淯陽（今河南南陽市）人。《晉書》卷四三有傳。

[3]柔亦不茹，剛亦不吐：語本《詩·大雅·烝民》。

[4]蔡子尼：蔡克。字子尼，陳留考城（今河南民權縣）人，蔡謨父。事見《晉書》卷七七《蔡謨傳》。

王儉亡，上徵孝嗣爲五兵尚書。[1]其年，敕撰江左以來儀典，令諮受孝嗣。明年，遷太子詹事。從武帝幸方山。[2]上曰："朕經始此山之南，復爲離宮，應有邁靈丘。"靈丘山湖，新林苑也。[3]孝嗣答曰："繞黄山，款牛首，乃盛漢之事。今江南未廣，願陛下少更留神。"上乃止。竟陵王子良甚善之。[4]歷吏部尚書，右軍將軍,[5]領太子左衛率,[6]臺閣事多以委之。

[1]五兵尚書：官名。主管全國軍事行政。齊官品不詳。

[2]武帝：南朝齊武帝蕭賾。字宣遠，小諱龍兒，齊高帝長子。

本書卷四、《南齊書》卷三有紀。　方山：山名。在今江蘇南京市江寧區中部、秦淮河東岸。六朝時爲都城東南交通要衝。

[3]新林苑：皇家園林名。齊武帝永明五年（487）建。其位置在新林，在今江蘇南京市西南。

[4]竟陵王子良：蕭子良。字雲英，齊武帝第二子。高帝建元四年（482）武帝即位後，封爲竟陵王。本書卷四四、《南齊書》卷四〇有傳。竟陵，郡名。治萇壽縣，在今湖北鍾祥市。

[5]右軍將軍：官名。掌宮禁宿衛。宋明帝泰始以後，多以軍功得官，無復員限，成爲侍衛武職。齊官品不詳。

[6]太子左衛率：官名。掌東宮護衛。齊官品不詳。

　武帝崩，遺詔以爲尚書右僕射。隆昌元年，[1]爲丹楊尹。明帝謀廢鬱林，遣左右莫智明以告孝嗣，孝嗣奉旨無所釐替，即還家草太后令。明帝入殿，孝嗣戎服隨後。鬱林既死，明帝須太后令，孝嗣於袖出而奏之，帝大悦。時議悉誅高、武子孫，孝嗣堅保持之，故得無恙。以廢立功，封枝江縣侯，甲仗五十人入殿。轉左僕射。明帝即位，進爵爲公，給班劍二十人，加兵百人。舊拜三公乃臨軒，至是，帝特詔與陳顯達、王晏並臨軒拜授。[2]時王晏爲令，人情物望不及孝嗣，晏誅，轉尚書令。孝嗣愛好文學，[3]器量弘雅，不以權勢自居，故見容明帝之世。

[1]隆昌：南朝齊鬱林王蕭昭業年號（494）。

[2]陳顯達：南彭城彭城（今江蘇鎮江市）人。仕宋以軍功遷廣州刺史。入齊，以參與廢鬱林王之功，進位司空。明帝時，進太尉，封鄱陽郡公。因懼東昏侯，於尋陽起兵，至新亭兵敗被殺。本

書卷四五、《南齊書》卷二六有傳。　王晏：字休默，一字士彥，琅邪臨沂（今山東臨沂市）人。本書卷二四有附傳，《南齊書》卷四二有傳。

[3] 愛好文學：《隋書·經籍志四》集部別集類著録齊太尉《徐孝嗣集》十卷。

　　初在率府，晝卧齋北壁下，夢兩童子遽云："移公牀。"孝嗣驚起，聞壁有聲，行數步而壁崩壓牀。建武四年,[1]即本號開府儀同三司，讓不受。

[1] 建武：南朝齊明帝蕭鸞年號（494—498）。

　　時連年魏軍動，國用虛乏，孝嗣表立屯田。帝已寢疾，兵事未已，竟不行。及崩，受遺託，重申開府之命，加中書監。[1]永元初輔政,[2]自尚書下省出住宮城南宅,[3]不得還家。帝失德，孝嗣不敢諫；及江祏誅,[4]内懷憂恐，然未嘗表色。始安王遥光反,[5]衆懷惶惑，見孝嗣入宮乃安,[6]然群小用事，不能制也。

[1] 中書監：官名。與中書令共爲中書省長官，唯入朝時班次略高於令。典尚書奏事，掌朝政機密，草擬及發布詔令。南朝時中書令、監清閑無事，多用作重臣加官。齊官品不詳。
[2] 永元：南朝齊東昏侯蕭寶卷年號（499—501）。
[3] 尚書下省：又稱尚書下舍。魏晉南北朝諸曹尚書辦公之署，爲當時處理日常政務的主要場所。因設在宮禁中，故亦常令輔政大臣入直。
[4] 江祏：字弘業，濟陽考城（今河南民權縣）人。齊明帝腹

心。本書卷四七、《南齊書》卷四二有傳。

　　[5]始安王遥光：蕭遥光。字元暉。齊宗室。始安靖王蕭鳳之子，齊明帝蕭鸞之姪。本書卷四一有傳，《南齊書》卷四五有附傳。始安，郡名。治始安縣，在今廣西桂林市。

　　[6]官：按，大德本同，汲古閣本、殿本、百衲本作“宫”。底本誤，應據諸本改。

　　時孝嗣以帝終亂天常，與沈文季俱在南掖門，[1]欲要文季以門爲應，四五目之，文季輒亂以他語，孝嗣乃止。進位司空，固讓。求解丹楊尹，不許。孝嗣文人，不顯同異，名位雖大，故得未及禍。虎賁中郎將許準有膽力，陳説事機，勸行廢立。孝嗣遲疑，謂必無用干戈理，須少主出游，閉城門，召百僚集議廢之。雖有此懷，終不能決。群小亦稍憎孝嗣，勸帝除之。其冬，孝嗣入華林省，遣茹法珍賜藥，[2]孝嗣容色不異，謂沈昭略曰：[3]“始安事，吾欲以門應之，賢叔若同，無今日之恨。”少能飲酒，飲藥至斗餘方卒，[4]乃下詔言誅之。于時凡被殺者，皆取其蟬冕，剥其衣服。衆情素敬孝嗣，得無所侵。

　　[1]沈文季：字仲達，吳興武康（今浙江德清縣）人，沈慶之子。本書卷三七有附傳，《南齊書》卷四四有傳。

　　[2]茹法珍：會稽（今浙江紹興市）人。備受齊東昏侯寵信，呼其爲“阿丈”。權過人主，佐成昏亂。梁武帝平建康，與諸佞幸同被殺。本書卷七七有傳。

　　[3]沈昭略：字茂隆，沈文季姪。本書卷三七、《南齊書》卷四四有附傳。

[4]斗餘：六朝時一升約相當今兩百毫升，一斗爲十升，則一斗酒爲兩千毫升（兩升），重約四斤。

長子演，尚齊武帝女武康公主，位太子中庶子，[1]第三子況，尚明帝女山陰公主，並拜駙馬都尉，俱見殺。

[1]太子中庶子：官名。東宮屬官，與太子中舍人共掌文翰。齊官品不詳。

孝嗣之誅，衆人懼，無敢至者，唯會稽魏温仁奔赴，[1]以私財營喪事，當時稱之。

[1]會稽：郡名。治山陰縣，在今浙江紹興市。

初，孝嗣復故封，使故吏吳興丘叡筮之，當傳幾世。叡曰："恐不終尊身。"孝嗣容色甚惡，徐曰："緣有此慮，故令卿決之。"

中興元年，[1]和帝贈孝嗣太尉。二年，改葬宣德太后，詔增班劍四十人，加羽葆、鼓吹，[2]謚曰文忠，改封餘干縣公。

[1]中興：南朝齊和帝蕭寶融年號（501—502）。
[2]羽葆：儀仗名。以鳥羽爲飾，形制如傘蓋。《禮記·雜記下》："匠人執羽葆御柩。"孔穎達疏："羽葆者，以鳥羽注於柄頭，如蓋，謂之羽葆。葆，謂蓋也。"魏晉南北朝時常用以賞賜有功的

諸王或大臣，重臣遇喪亦可賜。通常祇賜一部，極重之臣方得賜前、後二部，以示尊崇。　鼓吹：本爲皇帝出行儀仗的組成部分，南朝時往往賜予皇親國戚或有功大臣，以示尊崇。高級儀仗分爲前部鼓吹、後部鼓吹，前部鼓吹在前開道，以鉦、鼓等大型樂器爲主，樂工步行演奏；後部鼓吹殿後，以簫、笳、鼙等小型樂器爲主，樂工或步行，或在馬上演奏。

　　子緄，仕梁，位侍中，太常，信武將軍，[1]謚頃子。

　　[1]信武將軍：官名。南朝梁置。爲五德將軍之一，在武職中地位較高，並可爲文職清官兼領。十五班。

　　緄子君蒨字懷簡，幼聰朗好學，尤長丁部書，[1]問無不對。善弦歌，爲梁湘東王鎮西諮議參軍。[2]頗好聲色，侍妾數十，皆佩金曳翠，羅綺，[3]服玩悉以金銀。飲酒數升便醉，而閉門盡日酣歌。每遇歡謔，則飲至斗。有時載伎肆意游行，荆楚山川，靡不畢踐。朋從遊好，莫得見之。時襄陽魚弘亦以豪侈稱，[4]於是府中謠曰："北路魚，南路徐。"然其服翫次於弘也。[5]

　　[1]丁部書：古代書籍四部分類法中四部之一。西晋初，秘書監荀勖與中書令張華整理典籍，編成《中經新簿》，分甲、乙、丙、丁四部，創立四部書目分類體系。以詩賦、圖贊、《汲冢書》爲丁部。東晋李充加以調整，以詩賦爲丁部。唐太宗貞觀年間，魏徵等編撰《隋書·經籍志》，將甲、乙、丙、丁四部名稱換成經、史、子、集。丁部即集部。
　　[2]梁湘東王：蕭繹。字世誠，小字七符，梁武帝第七子。武

帝天監十三年（514），封湘東郡王。後即位爲梁元帝。本書卷八、《梁書》卷五有紀。湘東，郡名。治臨烝縣，在今湖南衡陽市。

　　[3]皆佩金曳翠，羅綺：按，大德本、汲古閣本、殿本、百衲本作“皆佩金翠，曳羅綺”。底本誤，應據諸本改。

　　[4]魚弘：襄陽（今湖北襄陽市）人。本書卷五五、《梁書》卷二八有附傳。

　　[5]服翫：按，大德本、殿本、百衲本同，汲古閣本作“物玩”。

　　君蒨辯於辭令，湘東王嘗出軍，有人將婦從者。王曰：“才愧李陵，[1]未能先誅女子，將非孫武，[2]遂欲驅戰婦人。”[3]君蒨應聲曰：“項籍壯士，[4]猶有虞兮之愛，紀信成功，[5]亦資姬人之力。”君蒨文冠一府，特有輕艷之才，新聲巧變，人多諷習，竟卒於官。

　　[1]李陵：字少卿，隴西成紀（今甘肅秦安縣）人，李廣孫。事見《史記》卷一〇九《李將軍列傳》。

　　[2]孫武：春秋時齊國人。以兵法見吳王闔廬，吳王任以爲將，助吳顯名於諸侯。《史記》卷六五有傳。

　　[3]遂：按，大德本、殿本、百衲本同，汲古閣本作“便”。

　　[4]項籍：項羽。《史記》卷七有紀。

　　[5]紀信：劉邦部將。事見《史記·項羽本紀》。

　　傅亮字季友，北地靈州人，[1]晋司隸校尉咸之玄孫也。[2]父瑗以學業知名，位至安成太守。[3]瑗與郗超善，[4]超常造瑗，見二子迪及亮。亮年四五歲，超令人解衣使持去，初無恡色。超謂瑗曰：“卿小兒才名位宦當遠踰於兄，然保家終在大者。”迪字長猷，宋初終五兵尚書，贈太常。

　　[1]北地：郡名。東漢末置，寄治馮翊郡界。三國魏割馮翊之祋祤（今陝西銅川市耀州區東）爲實土，相當今陝西銅川市耀州區、富平縣。　靈州：縣名。西漢惠帝時置。治所在今寧夏吳忠市黃河中沙洲上。東漢後廢。西晉武帝太康三年（282）重置，治所確址未詳。按，傅氏舊屬靈州，漢末郡境爲羌胡所侵，寄寓馮翊，悉屬泥陽。至此還屬靈州。但傅弘之一支依舊屬泥陽。參見《宋書》卷四八《傅弘之傳》。

　　[2]咸：傅咸。字長虞。《晉書》卷四七有附傳。

　　[3]安成：郡名。治平都縣，在今江西安福縣。

　　[4]郗超：字景興，一字嘉賓，高平金鄉（今山東嘉祥縣）人。《晉書》卷六七有附傳。

　　亮博涉經史，[1]尤善文辭。義熙中，累遷中書黃門侍郎，直西省。[2]宋武帝以其久直之勤勞，欲以爲東陽郡。[3]先以語迪，大喜告亮，亮不答，即馳見武帝，陳不樂出。帝笑曰：“謂卿須禄耳，能如此，甚協所望也。”以爲太尉從事中郎，掌記室。宋國初建，除侍中，領世子中庶子，加中書令。從還壽陽，武帝有受禪意，而難於發言，乃集朝臣宴飲，從容曰：“桓玄暴篡，鼎命已移，我首唱大義，興復皇室，今年時衰暮，欲歸老京師。”群臣唯盛稱功德，莫曉此意。亮悟旨，日晚宮門已閉，叩扉請見曰：“臣暫宜還都。”帝知意，無復他言，直云：“須幾人自送？”亮曰：“須數十人。”於是奉辭。及出，夜見長星竟天，拊髀曰：“我常不信天文，今始驗矣。" 亮至都，即徵帝入輔。

[1]亮博涉經史：按，大德本、殿本、百衲本同，汲古閣本作
"傅亮涉經史"。

[2]西省：官署名。設在宮禁之中，大約等於中書的一個分省。
東晋孝武帝以武官受納奏書，以他省郎官如中書、散騎等輪流在西
省值班，掌起草詔誥，號西省郎。

[3]東陽：郡名。治長山縣，在今浙江金華市。

　　永初元年，加太子詹事，封建城縣公，[1]入直中書
省，專典詔命。以亮任總國權，聽於省見客。神獸門
外，[2]每旦車常數百兩。武帝登庸之始，文筆皆是參軍
滕演，北征廣固，悉委長史王誕，[3]自此之後至于受命，
表策文誥，皆亮辭也。[4]演字彥將，南陽西鄂人，[5]位至
秘書監。二年，加亮尚書僕射。及帝不豫，與徐羨之、
謝晦並受顧命，給班劍二十人。少帝即位，進中書監、
尚書令，領護軍將軍。

[1]建城縣公：封爵名。建城，縣名。治所在今江西高安市。

[2]神獸門：建康宮城門名。即神虎門，本書避唐高祖李淵祖
父李虎諱改。與東面雲龍門東西相對。

[3]王誕：字茂世，琅邪臨沂（今山東臨沂市）人。本書卷二
三、《宋書》卷五二有傳。

[4]表策文誥，皆亮辭也：《隋書·經籍志四》集部別集類著
録宋尚書令《傅亮集》三十一卷。

[5]南陽：郡名。治宛縣，在今河南南陽市。　　西鄂：縣名。
治所在今河南南陽市北。

少帝廢，亮奉迎文帝，立行臺於江陵城南，[1]題曰大司馬門，率行臺百僚詣門拜表，威儀甚盛。文帝將下，引見亮，哭泣哀動左右。既而問義真及少帝殞廢本末，[2]悲號嗚咽，侍側者莫能仰視，亮流汗霑背不能答。於是布腹心於到彥之、王華等。及至都，徐羨之問帝可方誰？亮曰："晋文、景以上人。"[3]羨之曰："必能明我赤心。"亮曰："不然。"

[1]行臺：臺爲中央政府代稱，行臺爲迎立皇帝隨其所駐之地設立的代表中央的臺省機構。

[2]本末：按，大德本、汲古閣本、百衲本同。殿本作"本末"。

[3]晋文、景：晋文帝司馬昭、晋景帝司馬師。《晋書》卷二皆有紀。

及文帝即位，加左光禄大夫、開府儀同三司。[1]司空府文武即爲左光禄府，進爵始興郡公，固讓進封。

[1]左光禄大夫：官名。作爲在朝顯職的加官，以示優崇。

元嘉三年，帝將誅亮，先呼入見，省内密有報之者。亮辭以嫂病暫還，遣信報徐羨之，因乘車出郭門，騎馬奔兄迪墓。屯騎校尉郭泓收之。[1]初至廣莫門，[2]上亦使以詔謂曰："以公江陵之誠，當使諸子無恙。"亮讀詔訖曰："亮受先帝布衣之眷，遂蒙顧託。黜昏立明，社稷之計。欲加之罪，其無辭乎。"於是伏誅，妻子流

建安。^[3]

[1]屯騎校尉：官名。與步兵、射聲、越騎、長水校尉並稱五校尉。爲侍衛武官，不領營兵。宋四品。

[2]廣莫門：城門名。建康都城的北門。

[3]建安：郡名。治建安縣，在今福建建甌市。

亮之方貴，兄迪每深誡焉，而不能從。及見世路屯險，著論名曰《演愼》。^[1]及少帝失德，内懷憂懼。直宿禁中，睹夜蛾赴燭，作《感物賦》以寄意。初奉大駕，道路賦詩三首，其一篇有悔懼之辭。自知傾覆，求退無由，又作辛有、穆生、董仲道贊，^[2]稱其見微之美云。

[1]《演愼》：《宋書》卷四三《傅亮傳》詳載其内容。下文《感物賦》及道路所賦詩之一篇《宋書·傅亮傳》皆有詳載。《隋書·經籍志二》史部雜傳類著録宋光禄大夫傅亮撰《應驗記》一卷。

[2]辛有：春秋時周大夫。於周平王東遷時經伊川，見有被髮而祭於野者，以爲不合於禮，不及百年將淪爲戎狄之居。後秦、晋遷陸渾之戎居伊川。事見《左傳》僖公二十二年。 穆生：西漢魯人。楚元王劉交以爲中大夫，不嗜酒，元王常爲設醴。及王劉戊嗣位，忘設。以爲王之意怠，遂謝病去。事見《漢書》卷三六《楚元王傳》。 董仲道：董養。字仲道，陳留浚儀（今河南開封市）人。西晋武帝泰始初，到洛陽，游太學。惠帝初，楊皇后被廢，睹晋室將亂，與妻入蜀隱居，不知所終。《晋書》卷九四有傳。

隆字伯祚，亮族兄也。曾祖晞，司徒屬。父祖並早卒。隆少孤貧，有學行。義熙初，年四十，爲孟昶建威參軍，累遷尚書左丞。以族弟亮爲僕射，緦服不得相臨，[1]徙太子率更令。[2]

[1]緦服：即緦麻服。多指關係較遠的族親。
[2]太子率更令：官名。掌太子宮殿門户及賞罰事，與太子家令、太子僕合稱太子三卿。宋五品。

元嘉初，爲御史中丞，甚得司直之體，轉司徒左長史。[1]會稽剡縣人黃初妻趙打殺息載妻王遇赦，[2]王有父母及男稱女葉，依法徙趙二千里外。隆議曰："禮律之興，本之自然。求之情理，非從天墮，非從地出。父子至親，分形同氣，稱之於載，即載之於趙。雖言三世，爲體猶一。稱雖創鉅痛深，固無讎祖之義。向使石厚之子，日磾之孫，砥鋒挺鍔，不與二祖同戴天日，則石碏、秺侯何得流名百代。[3]舊令言殺人父母，徙之二千里外，不施父子孫祖明矣。趙當避王碁功千里外耳。[4]令亦云凡流徙者，同籍親近欲相隨者聽之。此又大通情之體，[5]因親以教愛也。趙既流移，載爲人子，何得不從？載從而稱不行，豈名教所許？如此，稱、趙竟不可分。趙雖内愧終身，稱沈痛没齒，孫祖之義，自不得以永絶，事理然也。"從之。

[1]司徒左長史：官名。左、右長史皆爲司徒府僚屬之長，位次左高右低，共同佐司徒掌各曹等府事。宋六品。
[2]剡縣：縣名。治所在今浙江嵊州市西南。　息：兒子。

《正字通·心部》："息，子息。子吾所生者，故曰息。"

[3]石碏：春秋時衛國大夫。因殺兒子石厚，大義滅親。事見《左傳》隱公四年。　秺侯：金日磾。本爲匈奴休屠王太子，後歸漢。長子不謹，爲日磾所殺。《漢書》卷六八有傳。

[4]朞功：喪服名。朞，即服喪一年。功，按關係親疏分大功和小功，大功服喪九月，小功服喪五月。

[5]之體：按，大德本、汲古閣本、百衲本同，殿本無"之"字。

出爲義興太守，[1]有能名。拜左戶尚書，[2]坐正直受節假，對人未至委出，白衣領職。[3]尋轉太常，[4]文帝以新撰《禮論》付隆，使更下意。隆表上五十二事。

[1]義興：郡名。治陽羨縣，在今江蘇宜興市。

[2]左戶尚書：官名。即左民尚書，本書避唐太宗李世民諱改爲左戶尚書。爲五曹尚書之一。掌戶籍和工官之事。宋三品。

[3]白衣領職：官員因失誤削除官職，或以白衣守、領原職，是一種對官員的處罰方式。

[4]太常：官名。掌宗廟祭祀等。宋三品。

後致仕，拜光禄大夫，歸老於家。手不釋卷，博學多通，特精《三禮》。[1]年八十三卒。

[1]《三禮》：儒家經典《周禮》《儀禮》《禮記》的合稱。《隋書·經籍志一》經部禮類小注載宋光禄大夫傅隆《議》二卷、《祭法》五卷，亡。

檀道濟，高平金鄉人也，[1]世居京口。少孤，居喪備禮，奉兄姊以和謹稱。宋武帝建義，道濟與兄韶祗等從平京城，俱參武帝建武將軍事。累遷太尉參軍，[2]封作唐縣男。[3]

[1]高平：郡名。治昌邑縣，在今山東巨野縣南。　金鄉：縣名。治所在今山東嘉祥縣南。

[2]參軍：官名。王公軍府屬官。品位依府主地位高低而不等。

[3]作唐縣男：封爵名。作唐，縣名。治所在今湖南安鄉縣北。

義熙十二年，武帝北伐，道濟爲前鋒，所至望風降服。徑進洛陽，議者謂所獲俘囚，應悉戮以爲京觀。[1]道濟曰：“伐罪弔人，正在今日。”皆釋而遣之。於是中原感悅，歸者甚衆。長安平，以爲琅邪內史。[2]

[1]京觀：古代爲炫耀戰功，聚集敵尸，封土而成的高冢。

[2]琅邪：郡名。治費縣，在今山東費縣西北。

武帝受命，以佐命功，改封永脩縣公，位丹楊尹、護軍將軍。武帝不豫，給班劍二十人。出爲鎮北將軍、南兗州刺史。[1]徐羨之等謀廢立，諷道濟入朝，告以將廢廬陵王義真，道濟屢陳不可，竟不納。將廢帝夜，道濟入領軍府就謝晦，[2]晦悚息不得眠。道濟寢便睡熟，晦以此服之。

[1]鎮北將軍：官名。南朝前期權勢很重，後期漸輕。宋三品，

如爲持節都督則進爲二品。

[2]道濟入領軍府就謝晦：按，大德本、汲古閣本、殿本、百衲本同，中華本據《宋書》卷四三《檀道濟傳》於"謝晦"後補"宿"字。據下文文意，應據補。

文帝即位，給鼓吹一部，進封武陵郡公。[1]固辭進封。道濟素與王弘善，時被遇方深，道濟彌相結附，每搆羨之等，弘亦雅仗之。上將誅徐羨之等，召道濟欲使西討。王華曰："不可。"上曰："道濟從人者也，曩非創謀，撫而使之，必將無慮。"道濟至之明日，上誅羨之、亮。既而使道濟與中領軍到彥之前驅西伐，上問策於道濟。對曰："臣昔與謝晦同從北征，入關十策，晦有其九。才略明練，殆難與敵；然未嘗孤軍決勝，戎事恐非其長。臣悉晦智，晦悉臣勇。今奉王命外討，必未陣而禽。"時晦本謂道濟與羨之同誅，忽聞來上，遂不戰自潰。事平，遷征南大將軍、開府儀同三司、江州刺史。[2]

[1]武陵郡公：封爵名。武陵，郡名。治臨沅縣，在今湖南常德市。

[2]征南大將軍：官名。多授予統兵出鎮在外、都督數州諸軍事者。在武職中地位很高，在四征將軍之上。宋二品。　江州：州名。治南昌縣，在今江西南昌市。

元嘉八年，到彥之侵魏，已平河南，復失之。道濟都督征討諸軍事，北略地，轉戰至濟上，魏軍盛，遂克滑臺。[1]道濟時與魏軍三十餘戰多捷，軍至歷城，[2]以資運竭乃還。時人降魏者具説糧食已罄，於是士卒憂懼，莫有固志。道濟夜唱籌量沙，以所餘少米散其上。及旦，魏軍謂資糧有餘，故不復追，以降者妄，斬以徇。

[1]滑臺：城名。在今河南滑縣東南。其地控制河津，險固可恃，東晉、南北朝時爲軍事要地。
[2]歷城：地名。在今山東濟南市。按，大德本、殿本、百衲本同，汲古閣本作"歷陽城"。

　　時道濟兵寡弱，軍中大懼。道濟乃命軍士悉甲，身自服乘輿，[1]徐出外圍。魏軍懼有伏，不敢逼，乃歸。道濟雖不剋定河南，全軍而反，雄名大振。魏甚憚之，圖之以禳鬼。還進位司空，鎮壽陽。[2]

[1]自：按，大德本、汲古閣本、殿本、百衲本同，中華本據季汝梅《南北史考證補》改作"白"。
[2]壽陽：按，大德本、汲古閣本、殿本、百衲本同，中華本據《宋書》卷四三《檀道濟傳》改作"尋陽"。

　　道濟立功前朝，威名甚重，左右腹心並經百戰，諸子又有才氣，朝廷疑畏之。時人或目之曰："安知非司馬仲達也。"[1]

[1]司馬仲達：司馬懿。字仲達，河內温（今河南温縣）人。《晉書》卷一有紀。

　　文帝寢疾累年，屢經危殆，領軍劉湛貪執朝政，慮道濟爲異説，又彭城王義康亦慮宮車晏駕，道濟不復可制。十二年，上疾篤，會魏軍南伐，召道濟入朝。其妻向氏曰：“夫高世之勳，道家所忌，今無事相召，禍其至矣。”及至，上已間。十三年春，將遣還鎮，下渚未發，有似鷁鳥集舫悲鳴。會上疾動，義康矯詔召入祖道，收付廷尉，及其子給事黄門侍郎植、司徒從事中郎粲、太子舍人混、征北主簿承伯、秘書郎中尊等八人並詩。[1] 時人歌曰：“可憐《白浮鳩》，枉殺檀江州。”道濟死日，建鄴地震白毛生。又誅司空參軍薛肜、高進之，[2] 並道濟心腹也。

　　[1]太子舍人：官名。東宮屬官，掌文章書記。宋七品。　詩：按，大德本、汲古閣本、殿本、百衲本作“誅”。底本誤，應據諸本改。

　　[2]薛肜、高進之：數從檀道濟征戰，有勇力，時人比之關羽、張飛。事見《宋書》卷四三《檀道濟傳》。按，“薛肜”《宋書·檀道濟傳》、《資治通鑑》卷一二三《宋紀五》俱作“薛肜”。

　　道濟見收，憤怒氣盛，目光如炬，俄爾間引飲一斛。乃脱幘投地，曰：“乃壞汝萬里長城。”魏人聞之，皆曰“道濟已死，吴子輩不足復憚”。自是頻歲南伐，有飲馬長江之志。

　　文帝問殷景仁曰：“誰可繼道濟？”答曰：“道濟以累有戰功，故致威名，餘但未任耳。”帝曰：“不然，昔李廣在朝，[1] 匈奴不敢南望，後繼者復有幾人？”二十七年，魏軍至瓜步，文帝登石頭城望，有憂色。[2]歎曰：
"若道濟在，豈至此!"

　　[1]李廣：隴西成紀（今甘肅秦安縣）人。《史記》卷一〇九、
《漢書》卷五四有傳。
　　[2]有憂色：按，大德本、汲古閣本、殿本、百衲本作"甚有
憂色"。

　　韶字令孫，以桓玄功封邑丘縣侯。[1]從征廣固，率
所領先登，位琅邪內史。從討盧循，以功更封宜陽縣，
後拜江州刺史，[2]以罪免。

　　[1]以桓玄功封邑丘縣侯：按，大德本、汲古閣本、殿本、百
衲本同，中華本據《宋書》卷四五《檀韶傳》改作"以平桓玄功，
封巴丘縣侯"。
　　[2]更封宜陽縣，後拜江州刺史：按，大德本、汲古閣本、殿
本、百衲本同，中華本據《宋書·檀韶傳》改"後"爲"侯"，屬
上句讀。

　　韶嗜酒貪橫，所蒞無政績，上嘉其合門從義，道濟
又有大功，故特見寵授。卒。[1]子臻字係宗，[2]位員外
郎，臻子珪。

　　[1]卒：按，據《宋書》卷四五《檀韶傳》，其卒於宋武帝永
初二年（421），年五十六。
　　[2]子臻：按，《宋書·檀韶傳》作"祗子臻"。

珪字伯玉，位沅南令。[1]元徽中，[2]王僧虔爲吏部尚書，[3]以珪爲征北板行參軍。[4]珪訴僧虔求禄不得，與僧虔書曰："僕一門雖謝文通，乃忝武達。群從姑叔，三媾帝姻，而令子姪餓死，遂不荷潤。[5]蟬腹龜腸，[6]爲日已久。飢彪能嚇，人遽與肉，餓驎不噬，誰爲落毛。雖復孤微，百世國士，姻媾位宦，亦不後物。尚書同堂姊爲江夏王妃，檀珪同堂姑爲南譙王妃；尚書伯爲江州，檀珪祖亦爲江州。僕於尚書人地本懸，至於婚宦肯不殊絶。[7]今通塞雖異，猶忝氣類，尚書何事爲爾見苦。"[8]僧虔報書曰："吾與足下素無怨憾，何以相苦？直是意有左右耳。"乃用爲安成郡丞。[9]

[1]沅南：縣名。治所在今湖南桃源縣東北。因在沅水之南得名。

[2]元徽：南朝宋後廢帝劉昱年號（473—477）。

[3]王僧虔：琅邪臨沂（今山東臨沂市）人。宋後廢帝元徽中，遷吏部尚書。本書卷二二有附傳，《南齊書》卷三三有傳。

[4]板：官制術語。南朝時指不由吏部正式任命，而由諸王大臣及地方軍政長官自行選用官職。

[5]荷潤：承受恩澤。

[6]蟬腹龜腸：蟬飲露而腹空，龜耐饑而腸細。比喻窮困的處境。

[7]肯不：按，大德本、汲古閣本同，殿本、百衲本、中華本作"皆不"。《南齊書·王僧虔傳》作"不肯"。

[8]爲爾：按，《南齊書·王僧虔傳》作"乃爾"。

[9]乃用：按，大德本、殿本、百衲本同，汲古閣本無"用"字。　郡丞：官名。爲郡太守之副，佐太守掌治其郡。宋八品。

祗字恭叔，與兄韶弟道濟俱參義舉，封西昌縣侯，[1]歷位廣陵相。義熙十年，亡命司馬國璠兄弟自北徐州界潛得過淮，[2]因天陰闇，夜率百許人緣廣陵城入，叫喚直上聽事。祗被射傷股，語左右曰："賊乘暗得入，欲掩我不備，但打五鼓懼之，曉必走矣。"賊聞鼓鳴，直謂爲曉，乃奔散，追殺百餘人。

[1]西昌縣侯：封爵名。西昌，縣名。治所在今江西泰和縣西。

[2]司馬國璠：東晉宗室。晉安帝義熙二年（406），司馬國璠及弟司馬叔璠與桓玄餘黨桓石綏聚兵於胡桃山。戰敗後逃亡於北朝。司馬叔璠，《魏書》卷三七有傳。　北徐州：州名。治彭城縣，在今江蘇徐州市。南朝宋武帝永初二年（421）改爲徐州。

宋國初建，爲領軍。祗性矜豪，樂在外放恣，不願內職，不得志，發疾不自療，其年卒于廣陵。[1]諡曰威侯。傳嗣至齊受禪，國除。

[1]卒于廣陵：按，據《宋書》卷四七《檀祗傳》，其卒年五十一。

論曰：自晉綱不綱，主威莫樹，亂基王室，毒被江左。[1]宋武一朝創業，事屬橫流，改易紊章，歸于平道。以建武、永平之風，[2]變太元、隆安之俗，[3]此蓋宣公之爲乎。[4]其配饗清廟，[5]豈徒然也？若夫怙才驕物，公旦其猶病諸，[6]而以劉祥居之，斯亡亦爲幸焉。秀之行己有道，可謂位無虛授。當徐、傅二公跪承顧託，若使死而可再，固當赴蹈爲期。及至處權定機，當震主之地，甫欲攘抑後禍，禦蔽身災，使桐宮有卒迫之痛，[7] 淮王非中霧之疾，[8] 若以社稷爲存亡，則義異於此。湛之、孝嗣臨機不決，既以敗國，且以殞身，"反受其亂"，[9] 斯其效也。道濟始因録用，故得忘瑕，晚困大名，以至顚覆。韶、祗克傳胤嗣，其木鴈之間乎。[10]

[1] 江左：一名江東。古人在地理上以東爲左，以西爲右，故江東又名江左。魏禧《日録雜説》云："江東稱江左，江西稱江右，蓋自江北視之，江東在左，江西在右耳。"三國孫吳、東晉、南朝皆建都建康，故習慣以江左爲六朝政權之代稱。

[2] 建武：東漢光武帝劉秀年號（25—56）。　永平：東漢明帝劉莊年號（58—75）。

[3] 太元：東晉孝武帝司馬曜年號（376—396）。　隆安：東晉安帝司馬德宗年號（397—401）。

[4] 宣公：按，大德本、汲古閣本、殿本、百衲本同，中華本據《宋書》卷四二《劉穆之傳》補作"文宣公"。劉穆之追封南康郡公，謚文宣。應補"文"字。

[5] 清廟：即太廟。古代帝王的宗廟。

[6] 公旦：周公姬旦。事見《史記》卷三三《魯周公世家》。

[7] 桐宮：本指商伊尹放逐太甲之地。此處借喻宋少帝劉義符。迫：按，大德本、汲古閣本、百衲本同。殿本作"追"。

[8] 淮王：即西漢淮南王劉安。此處借喻宋廬陵王劉義真。

[9] 反受其亂：道家語"當斷不斷，反受其亂"的省略。

[10] 木鴈之間：謂有才與無才之間。語本《莊子·山木》："弟子問於莊子曰：'昨日山中之木，以不材得終其天年；今主人之雁，以不材死。先生將何處？'莊子笑曰：'周將處乎材與不材之間。'"是道家全身遠禍的處世態度。